企业财务数字化转型研究

王爱娟 李 慧 刘晓音 著

哈尔滨出版社
HARBIN PUBLISHING HOUSE

图书在版编目（CIP）数据

企业财务数字化转型研究 / 王爱娟, 李慧, 刘晓音著. -- 哈尔滨：哈尔滨出版社, 2025.1
ISBN 978-7-5484-7826-3

Ⅰ.①企… Ⅱ.①王… ②李… ③刘… Ⅲ.①企业管理 – 财务管理 – 数字化 – 研究 Ⅳ.①F275

中国国家版本馆CIP数据核字(2024)第070570号

书　　名：**企业财务数字化转型研究**
QIYE CAIWU SHUZIHUA ZHUANXING YANJIU

作　　者：王爱娟　李慧　刘晓音　著
责任编辑：韩金华
封面设计：蓝博设计

出版发行：哈尔滨出版社（Harbin Publishing House）
社　　址：哈尔滨市香坊区泰山路82-9号　　邮编：150090
经　　销：全国新华书店
印　　刷：永清县晔盛亚胶印有限公司
网　　址：www.hrbcbs.com
E-mail：hrbcbs@yeah.net
编辑版权热线：（0451）87900271　87900272
销售热线：（0451）87900201　87900203

开　　本：787mm×1092mm　1/16　印张：13.25　字数：300千字
版　　次：2025年1月第1版
印　　次：2025年1月第1次印刷
书　　号：ISBN 978-7-5484-7826-3
定　　价：68.00元

凡购本社图书发现印装错误，请与本社印制部联系调换。
服务热线：（0451）87900279

前 言 Preface

随着科技的飞速发展和全球经济环境的不断变化，企业财务领域也迎来了前所未有的挑战和机遇。数字化转型作为应对这一变革的关键战略之一，正在成为企业提高运营效率、增强竞争力的核心驱动力。本书旨在深入探讨企业财务数字化转型，从理论到实践，从概念到具体技术应用，全面剖析数字化转型对企业财务的意义、影响以及实施过程中的关键问题。

导论一章中背景与研究动机一节将探讨财务数字化转型的背景，解析其研究动机；在数字化转型在企业财务中的意义一节，我们将深入剖析数字化转型对企业财务的实际影响，包括提升企业的财务效率、改善决策质量等。

数字化转型的理论框架一章将系统阐述数字化转型的概念、内涵以及关键要素，并借鉴国内企业的经验与教训，为后续章节提供理论支持。

企业财务现状分析一章将深入了解现有财务管理流程和系统，揭示其面临的挑战和问题，并挖掘企业对数字化的需求和动机。

企业财务数字化转型的战略规划一章将提供制定数字化转型战略的原则，明确目标设定、KPI制定，以及制订执行计划和时间表的重要性，同时着重讨论资源分配和管理的关键问题。

企业财务数字化的关键技术一章将深入研究数字化转型所需的关键技术，包括云计算、大数据分析、人工智能以及区块链技术等。

企业财务数字化转型组织文化和人才培养一章将探讨如何改变组织文化以适应数字化转型，培养数字化时代所需的技能和素质，以及领导者的角色和影响。企业财务数字化转型风险管理和合规性一章将深入研究识别与数字化转型相关的风险、制定风险管理策略、符合法规合规性要求的措施，以及数据安全与隐私保护措施。

最后，企业财务数字化转型实施和监控一章将研究实施数字化转型计划的步骤、监控和评估数字化转型的进展、不断改进和优化数字化系统和流程，以及员工培训和支持措施。本书旨在为企业在数字化时代实现财务领域的卓越表现提供全面指导和实用建议。

目 录 Contents

第一章　导论 ·· 1
　　第一节　背景与研究动机 ·· 1
　　第二节　数字化转型在企业财务中的意义 ··· 3
　　第三节　研究目的与方法 ·· 5

第二章　数字化转型的理论框架 ·· 9
　　第一节　数字化转型概念与内涵 ··· 9
　　第二节　数字化转型的关键要素 ·· 15
　　第三节　国内企业数字化转型的经验与教训 ···································· 28

第三章　企业财务现状分析 ··· 38
　　第一节　现有财务流程和系统概述 ·· 38
　　第二节　企业财务数字化转型的原因及制约因素 ····························· 49
　　第三节　企业对数字化的需求和动机 ··· 56

第四章　企业财务数字化转型的战略规划 ·· 60
　　第一节　制定数字化转型战略的原则 ··· 60
　　第二节　目标设定和 KPI 制定 ··· 66
　　第三节　制订执行计划和时间表 ··· 74
　　第四节　资源分配和管理 ··· 76

第五章　企业财务数字化的关键技术 ·· 79
　　第一节　云计算和大数据分析 ·· 79

第二节　人工智能在财务中的应用 …………………………………… 84
　　第三节　区块链技术的潜在价值 …………………………………… 88
　　第四节　数字化工具的选择和集成 ………………………………… 99

第六章　企业财务数字化转型组织文化和人才培养 ……………… 104
　　第一节　改变组织文化以适应数字化转型 ………………………… 104
　　第二节　培养数字化时代所需的技能和素质 ……………………… 110
　　第三节　领导者的角色和影响 ……………………………………… 119

第七章　企业财务数字化转型风险管理和合规性 ………………… 129
　　第一节　识别与数字化转型相关的风险 …………………………… 129
　　第二节　制定风险管理策略 ………………………………………… 133
　　第三节　符合法规合规性要求的措施 ……………………………… 140
　　第四节　数据安全与隐私保护措施 ………………………………… 148

第八章　企业财务数字化转型实施和监控 ………………………… 157
　　第一节　实施数字化转型计划的步骤 ……………………………… 157
　　第二节　监控和评估数字化转型的进展 …………………………… 172
　　第三节　不断改进和优化数字化系统和流程 ……………………… 173
　　第四节　员工培训与支持措施 ……………………………………… 181

参考文献 ……………………………………………………………… 201

附　录 ………………………………………………………………… 203
　　附录一　员工满意度调查问卷 ……………………………………… 203
　　附录二　客户满意度调查问卷 ……………………………………… 204

第一章

导 论

第一节 背景与研究动机

一、财务数字化转型的背景

进入21世纪以后，数字化技术和智能化技术的飞速发展引领着社会进入了一个全新的时代。人工智能技术和大数据技术作为数字化时代的两大支柱，给社会带来了深远而不可忽视的影响。在数字化环境中，最显著的特点是在线实时和互相联通。这一特性不仅改变了人们的生活方式，也深刻地影响了企业的运营和管理。

在数字化环境下，企业财务管理工作经历了巨大的变革。数字化技术的应用使得财务管理不再局限于传统的纸质文件和手工处理，而是实现了信息的实时流通和智能化处理。这种变革的核心是全局性、立体化的改变，要求企业尽快完成数字化转型，以适应新时代的要求。

数字化环境下的财务工作转型并非仅仅是技术的应用，更是从根本上对企业管理方式的重大调整。这需要财务人员积极面对挑战，主动迎接机遇。在这一过程中，不论是财务管理的高层领导还是基层从业人员，都必须深入参与到转型中，不断提升自身适应数字化环境的能力。

随着数字化时代的来临，中国财务工作已经经历了几次大的变革。而数字化时代的到来，正是下一次大变革的催化剂。用户可以通过大数据技术解脱出复杂的运算和尝试，云计算等全新的计算方式提升了数据处理速度，为企业提供了更高效的运算选择。用户只需选择适当的运算方式并输入指令，同时数据所具有的决策指导价值也因此提升，为企业长期发展提供了新的可能性。

在这个不可抗拒的变革时刻，只有紧跟变化的节奏，牢牢把握机遇，有效应对挑战，企业财务工作才能在变革的机会中迎来新的发展。数字化时代不仅是技术的更新，更是管理理念和工作方式的全面革新，唯有深入理解和适应数字化环境，企业财务才能在未来的竞争中取得持久竞争优势。

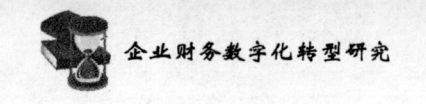

二、研究动机

（一）财务数字化转型成效不一

数字化转型在企业中取得了不同的成效，有的企业成功实现了财务数字化，而有的企业面临着各种挑战和困境。这不一致的转型成效引发了研究的迫切需求，以深入探究成功案例和失败案例背后的根本原因。

1. 成功案例分析

成功的数字化转型案例往往伴随着财务效益的提升、运营效率的提高以及决策质量的增强。通过深入研究成功案例，可以发现成功企业在战略规划、技术应用和组织文化方面采取了何种策略，为其他企业提供宝贵的经验。

2. 失败案例探析

面临失败的企业可能受到技术选择、组织文化转变等多方面因素的制约。通过分析失败案例，可以识别出哪些因素成为数字化转型的瓶颈，为其他企业提供警示，并帮助它们避免类似的困境。

3. 比较研究

对成功和失败案例进行比较研究，深入挖掘两者之间的差异和相似之处，有助于总结出通用的成功因素和常见的失败陷阱，为企业提供更具针对性的指导。

（二）财务数字化对企业战略的影响

数字化转型不仅仅是技术的应用，更是对企业战略的深刻影响。深入了解数字化对企业战略的塑造和制定的影响，有助于为企业提供战略指导，使其能够更灵活地应对市场变化、提高竞争力。

1. 战略塑造与数字化关联

研究将关注数字化如何影响企业战略的塑造。从技术层面到组织层面，数字化转型如何为企业提供新的战略机遇，帮助企业更好地定位市场，适应变化。

2. 数字化与业务模式创新

通过深入研究数字化对企业业务模式的影响，揭示数字化是如何推动企业进行创新，从而获得竞争优势的。这方面的研究有助于企业更好地拓展市场和提供服务。

3. 决策支持与战略执行

数字化转型如何改善信息的流通和决策的质量，进而对战略的执行产生积极影响。研究将聚焦于数字化如何在战略层面提供决策支持，促使企业更加灵活地应对市场竞争。

4. 企业文化与数字化战略的契合

了解数字化对企业文化的塑造和调整，以及企业文化如何促进或阻碍数字化战略的执行，对于实现数字化战略的成功至关重要。

第二节　数字化转型在企业财务中的意义

一、理论意义

（一）丰富数字化转型理论体系

数字化转型理论体系的丰富与完善是当前企业管理领域的迫切需求。在深入研究财务数字化转型的过程中，我们应该从多个维度深度剖析数字化转型的各个层面，为数字化转型理论体系注入新的思想和视角。

第一，从技术维度来看，我们可以关注云计算、大数据分析、人工智能等数字化技术在财务领域的应用。通过深入研究这些技术在企业财务中的实际运用，我们能够为数字化转型理论体系提供更为具体和实用的基础。

第二，从组织维度来看，数字化转型涉及企业内部结构和流程的变革。通过分析数字化转型对组织结构和运营方式的影响，我们可以丰富理论体系，为企业提供更加系统的指导原则。从文化维度来看，数字化转型往往需要伴随着企业文化的调整。通过研究数字化转型对企业文化的挑战和变革，我们能够为理论体系提供更为全面的文化维度的分析。

第三，我们还应该关注数字化转型与企业战略、风险管理等领域的关系，深度挖掘数字化转型对企业整体经营的影响。

通过这些维度的多角度研究，我们可以为数字化转型理论体系的完善提供全面而深刻的基础，为学术界和企业实践提供更为丰富的参考。这样的研究不仅有助于推动数字化转型理论的发展，也能够为实际数字化转型的企业提供更为切实可行的指导。

（二）提供新的研究视角

深入研究财务数字化转型为学术界提供了全新的研究视角，其中一个关键方面是从财务角度出发，深刻理解数字化转型对企业财务管理的影响机制。这一研究视角不仅能够拓展学术研究的广度，还为学者们提供了更多的研究命题和问题。

第一，我们可以关注数字化转型对财务决策的影响。通过深入分析数字化技术在数据处理、分析和报告方面的应用，我们能够揭示数字化转型如何优化财务决策的过程，提高决策的精准性和效率。

第二，我们可以聚焦数字化转型对风险管理的影响。数字化技术在风险预测、监测和应对方面的应用，将成为研究的重要议题。通过研究数字化转型如何改变企业对财务风险的识别和应对策略，我们能够为企业提供更为有效的风险管理方法。

第三，成本控制也是一个值得关注的领域。通过深入研究数字化技术在成本核算、资源优化和效益评估中的应用，我们能够揭示数字化转型对企业成本控制的新模式和新路

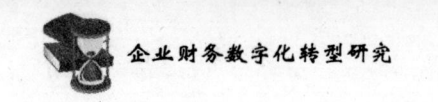

径。通过提出这些新的研究问题，我们有望深化对财务数字化转型的理解，同时为企业实践提供更为切实可行的建议。这一全新的研究视角有助于推动学术研究的深入，为数字化转型领域的发展注入新的动力。

二、实践意义

（一）揭示数字化转型对企业财务的实际影响

深入研究财务数字化转型对企业的实际影响是至关重要的，因为它可以揭示数字化转型对财务领域的多个方面产生的深远影响。首先，数字化转型有望显著提升企业的财务效率。通过数字化技术的应用，企业能够实现财务流程的自动化和实时化，从而减少手动工作、降低错误率，并提高财务处理的速度。这将使企业能够更迅速地获取准确的财务信息，为管理层提供更及时的数据支持，从而提高整体财务运作的效率。

其次，财务数字化转型对决策质量的改善具有显著的潜力。数字化技术可以提供更全面、准确的财务数据，并通过高级分析和数据可视化工具帮助管理层更好地理解企业的财务状况。这使得决策者能够基于更精确的信息做出更明智的财务决策，降低决策的不确定性，提高企业应对市场变化和竞争压力的能力。

此外，数字化转型还为企业的风险管理提供了新的优化机会。通过利用大数据分析和人工智能技术，企业可以更好地识别潜在风险并及时作出反应。数字化转型使得风险管理变得更加智能和可预测性，有助于企业更有效地应对各种内外部的财务风险，保护企业的财务安全。

（二）为企业制定财务数字化战略提供实用指导

深入研究财务数字化转型的实际效果将为企业制定财务数字化战略提供实用指导。通过对各类企业数字化转型案例的深入分析，可以系统总结出数字化转型的成功经验和失败教训，为其他企业提供具体可行的实施策略。成功案例的剖析有助于识别成功的关键因素，包括技术选型、组织文化的适应性、领导层的支持等，为其他企业在数字化转型过程中提供可供借鉴的经验。相应地，失败案例的分析也能揭示数字化转型中容易忽视的风险和挑战，使其他企业能够避免类似的错误，更加谨慎地制定数字化战略。

通过深入剖析数字化转型对企业实际运营的影响，可以为企业制定财务数字化战略提供实际的指导。研究可以深入了解数字化转型在企业财务效率、决策质量、风险管理等方面的具体影响机制。这不仅有助于企业更全面地认识数字化转型的潜在益处，还能帮助企业更精准地制定适合自身情况的数字化战略。例如，对于一些行业而言，更强调数据驱动的决策可能是一个关键战略，而对于另一些行业，强化风险管理体系可能更为关键。这种个性化的战略制定有助于企业更有针对性地应对数字化转型带来的各种挑战。

从实践角度深入剖析数字化转型对企业的实际影响，有助于企业提高战略执行力。通过深入了解数字化转型在企业内部流程、组织架构和文化方面的影响，企业可以更好地理解数字化战略的实际落地难度，并采取有针对性的措施提高执行力。这种实践导向的研究不仅提供了理论指导，还为企业在数字化转型中的实际操作提供了实用性的建议，有助于确保数字化战略的成功实施。

第三节 研究目的与方法

一、研究目的

（一）深入了解财务数字化转型的核心问题

1. 深入了解财务数字化转型的核心问题

财务数字化转型涉及众多复杂因素，其中的核心问题对于企业实现数字化的顺利转型至关重要。深入研究数字化转型中的核心问题，包括技术选择、组织架构调整、文化变革等方面的问题，有助于为企业提供全面的认知，明确数字化转型的关键路径和风险点。

（1）技术选择的关键性

研究将聚焦于数字化转型中的技术选择，考察不同技术方案对企业财务的影响。分析各种技术的优势与劣势，为企业在数字化转型中选择合适的技术提供科学依据。

（2）组织架构的优化

深入了解数字化转型对企业组织架构的影响，包括部门设置、人员配备等。通过分析优化组织架构对财务流程的改善，为企业提供更高效的数字化转型路径。

（3）文化变革的挑战

研究将关注数字化转型中文化变革的挑战，包括员工的数字素养提升、领导层的文化引领等方面。通过深入了解文化变革对数字化转型的影响，为企业制定文化变革策略提供指导。

2. 分析数字化转型对企业财务的影响

深入研究数字化转型对企业财务的影响，不仅要关注其对财务效率的提升，还要考虑对财务决策、风险管理等方面的深刻影响。通过对影响因素的剖析，为企业提供科学依据，引导其制定数字化战略，从而更好地满足数字化时代的需求。

（1）财务效率的提升

研究将重点关注数字化转型对财务运营效率的提升，包括财务流程的自动化、数据处理的实时性等方面。通过深入分析数字化对财务效率的具体影响，为企业实现数字化转型提供指导。

（2）对决策质量的改善

深入探讨数字化转型如何影响财务决策的质量，包括信息的透明度、数据分析的深度等方面。通过分析数字化转型对决策的影响机制，为企业提升决策质量提供实际可行的建议。

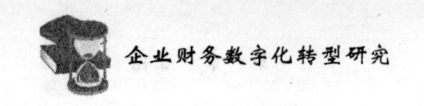

（3）风险管理的优化

研究将聚焦于数字化转型对企业风险管理的优化影响。分析数字化转型在风险识别、评估和应对方面的作用，为企业建立更有效的风险管理机制提供实践指导。

（二）总结数字化转型成功和失败的经验教训

深入总结已成功完成数字化转型企业的经验教训，包括技术选型的成功实践、组织文化的有效变革等方面。通过对成功企业的案例深入剖析，为其他企业提供成功经验的参考，帮助其在数字化转型过程中更顺利地实现目标。

1. 成功案例的技术路径

研究将重点关注成功数字化转型企业选择的技术路径，探讨其在提升财务效率、优化决策等方面的实际效果。通过总结成功案例的技术实践，为其他企业提供技术选型的参考依据。

2. 组织文化变革的有效实施

深入分析成功企业在数字化转型过程中如何实现组织文化的变革，包括领导层的引领、员工参与等。通过总结成功企业的文化变革经验，为其他企业提供可行的文化变革策略和实施路径。

3. 财务决策与数字化的结合实践

研究将关注成功企业在数字化转型中财务决策的优秀实践，包括数字化技术在财务决策中的具体应用、决策流程的优化等。通过总结成功企业的财务决策经验，为其他企业提供数字化转型下的财务决策指导。

二、研究方法和框架选择

（一）研究方法

为深入研究财务数字化转型，本研究将采用多种研究方法，结合文献分析法、规范研究法和实证研究法，以全面理解数字化转型的理论框架、实践经验和对企业财务的影响。

1. 文献分析法

（1）文献综述

通过广泛搜集和分析国内外相关领域的学术文献，深入了解财务数字化转型的理论框架、关键因素、成功案例和失败教训。文献综述将为研究提供深刻的理论基础，明确当前学术界对财务数字化转型的研究热点和不足之处。

（2）文献归纳和总结

对已有文献进行系统归纳和总结，以提炼数字化转型的关键问题、成功要素和失败原因。通过文献分析，将形成对数字化转型领域的全面认知，为后续研究提供理论指导和分析框架。

2. 规范研究法

（1）国内法规与标准分析

对国内相关的数字化转型法规和标准进行详尽分析，了解数字化转型在法规规范和标准方面的要求。通过规范研究，研究将确保数字化转型过程中的合规性和法规遵从性。

（2）企业案例规范分析

选择一定数量的企业案例，通过深入挖掘这些案例中的数字化转型实践，分析其在规范遵循方面的经验和做法。规范研究法将为企业提供规范性的实施策略，使其数字化转型在法规和标准的框架内有序进行。

3. 实证研究法

（1）调查问卷

设计并实施有关财务数字化转型的调查问卷，广泛收集企业数字化转型的实际数据。通过问卷调查，研究将获得财务数字化转型的实际情况、面临的问题、实施效果等信息，为后续深入分析提供实证支持。

（2）深度访谈

选择一些具有代表性的企业和数字化转型专家进行深度访谈，探讨数字化转型中的关键问题、成功经验和挑战。通过深度访谈，研究将获取更为翔实和深刻的实证资料，为理论研究提供更多实践支持。

（二）理论框架构建

理论框架的构建是深入研究财务数字化转型的基础，旨在从相关理论的角度全面分析其影响因素。

第一，我们从数字化转型的整体理论出发，明确数字化转型的定义、内涵和关键特征。数字化转型不仅仅是技术的应用，更是一种全面的战略变革，涉及技术、组织和文化等多个层面。

第二，我们将聚焦于财务数字化转型，通过梳理现有研究，揭示数字化转型对企业财务的影响机制。在这一过程中，我们将考察数字化技术在财务管理、决策支持和风险管理等方面的具体应用，深入分析其在提升财务效能、决策质量和风险控制方面的作用。

第三，我们将聚焦数字化转型的关键要素，包括技术、组织和文化。在技术层面，云计算、大数据分析、人工智能等将被详细探讨，明晰其在财务领域的实际应用。在组织和文化层面，我们将剖析数字化转型对企业内部结构和文化的影响，以及企业在数字化转型过程中的变革策略。

第四，我们将回顾国内企业数字化转型的经验与教训，从中汲取跨文化的经验，为财务数字化转型提供实践经验的借鉴。

第五，理论框架的建构还将关注数字化转型过程中的风险管理和合规性问题。我们将识别数字化转型可能带来的风险，从技术、组织和法规方面制定相应的风险管理策略，确保数字化转型的顺利进行。

整体而言，本理论框架的建构旨在深度挖掘财务数字化转型的理论内涵，为企业提供系统性的分析工具，为实践中的数字化转型提供理论指导和决策支持。这不仅有助于学术界对数字化转型的深入理解，更为企业在数字时代的发展提供有力的理论支持。

```
                    ┌─────────────────────────┐
                    │ 《企业财务数字化转型研究》│
                    └───────────┬─────────────┘
                                │
                         ┌──────┴──────┐
                         │    前言     │
                         └──────┬──────┘
                                │
  第一节 背景与研究动机          │
  第二节 数字化转型在企业财务中的意义 ──── 第一章 导论
  第三节 研究目的与方法          │
                                │
                                │         第一节 数字化转型概念与内涵
                  第二章 数字化转型的理论框架 ─── 第二节 数字化转型的关键要素
                                │         国内企业数字化转型的经验与教训
                                │
  第一节 现有财务流程和系统概述  │
  第二节 企业财务数字化转型的原因及制约因素 ── 第三章 企业财务现状分析
  第三节 对数字化的需求和动机    │
                                │
                                │         第一节 制定数字化转型战略的原则
                                │         第二节 目标设定和 KPI 制定
                 第四章 企业财务数字化转型的战略规划 ── 第三节 制定执行计划和时间表
                                │         第四节 资源分配和管理
                                │
  第一节 云计算和大数据分析      │
  第二节 人工智能在财务中的应用  │
  第三节 区块链技术的潜在价值 ── 第五章 企业财务数字化的关键技术
  第四节 数字化工具的选择和集成  │
                                │
                                │         第一节 改变组织文化以适应数字化转型
                 第六章 企业财务数字化转型组织文化和人才培养 ─ 第二节 培养数字时代所需的技能和素质
                                │         第三节 领导力的角色和影响
                                │
  第一节 识别与数字化转型相关的风险 │
  第二节 制定风险管理策略 ──── 第七章 企业财务数字化转型风险管理和合规性
  第三节 符合法规和合规性要求的措施 │
                                │
                                │         第一节 实施数字化转型计划的步骤
                 第八章 企业财务数字化转型实施和监控 ── 第二节 监控和评估数字化转型的进展
                                          第三节 不断改进和优化数字化系统和流程
```

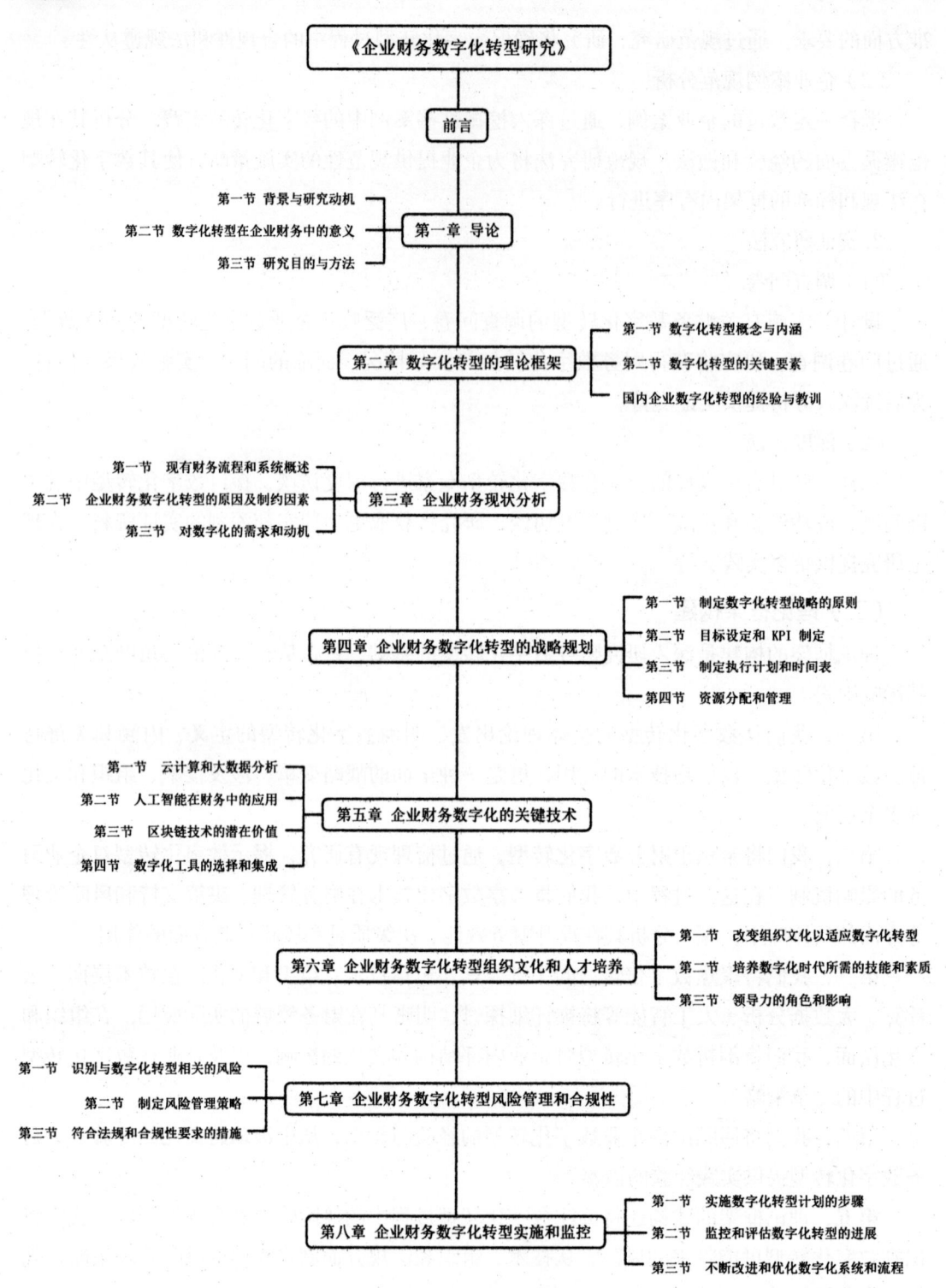

图 1-1　本书技术路线

第二章

数字化转型的理论框架

第一节 数字化转型概念与内涵

一、数字化转型的定义

数字化转型是指企业或组织通过广泛应用数字技术，对其业务模式、组织结构、流程和价值链等方面进行全面的、深层次的重新设计和优化过程。这一概念最初源于对数字技术在企业中应用的探索，如今已经演变为一种更广泛的战略变革，旨在适应不断变化的商业环境，提升综合竞争力。随着科技的飞速发展，企业面临着日益激烈的竞争，市场需求的不断变化，以及技术创新的推动。在这一背景下，企业需要通过数字化转型来迎接挑战，实现更高效的运营、更灵活的市场响应以及更加创新的产品和服务提供。

（一）商业环境的变革与数字化需求

随着全球经济的不断发展，商业环境正在经历着深刻变革。这种变革的动力之一是数字化转型，其目标是使企业更好地适应这一复杂多变的商业环境。商业环境的变化体现在多个方面，其中包括市场的全球化、消费者需求的多样化以及竞争对手的不断涌现。

其一，市场的全球化是数字化转型背后的推动因素之一。随着信息和通信技术的飞速发展，跨国交流变得更加便捷，企业能够更容易地进入国际市场。全球市场的竞争更加激烈，企业需要迅速适应各种文化、法规和市场趋势，以保持竞争力。数字化转型通过提供实时数据和分析，使企业能够更好地了解国际市场的动态，制定更具针对性的市场策略，满足不同地区和国家的需求。

其二，消费者需求的多样化也推动了数字化转型的需求。现代消费者对产品和服务的期望日益个性化和多元化，他们希望企业能够提供更加定制化的体验。数字化转型使企业能够更深入地了解消费者的行为和偏好，通过数据分析和个性化营销，提供更符合需求的产品和服务。通过数字技术，企业能够建立更紧密的客户关系，提高客户满意度，并在激烈的市场竞争中脱颖而出。

其三，竞争对手的不断涌现是商业环境变革的另一重要方面。新兴科技公司和创业者的崛起，以及传统行业中的数字化先行者，使市场上的竞争变得更为激烈。企业需要不断

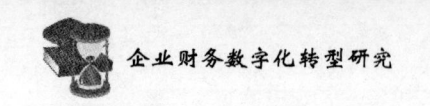

创新和提高效率，以保持竞争力。数字化转型通过引入先进的技术和业务模式，使企业更具创新能力，能够更灵活地应对竞争对手的挑战。

（二）技术创新的推动与数字化应用

技术创新一直是数字化转型的主要推动力。随着新兴技术如人工智能、大数据分析和物联网的崛起，企业迎来了更多的数字化工具和平台，为其提供了丰富的机会来实现创新和发展。这些技术的整合为企业提供了强大动力，推动了数字化应用在各个领域的深入发展。

第一，人工智能的应用为企业带来了巨大改变。通过机器学习和深度学习等技术，人工智能能够处理和分析海量数据，从中挖掘出有价值的信息。在数字化转型中，企业可以利用人工智能技术优化生产过程、提升产品质量、实现智能客户服务等方面。例如，在制造业中，智能机器人和自动化生产线可以实现更高效地生产，提高生产效率和降低成本。在客户服务领域，智能语音助手和聊天机器人可以为客户提供更快速、个性化的服务。

第二，大数据分析是数字化应用中不可或缺的一环。大数据技术允许企业收集、存储和分析海量的结构化和非结构化数据。通过对这些数据的深入分析，企业可以获得关键的商业洞察力，指导决策和战略规划。在市场营销中，大数据分析可以帮助企业更好地了解客户需求，制定精准的营销策略。在供应链管理中，大数据分析可以优化库存和物流，提高运营效率。总体而言，大数据分析为企业提供了更为智能化和精细化的经营手段。

物联网技术的广泛应用也为数字化转型注入了新的活力。物联网通过连接各种设备和物体，实现了实时数据的收集和共享。在制造业中，物联网可以实现设备的互联互通，形成智能工厂，提高生产线的灵活性和效率。在零售业中，物联网可以帮助企业实时追踪库存，提高库存周转率。在健康医疗领域，物联网可以监测患者的生理数据，实现远程医疗和健康管理。

（三）成本效益与数字化转型

数字化转型对企业而言不仅仅是提高竞争力的手段，更是一项能够带来显著成本效益的战略举措。通过数字化技术的广泛应用，企业得以优化内部流程，实现运营成本的降低，并在生产效率方面取得显著提升。这一过程中，数字技术的全面覆盖有助于减少人为错误，提高资源的利用效率，从而在长期内创造更为显著的经济效益。

第一，数字化转型在优化内部流程方面发挥了关键作用。通过数字化技术，企业能够对各个业务环节进行精准监测和分析。这使得企业能够更深入地了解其内部运营情况，识别并解决潜在的低效率问题。例如，在制造业中，数字化转型可以实现生产过程的实时监控，提高设备利用率，减少停机时间，从而降低生产成本。在服务业中，数字化可以优化客户服务流程，提高服务效率，减少人力成本。

第二，数字技术的广泛应用有助于降低运营成本。传统的手工操作和纸质文档管理通常伴随着较高的人力成本和时间成本。通过数字化转型，企业能够实现信息的电子化处理和管理，大大提高了工作效率。例如，采用数字化的财务管理系统可以简化财务流程，减少烦琐的手工操作，提高财务数据的准确性。这种高效的数字化运营方式有助于企业在人力资源、行政管理等方面取得成本效益，提高整体运营效率。

第三，数字化技术的应用还可以减少人为错误，提高资源利用效率。在数字化转型中，企业可以实施自动化流程和智能化系统，降低对人工操作的依赖性，减少因人为疏漏而引起的错误。例如，自动化的库存管理系统可以准确追踪库存变化，避免因库存错误而导致的生产中断或客户服务问题。通过数字技术的智能应用，企业能够更好地规划和利用资源，避免浪费，提高生产和服务的质量。

二、数字化转型的核心内涵

数字化转型的核心内涵涉及多个方面，包括战略规划、组织结构变革、技术创新和文化转变。这些要素相互交织，共同构成了数字化转型的整体框架，推动企业朝着更为数字化、灵活和创新的方向发展。

（一）战略规划与数字化转型

数字化转型的战略规划是其核心，涉及企业整体方向的确定、目标的设定以及资源的配置。在数字化转型中，企业需要明确其数字化的愿景和使命，建立与数字化战略相一致的目标体系，并通过全面的业务分析确定关键领域的重点改造。

1. 愿景和使命的设定

数字化转型的愿景和使命是企业数字化发展的基石。愿景需要明确企业在数字化时代的地位和角色，而使命则关系到企业为实现这一愿景所需付出的努力和方向。这两者相互协调，为企业的数字化转型提供了明确的战略导向。

2. 目标设定与关键业务领域

数字化转型的目标应当与企业的整体战略保持一致。企业需要明确在数字化转型中期望实现的具体业务目标，如提高生产效率、拓展市场份额、提升客户体验等。同时，企业应当识别关键的业务领域，通过深度改造来实现数字化的最大效益。

3. 资源配置与数字化投资

数字化转型需要合理配置资源，包括资金、技术和人才等。企业应当制定明确的数字化投资计划，确保足够的投入用于技术更新、培训和基础设施建设。同时，要实施有效的风险管理，确保资源的合理利用和数字化投资的回报。

（二）组织结构变革与数字化转型

数字化转型对企业组织结构提出了挑战，要求企业从传统的层级性结构向更加扁平化和灵活的组织形态转变。

1. 扁平化管理与决策机制

数字化转型通常需要更迅速的决策机制，以适应快速变化的市场环境。扁平化管理结构能够减少层级，加速信息传递和决策执行，使企业更加灵活应对市场的变化。因此，企业需要重新审视其组织结构，实施扁平化管理。

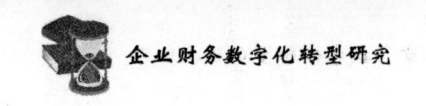

2. 跨部门协作与信息流通

数字化转型要求各部门之间更紧密地协作和信息共享。企业可以通过打破传统的信息孤岛，建立更加开放的信息流通机制，促进跨部门的协作和创新。这涉及文化转变和技术支持的双重挑战，需要企业从领导层到基层形成全员参与的协作文化。

3. 人才培养与数字化能力建设

数字化转型需要企业拥有具备数字化能力的人才。这包括数字化领导者、数据科学家、技术专家等多元化的专业人才。因此，企业需要进行人才识别、培养和引进，以适应数字化转型的需要。此外，还需要推动员工的数字化素养提升，确保全员参与数字化转型的过程。

（三）技术创新与数字化转型

数字化转型的核心在于技术的广泛应用和创新。企业需要不断更新和引入新技术，以满足数字化转型对业务流程、产品和服务的要求。

1. 数据驱动的业务决策

数据是数字化转型的关键驱动力，因此企业需要建立健全的数据基础设施，进行数据的收集、存储和分析。通过数据驱动的业务决策，企业能够更好地理解市场趋势、客户需求，从而更精准地调整业务战略。

2. 新兴技术的整合应用

新兴技术，如人工智能、物联网、区块链等，是数字化转型的助力工具。企业需要深入了解这些新技术的应用场景，通过整合应用，提高业务流程的智能化和自动化水平。例如，制造业可以通过物联网实现设备的联网，提高生产线的自动化程度。

3. 云计算与资源共享

云计算为企业提供了灵活的计算和存储资源，有助于降低数字化转型的初始投资成本。企业可以通过云计算服务实现资源的弹性调配，更高效地进行业务扩展。此外，云计算还能够提供更强大的计算能力，支持大规模数据分析和人工智能的应用。

（四）文化转变与数字化转型

数字化转型不仅仅是技术的应用，还需要企业内部的文化得以转变，以适应数字化时代的要求。文化转变涉及领导风格、员工价值观和组织学习等方面。

1. 领导力的数字化转型

在数字化转型过程中，领导力扮演着至关重要的角色，其在引领组织适应变革、推动数字化战略和维持战略灵活性等方面发挥着关键作用。数字化转型要求领导者具备先进的数字化思维，深刻理解数字化对组织的战略意义和长远价值。领导者应当在数字化战略的制定和执行过程中展现出开放性和创新性，以适应快速变化的商业环境。

领导者在数字化转型中的角色首先体现在对数字化思维的深刻理解。这包括对数字技术的熟练运用、对新兴科技趋势的洞察力以及对数字化带来的机遇和挑战的全面认知。领导者需要通过深入学习和持续关注技术创新，确保能够及时了解并应对行业和市场的数字化趋势，为组织提供有效的战略方向。

其二，领导者的数字化转型还需要具备对数字化战略的推动能力。这包括制定明确的数字化战略和愿景，使其与组织的整体战略相一致，并能够有效地传达给全体员工。领导者要在组织内树立数字化优先地位，将数字化视为推动业务增长和创新的重要手段，推动相关业务单元加速数字化转型。

其三，领导者在数字化转型中需具备对不断变化商业环境的适应能力。数字化转型过程中，商业环境的变化可能更为迅速和复杂，领导者需要能够灵活调整战略，迅速做出决策，以确保组织在激烈竞争中保持竞争优势。领导者还需关注市场趋势、竞争对手的动态，积极寻找和创造商业机会。

2. 员工价值观与数字化素养

员工的价值观在数字化转型中扮演着至关重要的角色，其对数字化素养的具备直接影响着企业在数字时代的竞争力。数字化转型要求员工拥有更高水平的数字化素养，包括对新技术的深刻理解、数据分析的能力以及对信息安全的高度警觉。因此，企业需要通过培训和教育计划来提升员工的数字化素养，激发员工对数字化转型的积极参与和创新思维。

其一，员工的数字化素养需要建立在对新技术的深刻理解之上。随着科技的不断发展，新的数字技术不断涌现，员工需要具备学习和适应新技术的能力。企业可以通过持续的培训计划，为员工提供与数字技术相关的知识和技能，使其能够更好地理解和应用新技术，为数字化转型提供坚实的基础。

其二，数据分析能力是员工数字化素养的另一关键方面。数字化时代大量的数据需要被收集、分析和利用，而员工需要具备足够的数据分析能力，以从海量数据中提炼出有价值的信息。企业可以通过数据分析培训、提供数据科学工具等方式，帮助员工提高数据分析的技能，使其能够更好地应对数字化时代的数据挑战。

其三，信息安全意识也是数字化素养不可或缺的一环。随着数字化转型，企业的数据变得更为重要和敏感，员工需要时刻保持对信息安全的高度警觉。企业可以通过定期的信息安全培训、设立相关规定和流程等手段，提高员工对信息安全的认知和重视程度，有效防范潜在的信息安全风险。

员工在数字化转型中还需要调整工作态度，接受新的工作方式和流程。数字化转型常常伴随着业务流程的重塑和变革，员工需要积极参与并适应这些变化。企业可以通过沟通和培训，引导员工树立积极的数字化工作态度，使其能够更好地融入数字化转型的工作环境。

3. 组织学习与持续创新

数字化转型是一个动态过程，要取得长期成功，组织必须建立学习型机制，不断进行优化和改进数字化策略。组织学习在数字化转型中起到至关重要的作用，它涉及对技术、市场和竞争环境的持续监测，以及对员工经验的积累和分享。通过持续创新，企业可以更好地适应市场的变化，保持竞争优势。

第一，在数字化转型的背景下，组织学习成为推动企业不断进步和适应变化的关键因素。首先，组织学习需要关注技术的发展和变革。数字化转型通常伴随着新技术的引入和应用，组织学习的机制要能够迅速了解和适应这些新技术，确保其在企业内得到有效地应用。这包括对人工智能、大数据分析、云计算等领域的了解，以及对这些技术如何影响企业业务和管理的深入思考。

第二，组织学习还需要关注市场和竞争环境的变化。数字化转型是满足市场需求和应对竞争挑战的策略，组织学习要能够及时洞察市场的变化，了解竞争对手的动向，为企业的数字化策略做出调整。这可能包括对行业趋势的研究、市场需求的分析，以及对竞争者战略的深入了解。

第三，组织学习还需要注重员工经验的积累和分享。在数字化转型中，员工的实际经验和知识是宝贵的资产，组织学习要能够将这些经验有效地整合和传递。这可以通过建立知识管理系统、举办内部培训和研讨会等方式实现。员工之间的经验分享和互动可以提升组织学习的效果，推动整个企业更好地应对数字化转型的挑战。

第四，通过持续创新，企业可以更好地适应市场的变化，保持竞争优势。数字化转型并非一成不变的过程，市场和技术的不断发展要求企业保持创新力，通过不断推陈出新的方式来满足客户需求。组织学习要鼓励并培养创新文化，使员工能够在数字化转型中不断提出新的想法和解决方案，推动企业在数字化时代可持续成长。

三、数字化转型的特征

数字化转型是企业为适应快速变化的商业环境而进行的一项战略性变革。其核心在于通过数字化技术的升级，重新构思和优化商业模式，以提高企业的经营效率、降低成本并增加企业效益。数字化转型的特征主要分为优化、网络重构和创新三个方面。

（一）优化

数字化转型的优化特征主要体现在对企业各个环节的经营效率提升。通过广泛应用数字化信息技术，企业可以在市场营销、研发生产、采购、仓储、物流等方面实现更精准、更高效地操作。这种优化旨在改善现有商业模式，使得企业在原有基础上实现更高水平的经营效益。

1. 数据驱动的决策

数字化转型强调数据的重要性，通过数据分析、人工智能等技术手段，企业可以更全面、准确地了解市场需求、客户行为等信息，从而做出更具洞察力和前瞻性的决策。

2. 流程优化与自动化

数字化技术的应用使得企业能够优化内部流程，简化繁琐的手工操作，实现业务流程的自动化。这不仅提高了工作效率，也降低了潜在的人为错误风险。

3. 成本削减

通过数字化转型，企业可以更精准地管理资源、优化供应链，从而实现成本的有效削减。这包括降低生产成本、减少库存积压、提高仓储物流效率等方面的改进。

（二）网络重构

网络重构是数字化转型中的另一特征，主要表现为企业对线上线下渠道的整合与融合。在消费品公司中，这可能体现为从传统的 B2B 模式转向更贴近终端用户的 C2B、C2M、C2B2M 等商业模式。

1. 全渠道营销

数字化转型使得企业能够更好地整合线上线下渠道，实现全渠道营销。通过数字平台，企业可以更精准地定位目标用户，实现线上线下销售的有机衔接。

2. 数据共享与流通

网络重构也促使企业更加注重信息的共享与流通。不同渠道间的信息可以更加充分地扩散，实现供应链的透明化，提高对市场变化的应对速度。

（三）创新

创新是数字化转型的核心，它涉及对技术的应用和对商业模式的重新构思。数字化转型通过技术创新，为企业开辟了更为广阔的发展空间。

1. 数据处理能力提升

数字化转型要求企业在整合信息化的基础上，提升对数据的处理能力。这包括更高效的数据收集、存储、分析和利用，以实现更智能化、更个性化的服务和产品。

2. 新兴技术的应用

数字化转型推动企业采用新兴技术，如人工智能、大数据分析、物联网等。这些技术的应用不仅提升了企业的运营效率，同时也为企业创造了全新的商业模式和服务方式。

3. 商业模式的颠覆

创新的数字化转型往往涉及对原有商业模式的颠覆。企业需要在技术发展的前沿寻找突破口，通过数字化手段实现商业模式的重塑，从而在激烈的市场竞争中脱颖而出。

第二节　数字化转型的关键要素

一、技术要素

（一）技术基础设施

1. 云计算

云计算是数字化转型中的关键技术之一，其在企业中的广泛应用为数字化转型提供了强大支持。云计算基础设施的建立使得企业能够以更加灵活的方式部署和管理各种数字化工具和应用，为企业的信息技术架构提供了新的范式。

第一，云计算为企业提供了弹性和可伸缩性。通过云服务提供商提供的资源，企业可以根据实际需求动态调整其计算和存储资源，从而更有效地满足不断变化的业务需求。这种灵活性使得企业能够应对交易量波动、业务扩张或收缩等变化，而无需投入大量时间和资源来调整内部基础设施。

第二，云计算提高了企业系统的稳定性。由于云计算服务商通常拥有先进的硬件基础设施和专业的技术团队，企业可以从中受益，获得更高水平的系统可靠性和安全性。云计算服务商通过分布式架构、冗余机制和自动化运维等手段，降低了系统故障的风险，保障了数字化转型过程中关键业务的稳定运行。

第三，云计算还为企业提供了更经济高效的运营模式。传统上，企业需要投资大量资金建设和维护自有的 IT 基础设施，但云计算模式下，企业可以通过按需付费的方式使用云服务，避免了大规模的资本支出。这种费用模型使得企业能够更加灵活地控制成本，根据实际使用情况支付费用，从而提高了财务的可持续性。

2. 大数据分析

大数据分析作为数字化转型中的关键技术，发挥着重要作用，为企业在竞争激烈的商业环境中提供了有力的支持。其核心功能在于挖掘、分析和解释海量数据，从而为企业决策、市场战略和客户关系提供深刻的见解。

第一，大数据分析的价值在于帮助企业从庞大的数据集中提取有价值的信息。在数字化时代，企业面临着海量的数据涌入，这些数据包括来自内部业务流程、外部市场环境、社交媒体等多个方面的信息。大数据分析通过先进的数据挖掘技术，能够识别和抽取其中蕴含的关键信息，使企业能够更好地理解市场趋势、客户需求和业务机会。

第二，大数据分析为企业的决策提供了科学的支持。通过对大数据的深入分析，企业领导层可以得到更全面、准确的信息，从而在战略制定和业务规划中做出更明智的决策。大数据分析不仅可以揭示潜在的业务机会，还能够帮助企业降低风险，优化资源配置，提高决策的成功率和效果。

第三，大数据分析在市场预测和客户体验优化方面发挥了积极作用。通过对市场数据和客户行为的分析，企业可以更准确地预测市场趋势，制定更有针对性的营销策略。同时，大数据分析还能够帮助企业深入了解客户需求，优化产品和服务，提升客户体验，从而增强客户忠诚度。

3. 物联网技术

物联网技术的广泛应用标志着数字化转型中的又一项重要进展。物联网（IoT）通过实现设备之间的互联互通，为企业创造了大量机会，尤其是在实时数据监控和分析方面，为企业提供了强大的工具，从而实现生产流程的优化和效率的提高。

一是，物联网技术通过连接各类设备，使其能够共享信息和数据。传感器、无线通信和数据分析的结合，使得企业可以实现对生产环境的实时监控。从生产设备到物流系统，再到销售终端，物联网技术可以实现全方位的数据采集和传输。这为企业提供了全局视角，使其能够更准确地了解生产状况、库存水平以及市场需求。

二是，物联网技术为企业提供了更高效的生产流程。通过实时监控设备状态和生产效率，企业可以及时发现并解决潜在问题，降低生产中断的风险。自动化的生产流程和智能化的设备管理，使得企业能够更迅速地调整生产计划，提高生产效率和灵活性。这对于适应市场变化、快速响应客户需求具有重要意义。

三是，物联网技术还为企业提供了更精准的数据分析和预测能力。通过对大量实时数据的分析，企业可以发现隐藏在数据背后的模式和趋势，从而更准确地预测市场需求、产品流行趋势等因素。这种数据驱动的决策支持，使企业能够更具前瞻性地制定战略，迅速适应市场的动态变化。

（二）数据安全与隐私保护

1. 安全技术

在数字化转型的背景下，数据的安全性被赋予了极其重要的意义。为确保敏感信息不被未授权访问，数字化转型需要依赖先进的安全技术，这包括加密技术、访问控制策略以及全面的网络安全措施。

第一，加密技术是数字化转型中的一项基础安全措施。通过对数据进行加密，将其转化为密文，即使在传输或存储过程中被截获，也难以被解读。加密技术的应用涵盖了数据传输、存储，以及处理的各个环节，为数据提供了全方位的保护。不同的加密算法和密钥管理系统可以根据数据的敏感程度和应用场景进行选择，以实现最佳的安全效果。

第二，访问控制策略是确保数字化系统安全性的关键要素之一。通过建立细粒度的访问权限，数字化系统可以对不同用户或角色授予相应的权限，从而确保每个用户只能访问其合法范围内的数据和功能。访问控制可以通过身份验证、授权和审计等手段来实现，有效地防止了未授权用户对敏感信息的访问，降低了潜在的安全风险。

第三，全面的网络安全措施对于数字化转型同样至关重要。包括但不限于防火墙、入侵检测系统（IDS）、入侵防御系统（IPS）等技术的运用，可以有效地防范网络攻击、恶意代码传播等威胁。网络安全的策略需要覆盖整个数字化系统，确保网络通信的安全可靠，防范外部恶意攻击和内部滥用风险。

2. 合规性管理

在数字化转型的过程中，合规性管理成为至关重要的环节。企业必须确保其数字化操作符合相关法规标准，以有效降低法律风险并维护业务的可持续性。

数字化转型涉及大量的数据处理、信息传输以及业务流程调整，因此合规性管理不仅关乎企业内部的规章制度，更需要符合国家和行业相关的法规法律。首要的是，企业需要详细了解并遵守适用于其业务领域的法规框架，例如数据隐私法、网络安全法、电子商务法等。对于不同行业和地区，法规要求可能存在差异，因此企业需要根据自身特点制定符合法规的数字化策略。

合规性管理的关键在于建立健全的内部控制机制。这包括确保数字化过程中的数据处理符合隐私法规，采用合适的数据加密和匿名化技术；在信息传输过程中，采用安全的通信协议和防护措施，防范数据泄露和篡改；对于数字化业务的各个环节，建立完善的审计机制，以便随时对合规性进行监测和评估。

另外，企业需要密切关注法规的变化，及时更新合规性管理政策。数字化领域的法规常常发生调整和修订，企业需要建立敏感的法规监测机制，确保数字化操作始终符合最新的法规要求。这也要求企业建立与法律团队、合规性专业人员的紧密合作，以获取权威的法律意见和指导。

（三）新兴技术应用

1. 人工智能

人工智能（AI）在数字化转型中正迅速崛起，发挥着日益重要的作用，其广泛应用涵盖智能决策支持系统、自动化流程以及智能客户服务等多个方面。在智能决策支持系统方面，人工智能通过深度学习、机器学习等技术，能够对大规模、复杂的数据进行高效分析和处理，为决策者提供更为准确的信息。这种数据驱动的智能支持有助于企业高效决策，优化资源配置，提升业务的整体效益。

自动化流程是数字化转型中另一个得益于人工智能的领域。通过引入 AI 技术，企业能够实现业务流程的自动化，从而提高工作效率、降低成本。自动化流程不仅包括传统的生产和制造领域，还涵盖了各个行业的业务流程，如人力资源管理、财务审计等。人工智能的自适应性和学习能力使得系统能够根据不断变化的环境进行调整，实现更为灵活和高效的流程管理。

在智能客户服务方面，人工智能的应用为企业提供了更加智能化和个性化的客户体验。通过自然语言处理和语音识别等技术，智能客户服务系统能够理解客户的需求，并提供快速、精准的解决方案。这不仅提高了客户满意度，还降低了企业的客户服务成本。人工智能还能通过分析客户数据，预测客户行为，为企业制定更具针对性的营销策略，进一步推动数字化营销的发展。

2. 区块链技术

区块链技术的引入为各行各业的数字化转型提供了全新的可能性，其独特的特点在提高数据透明性和安全性方面很突出。在金融领域，区块链技术被广泛应用于构建分布式账本系统，消除了传统中心化银行系统的单点故障风险，并通过去中心化的机制提高了交易的可信度。这种去中心化的特性不仅减少了对信任第三方的依赖，还有效地降低了交易成本，为全球金融体系带来了更为高效和稳健的基础。

物流领域也在区块链技术的推动下迎来了深刻的变革。通过将物流信息以分布式账本的形式存储在区块链上，可以实现对整个供应链的实时追踪和监控，从而提高了货物的可追溯性和透明度。这对于防范货物丢失、偷窃或损坏等问题具有重要意义，同时也有助于降低运输过程中的信息不对称风险。这种基于区块链的物流管理系统为各个环节的参与者提供了更可靠的数据基础，促使整个供应链更加协同和高效运作。

除了金融和物流领域，区块链技术还在其他行业展现出广泛的应用前景。例如，在医疗领域，区块链可以用于构建安全的患者数据管理系统，确保患者数据的隐私和安全。在智能合约的支持下，区块链还有望为合同管理、知识产权保护等领域提供更加安全、透明和高效的解决方案。

3.边缘计算

随着物联网的蓬勃发展，边缘计算作为一项重要的技术策略，在解决大规模数据处理中的瓶颈问题上发挥着关键作用。边缘计算的核心理念是将计算和数据处理的功能从传统的中心化云端转移到离数据源更近的边缘设备上。这一战略性转变为物联网应用提供了更为高效、实时的解决方案，特别适用于需要迅速决策和低延迟的场景。

边缘计算的主要优势之一是显著降低了数据传输的时延。在传统的云计算模式中，数据需要从设备传输到云端进行处理，然后再将结果返回，这个过程的时延相对较高。而边缘计算将计算能力推向数据源附近，使得数据可以在离源头更近的地方进行实时处理，从而大大减少了延迟。这对于一些对实时性要求较高的应用场景，如智能交通、工业自动化等，具有重要的实际意义。

边缘计算还提供了更好的数据隐私和安全性。由于数据在边缘设备上进行处理，而非通过公共网络传输至云端，边缘计算可以有效减少数据在传输过程中的风险。这种本地化的数据处理有助于降低因数据传输过程中可能发生的安全漏洞，从而更好地保护用户的隐私和敏感信息。此外，边缘计算还能通过采用分布式计算和加密技术，增强整体的安全性。

二、组织要素

（一）领导层的支持与推动

1.制定数字化战略

领导层在数字化时代面临着巨大的挑战和机遇，因此制定清晰而全面的数字化战略成为至关重要的任务。数字化战略的制定应当紧密契合企业整体战略，确保数字化转型的方向和步骤与企业长远发展目标相一致。首要的一步是深入了解企业的业务环境、竞争格局以及内外部变化的影响因素，这有助于为数字化战略制定提供坚实的基础。

在制定数字化战略时，明确定义目标是至关重要的。这包括明确数字化转型的战略目标，如提升业务效率、优化客户体验、创新产品与服务等方面。每个目标应当具备明确的指标和时间表，以便衡量战略实施的效果。为此，领导层需要梳理企业的核心业务流程，识别潜在的数字化创新点，并将这些创新点与企业的长期目标相对应，以确保数字化战略的可持续性和战略一致性。

关键绩效指标（KPI）的明确制定是数字化战略成功的关键。这些指标可以涉及多个方面，包括但不限于财务绩效、客户满意度、员工参与度以及技术实施效果等。确保这些指标与数字化转型的战略目标相匹配，有助于实现对数字化战略的全面评估。同时，领导层需要建立有效的监测和评估机制，以及时调整数字化战略，确保其在不断变化的市场环

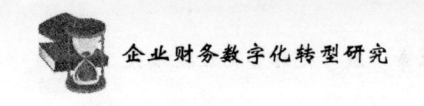

境中保持灵活性和适应性。

数字化战略的制定还需要领导层注重组织文化的转变。培养数字化思维，推动组织成员对新技术和变革的接受，是数字化战略成功的重要组成部分。领导层应当倡导开放的沟通和信息分享文化，以鼓励创新和跨部门的合作。此外，为员工提供相关的培训和支持，以提高他们在数字化转型中的技能水平，有助于顺利实施数字化战略并推动组织的整体变革。

2. 提供资源支持

数字化转型是一项综合而深刻的变革过程，其成功与否直接关系到企业的竞争力和长期发展。在这一过程中，领导层的责任不仅在于明确数字化战略，还需要确保足够的资源支持，包括人才、技术和财务方面的投入。在人才支持方面，领导层首先应明确数字化转型所需的核心技能和专业知识，并积极招募或培养拥有这些能力的人才。这可能涉及引入数据科学家、人工智能专家、信息安全专业人员等，以确保数字化战略的技术实施和创新能够得到充分支持。

技术支持方面，领导层需要投资于先进的数字技术基础设施，如云计算、边缘计算、区块链等，以满足数字化转型对于高效数据处理和存储的需求。此外，建立健全的数据管理体系和信息安全体系也是数字化转型不可或缺的一环。领导层应确保公司内部技术团队具备足够的能力来管理和维护这些先进的数字化基础设施，或与合适的技术合作伙伴建立战略性的合作关系。

财务支持方面，领导层需要合理配置数字化转型的预算，并确保这些资金用于支持战略目标的实现。这可能包括研发新的数字化产品或服务、培训员工以适应新技术的使用、购置先进的数字化工具和设备等方面的支出。领导层应当审慎评估数字化转型的投资回报率，确保每一笔支出都对企业的数字化战略目标产生实际、可衡量的价值。

为了更好地配置和管理这些资源，领导层还需要建立有效的内部沟通和协作机制。部门间的协同合作以及信息的共享对于数字化转型的成功至关重要。领导层应当鼓励跨部门的团队合作，确保各个业务单元都能够积极参与数字化转型，并将其融入企业的日常运营中。

3. 促进文化变革

领导层在数字化转型中扮演着关键的角色，不仅需要在制定战略和配置资源上有远见，更需要成为文化变革的引领者。文化变革是数字化转型的核心，它涵盖了组织的价值观念、行为规范以及工作方式等多个层面。为了推动组织迎接数字化转型带来的变革，领导层首先需要树立积极的变革态度，并将这种态度传递给整个组织。

在文化变革中，领导层应该以身作则，成为员工们的榜样。通过展示对新技术和工作方式的积极态度，领导层可以激发员工的学习欲望，促进创新和变革的发生。通过自己不断学习和适应新技术，领导层能够向组织传递学习的文化，使员工认识到持续学习是数字化时代的基本要求。这有助于打破传统工作方式的束缚，激发员工的创新思维，提升整体组织的适应性。

鼓励创新是文化变革的重要组成部分。领导层应该建立一种鼓励尝试新想法的氛围，包括容忍失败并从中吸取教训。通过设立创新奖励机制、支持内部孵化项目等方式，领导层可以激发员工的创造力，推动组织在数字化转型中找到新的商业机会。此外，领导层还应当搭建开放的沟通平台，使员工能够分享他们的创新理念，促进组织内部的知识共享和合作。

文化变革还需要建立一种强调协同和团队合作的工作文化。领导层应该鼓励员工跨部门协作，推动信息的共享和流通。建立团队合作机制，使得不同部门之间能够更加紧密地协同工作，共同应对数字化转型中的挑战。通过设立跨职能团队和项目组，领导层可以打破传统的组织层级，促使组织更加灵活和适应变革。

最重要的是，领导层需要引领一个注重员工发展和幸福感的文化。数字化转型带来的变革往往伴随着新技能的需求，领导层应该关注员工的职业发展和培训需求，为其提供学习机会和职业晋升通道。通过关注员工的工作满意度和工作生活平衡，领导层可以培养一支积极进取、充满创造力的团队，从而更好地应对数字化转型所带来的挑战。

（二）人才培养与发展

1. 数字化素养

在数字化转型时代，组织必须致力于培养员工的数字化素养，以确保他们能够适应和发挥数字化转型所带来的机遇。数字化素养是一个综合的概念，它包括对新技术的理解、数据分析能力和信息安全意识等多个方面。首先，员工需要具备对新技术的敏感性和理解力，以迅速适应和采纳新兴的数字工具和技术。这需要组织提供培训和教育，使员工了解人工智能、大数据、云计算等关键技术的基本概念和应用场景，从而为他们在数字化转型中发挥积极作用提供坚实基础。

此外，数字化素养还包括数据分析能力，即员工能够有效地收集、解读和运用数据进行决策和问题解决的能力。组织应该投资于培训员工在数据科学和分析领域的技能，使他们能够理解和运用数据驱动的方法，为业务决策提供更有深度的洞察力。这种数据分析能力有助于员工更好地应对复杂的业务挑战，提高决策的准确性和效率。

信息安全意识也是数字化素养中至关重要的一环。随着数字化转型，组织面临着越来越复杂和智能化的网络威胁。因此，员工需要具备对信息安全的敏感性和意识，能够识别潜在的网络风险并采取相应的措施。组织应该定期进行信息安全培训，教育员工如何有效地保护和管理敏感信息，防范网络攻击和数据泄露的风险。建立起信息安全文化，使得每个员工都成为组织网络安全的一道坚固防线。

在培养数字化素养的过程中，组织还需注重激发员工的学习动力和自我发展意愿。这包括创建一个鼓励创新和主动学习的工作环境，给予员工探索新技术、提出新想法的机会。组织还可以设立奖励机制，表彰那些在数字化转型中做出卓越贡献的员工，从而激发全员的积极性和创造性。

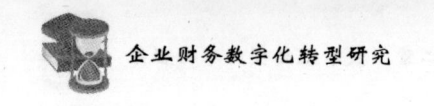

2. 培训计划

制订一项有效的培训计划对于组织的数字化转型至关重要，因为它直接关系到员工能否迅速适应新技术和工具，提升其在数字化环境中的适应能力。首先，培训计划应该根据组织的数字化战略和员工的岗位需求量身定制。通过深入了解不同部门和职能的具体要求，能够有针对性地设计培训内容，确保培训的实际效果与数字化转型的战略目标相一致。

培训计划的第二个关键要素是灵活性和定期更新。随着技术的快速发展，培训内容需要不断跟进，以保证员工始终掌握最新的数字工具和技术知识。培训计划应当包括定期的评估和反馈机制，以调整和更新培训内容，确保其与组织的数字化需求保持一致。这种灵活的培训计划有助于迅速应对新兴技术和工具的变化，提高员工的学习效率和适应速度。

培训计划的第三个要点是多样化的培训方法。不同员工可能有不同的学习偏好和节奏，因此培训计划应该包含多种培训形式，如面对面培训、在线培训、独立学习等。通过多样化的培训方法，能够满足不同学员的需求，提高培训的参与度和效果。此外，引入实践性的项目和案例分析，帮助员工将理论知识应用到实际工作中，加深他们对数字工具和技术的理解。

培训计划还需要关注员工的职业发展路径。在数字化转型中，培训不仅仅是为了当前的工作需求，更是为了员工在未来数字化时代的职业发展。因此，培训计划应当为员工提供清晰的职业发展方向和培训路径，激发他们的学习动力。这可以通过设立技能认证和晋升通道，为员工提供明确的职业晋升机会，使其在数字化时代能够持续进步和成长。

最后，培训计划的成功还与领导层的支持和参与密切相关。领导层应当在培训计划的制订和执行过程中提供强有力的支持，表示对数字化培训高度重视。通过领导层的参与，能够为培训计划注入更多的资源和动力，使其取得更好的效果。

3. 激励机制

在数字化时代，为了推动组织的数字化发展，建立有效的激励机制是至关重要的。这一激励机制的目标是鼓励员工积极参与数字化转型，并激发其提出创新性的解决方案，从而促进组织不断演进和发展。首先，激励机制应当注重对员工的认可和奖励。通过设立数字化创新奖励计划，组织可以及时表彰那些在数字化转型中做出卓越贡献的员工，鼓励他们继续为组织的数字化发展做出努力。这种正面的认可不仅提高了员工的工作满意度，也激发了其对数字化转型的积极性和创造性。

其次，激励机制应当关注员工的个人发展和职业晋升。为那些在数字化领域有着优异表现的员工提供晋升通道和发展机会，可以激发员工对数字化技术的学习兴趣，同时也为组织输送了一批具备数字化素养的高层管理人才。通过建立与数字化转型相关的职业发展路径，组织可以更好地吸引、留住和培养具备数字化专业知识和技能的人才。

最后，激励机制还应关注团队协作和合作。组织可以设立团队奖励制度，鼓励团队共同努力，共同推动数字化项目的成功实施。通过强调团队协作的重要性，可以促使员工更好地分享经验、合作解决问题，从而加速数字化转型的进程。这种团队奖励机制不仅加强了员工之间的协作关系，也在整体上提高了组织的数字化素养。

在激励机制中，员工的参与和反馈也应得到充分地重视。建立员工参与数字化决策的机制，让员工在数字化转型过程中能够发表自己的意见和建议。同时，对员工的反馈建议进行认真考虑，并及时做出相应改进，有助于形成一个积极的循环，激发员工对数字化转型的积极性，提高其参与度和归属感。

（三）组织结构与流程优化

1. 扁平化结构

在数字化转型的背景下，采用扁平化的组织结构已经成为一种趋势，其旨在提高组织的灵活性、响应速度和决策效率。扁平化结构的主要特征是减少管理层次，使得组织内部的沟通更为直接、高效，从而更好地适应快速变化的市场环境。这种结构与传统的层级化管理相比，更加注重协作、创新和快速决策。

在扁平化结构中，通过减少管理层次，降低了组织内部的决策路径，使决策更为迅速和灵活。这对于数字化转型至关重要，因为数字化转型通常伴随着技术的迅猛发展和市场的快速变化。扁平化结构使得高层管理人员能够更直接地参与决策过程，缩短了信息传递的时间，使组织更能迅速应对市场机会和挑战。

此外，扁平化结构强调团队协作和跨职能合作。在这样的结构中，各个部门和团队之间的沟通更加直接，协同工作更加流畅。这有助于促进知识共享、创新和项目协同，从而推动数字化转型的全面实施。通过打破传统的组织层级，扁平化结构激发了员工的创造力和主动性，使其更有可能提出创新性的解决方案。

扁平化结构还能够提高员工的责任感和参与度。在传统的层级化结构中，信息往往需要通过多层传递，导致下层员工感到信息不畅通、决策权不足。而在扁平化结构中，由于管理层次减少，员工更容易获得信息，更有机会参与到决策和执行的过程中。这种参与感促使员工更为积极地投入到数字化转型的实施中，为组织的成功发展贡献更大的力量。

2. 流程优化

流程优化是数字化转型的关键步骤，通过重新设计业务流程，企业能够更好地整合数字化工具，提高运营效率。首先，流程优化的核心目标在于消除冗余和瓶颈。通过详细的业务流程分析，识别并剔除不必要的步骤和重复操作，可以降低业务流程的复杂性，提高执行效率。冗余的步骤和瓶颈往往是导致业务运营低效的主要原因，通过优化这些方面，企业可以更顺畅地整合数字化工具，实现任务的迅速执行。

其次，流程优化需要结合数字化工具的应用，使其更好地服务于业务需求。数字化工具在流程优化中扮演着关键角色，例如，自动化流程、数据分析工具和协同平台等。通过合理选用和整合这些工具，企业可以实现业务流程的数字化、自动化和智能化。这有助于提高工作效率，降低错误率，并使企业更具竞争力。数字化工具的普及还能够加速信息传递，促进实时决策，从而更好地适应快速变化的市场环境。

在流程优化中，强调业务流程再造是至关重要的一步。企业应当放眼未来，不仅仅是将现有流程数字化，更应考虑采用先进的技术和方法重新设计业务流程。这可能包括引入人工智能、机器学习等先进技术，以及采用敏捷开发和设计思维等先进方法。通过业务流程的重新造型，企业能够更好地适应未来市场的不断变化，提高创新能力和竞争力。

流程优化还需要关注员工的参与和培训。在数字化转型中，员工通常需要适应新的工作方式和数字工具的使用。因此，企业应该为员工提供相关的培训和培养数字化素养的机会。此外，鼓励员工参与流程优化的讨论和决策过程，可以更好地发挥员工的创造性和积极性。员工的参与不仅提高了流程优化的成功率，还加强了团队的凝聚力和协作精神。

最后，流程优化需要建立监控和评估机制，以确保持续的优化效果。企业可以采用关键绩效指标（KPI）等评估工具，监测流程的执行情况并及时调整。通过不断收集反馈和数据，企业可以对流程优化的效果进行评估，发现问题并进一步优化。这种持续的监控和评估机制有助于确保流程优化的可持续性，并使企业能够不断适应变化的市场需求。

3. 创新文化

在数字化转型的浪潮中，变革领导力被视为文化要素中的至关重要的组成部分。领导层在数字化转型中的作用不仅在于制定战略，更重要的是展现对变革的积极态度，引领组织成员迎接数字化带来的巨大挑战。变革领导力涵盖了领导者在变革过程中的决策、沟通、激励和执行等方面的能力，是组织成功实现数字化转型的关键因素。

一是，变革领导力需要领导者对变革有着明确愿景和目标。领导者应该能够清晰地表达数字化转型的愿景，明确为何进行变革以及变革后组织将获得何种价值。这有助于激发组织成员的共鸣和认同，形成共同努力的动力。透过领导者对数字化转型目标的坚定信念，组织成员更容易理解变革的重要性，从而更加积极投入到变革的实施中。

二是，变革领导力需要领导者具备开放的沟通和透明度。在数字化转型中，信息的流通对于组织的成功至关重要。领导者应该能够与组织成员进行及时而开放的沟通，解答他们的疑虑，分享变革过程中的挑战和成功。透明的沟通有助于建立信任，提高组织成员对变革的理解和接受程度。领导者的坦诚和透明度能够为组织带来更好的合作和协同效应。

在数字化转型中，变革领导力需要领导者具备激励和动员团队的能力。数字化带来的变革往往伴随着不确定性和复杂性，领导者需要通过激发团队的积极性和创造力，应对变革中的各种挑战。这可能包括设立激励机制、提供培训和发展机会，以及树立积极应对变革的文化。领导者的激励作用不仅仅是物质性的奖励，更体现在对员工能力和贡献的认可，以及对团队成就的分享。

三是，变革领导力需要领导者在执行层面展现出坚定的决心和果断的行动。数字化转型往往需要迅速而果断的决策，以适应市场的变化和竞争的压力。领导者应该能够在变革过程中保持决断，迎难而上，切实推动变革的实施。通过坚定的执行，领导者不仅能够展现自身的变革能力，还能够为组织树立起变革的决心和执行力的典范。

三、文化要素

（一）变革意识与接受能力

1. 变革领导力

在数字化转型过程中，建立开放的沟通机制是至关重要的，这有助于让员工深刻理解数字化转型的意义、目标和影响，同时减少变革过程中可能出现的不确定性和抵触情绪。开放沟通不仅仅是信息传递的手段，更是一种促进透明度和共享理解的文化实践。

首先，开放沟通需要领导层明确数字化转型的愿景和战略目标。领导者应该清晰地表达数字化转型背后的动机，解释为什么组织需要进行变革以及变革后将会带来怎样的益处。通过明确愿景，领导者能够为组织成员描绘一个清晰的未来图景，引导大家朝着共同的目标努力。这有助于员工理解数字化转型的价值和重要性，降低变革引起的不确定性。

其次，开放沟通需要建立双向的交流渠道。领导层应该设立多样化的沟通平台，包括定期的团队会议、在线论坛，以及开放的反馈机制。通过这些渠道，员工有机会提出疑虑、分享意见，甚至参与到数字化转型的决策过程中。建立双向交流机制有助于领导层了解员工的关切和需求，同时也让员工感受到自己的声音被重视，减轻由于变革带来的不适感。

在数字化转型中，开放沟通需要注重信息的透明度。领导者应该及时分享关于数字化转型的进展、成果和可能的挑战，避免信息不对称引发的猜测和误解。透明的信息传递有助于建立信任，使员工更愿意接受和支持数字化转型。此外，透明度还有助于建立共同的认知，使得组织成员对数字化转型的期望更加一致。

开放沟通还需要注重个体化的沟通方式。由于组织中员工的背景、职责和关注点差异巨大，领导者应该采用多元化的沟通方式，以满足不同员工的需求。这可能包括面对面的讨论、个别沟通，以及通过数字化平台发布信息等方式。个体化的沟通有助于确保每个员工都能够得到足够的关注和理解，增强其对数字化转型的认同感。

最后，开放沟通需要持续不断地进行。数字化转型是一个漫长的过程，而不是一次性的事件。在整个转型周期中，领导者需要保持与员工的密切联系，随时调整沟通策略，及时回应变革中的问题和反馈。持续的开放沟通能够营造一个积极的沟通氛围，使得组织能够更好地适应和推动数字化转型的发展。

2. 开放沟通

在数字化转型的背景下，建立开放的沟通机制成为组织实现变革的关键因素之一。这一机制的目的在于确保员工能够深刻理解数字化转型的意义、目标和影响，以减少在变革过程中可能产生的不确定性和抵触情绪。开放沟通不仅是一种信息传递的手段，更是构建共同理解和支持的文化框架。

首先，开放沟通需要领导层明确传达数字化转型的愿景和目标。领导者在这一过程中扮演着关键角色，应当清晰而激励地表达为何组织需要进行数字化转型，以及这一变革将为组织和员工带来怎样的益处。透过明确的愿景和目标，领导者能够为员工创造一个共同

的理解基础，使其在变革过程中能够更好地认同和支持组织的数字化战略。

其次，开放沟通需要建立起双向畅通的交流渠道。领导层应当设立多样化的沟通平台，包括但不限于团队会议、在线论坛以及定期反馈机制。通过这些渠道，员工得以主动提出疑虑、分享看法，甚至参与到数字化转型的决策过程中。建立双向交流机制不仅有助于领导者了解员工的关切和需求，同时也让员工感受到自己的声音在变革中的重要性，从而降低他们对变革的抵触情绪。

在数字化转型过程中，开放沟通需要关注信息透明度。领导者应当及时分享有关数字化转型的进展、成果和可能的挑战，避免信息不对称引发的猜测和误解。透明度有助于建立信任，使员工更愿意接受和支持数字化转型。此外，透明的信息传递有助于建立共同的认知，使得组织成员对数字化转型的期望更加一致。

开放沟通还需要个体化地关注。由于员工的背景、职责和关注点各异，领导者应当采用多样化的沟通方式，以满足不同员工的需求。这可能包括面对面的讨论、个别沟通，以及通过数字化平台发布信息等方式。个体化的沟通有助于确保每个员工都能够得到足够的关注和理解，从而增强其对数字化转型的认同感。

最后，开放沟通需要保持持续性。数字化转型是一个漫长而复杂的过程，而非一时的事件。在整个转型周期中，领导者需要保持与员工的密切联系，随时调整沟通策略，及时回应变革中的问题和反馈。持续的开放沟通能够营造一个积极的沟通氛围，使得组织能够更好地适应和推动数字化转型的发展。

（二）创新文化的培养

1. 容忍失败

在数字化转型过程中，组织需要培养一种容忍失败的文化，以促进创新和鼓励员工勇于尝试新方法。容忍失败的文化不仅是对变革过程的一种理性回应，更是为了激发员工的创造力和探索精神，推动数字化转型取得更可持续的成功。

首先，容忍失败的文化需要组织领导层树立积极的态度。领导者应该明确表达对员工尝试新方法和创新思维的支持，并且在失败发生时提供理解和鼓励，而非指责和惩罚。通过领导层的积极态度，员工将更愿意冒险尝试新的数字化解决方案，从而推动组织在数字化转型中更快取得实质性的进展。

其次，容忍失败的文化需要建立在学习与改进的基础上。组织应该将失败视为一个学习机会，鼓励员工在失败的基础上吸取经验教训，并不断优化和改进数字化转型的策略和执行计划。通过将失败转化为学习的机会，组织能够更加灵活地应对不断变化的数字化环境，提高在竞争激烈市场中的适应能力。

在数字化转型中，容忍失败的文化需要注重沟通和知识分享。组织应该创造一个开放的环境，让员工能够分享失败的经验，并从中获取宝贵的教训。透过沟通和分享，组织成员能够更好地理解彼此的挑战和解决方案，促进更广泛的协同和创新。这种知识的分享有助于加快组织的学习速度，减少重复犯错的可能性，推动数字化转型更为高效地进行。

容忍失败的文化还需要倡导积极的风险管理。虽然鼓励员工尝试新方法，但组织也应该建立起有效的风险管理机制，以在尝试过程中降低潜在的负面影响。这包括在实施新技术或策略之前进行充分的风险评估，并制定相应的备选方案。通过科学而谨慎的风险管理，组织能够在数字化转型过程中最大程度地减少可能的失败损失。

最后，容忍失败的文化需要融入组织的价值体系。在价值体系中明确容忍失败的重要性，使其成为组织文化的一部分。通过价值观的引导，员工将更容易理解和接受容忍失败的理念，从而更积极地参与到数字化转型的创新实践中。

2. 创新奖励

在数字化转型的过程中，建立创新奖励机制是一项重要的举措，旨在激发员工的创造力并将其贡献转化为组织的创新动力。这一机制的设计应当注重在组织层面激励员工积极参与创新活动，推动组织实现可持续的创新发展。

一是，创新奖励机制需要明确奖励的目标与标准。组织应当清晰定义创新的范围和目标，确保奖励机制与数字化转型的战略目标相一致。明确的奖励目标有助于引导员工将创新的精力集中在对组织有实际价值的领域，推动数字化转型朝着既定方向迈进。

二是，创新奖励机制需要关注多层次的激励。除了物质性奖励外，组织还可以通过提供职业发展机会、专业培训，以及公开表彰等方式激励员工。这种多层次的激励机制有助于满足不同员工的需求和动机，使得创新奖励更加全面和可持续。

在数字化转型中，创新奖励机制需要注重公正与透明。组织应当确保奖励评定的过程公正透明，避免主观因素的介入，建立起员工对奖励机制的信任感。透明的奖励评定有助于激发员工的积极性，使其更愿意投入到创新活动中。

创新奖励机制还应当关注长期的激励效应。除了短期的奖励，组织还可以设立长期绩效考核和奖励机制，以鼓励员工持续保持创新精神。这可能包括基于创新绩效的晋升机会、股权激励计划等，使得员工在数字化转型中能够形成长期的创新动力。

在数字化转型中，创新奖励机制需要灵活调整。由于数字化领域的快速变化，组织应当不断地调整奖励机制，以适应新的技术和市场趋势。灵活的奖励机制有助于保持创新奖励的前瞻性和有效性，使得员工的创新动力与数字化转型的实际需求保持一致。

三是，创新奖励机制需要结合文化建设。组织应当通过强调创新文化的重要性，将创新奖励机制融入整体的文化体系中。这有助于形成一个鼓励创新的氛围，使得创新奖励不仅仅是一项制度，更是组织文化的一部分。

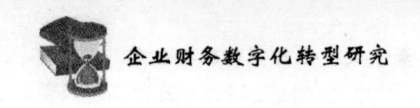

第三节　国内企业数字化转型的经验与教训

一、腾讯公司财务的数字化转型成功

(一) 腾讯公司概况

1. 基本发展历程

腾讯公司成立至今已有 25 年的发展历程，经历了三个关键阶段。初始建成时，公司的主要业务是即时通信，核心产品为 QQ 即时通信工具。这一阶段，通过积累大量用户，实现了网络与用户之间的互联，并取得了盈利。

随着第一阶段的成功，腾讯进入了第二阶段。基于 QQ 积累的庞大用户基础，公司研发出更具有针对性的网络增值服务，包括与通信运营商的合作，推出 QQ 会员、QQ 宠物饲养，以及虚拟货币的销售等。这些举措进一步巩固了用户黏性，并扩大了公司的营收。

在公司成立的第六年，腾讯公司成功在中国香港联交所主板上市，标志着进入了第三阶段。这一阶段是公司发展的新篇章，六年的持续努力使得腾讯每年的收入都创下新高，迅速崛起成为全球范围内的大型互联网公司。这期间，公司不仅保持了创新和技术领先地位，还不断拓展业务领域，实现了多元化发展战略。

2. 腾讯主要业务及收入概况

腾讯公司作为一家互联网企业，主要业务来源于互联网，其中以互联网增值服务、金融科技及企业服务，以及互联网广告为主要业务方向。这三大主营业务为腾讯带来了可观的利润。公司采用以"用户平台"为核心的模式，互联网增值业务在 2010 年逐渐成熟并完善。战略方向也从最初的"市场开拓"转向"平台的开放"，并将发展重心拓展至海外市场，实现了全球化布局。

近年来，腾讯公司的互联网增值业务规模逐步下降，而网络广告占比逐渐增加，反映了公司在金融科技和网络广告等领域的拓展。在 2021 年，金融科技及企业服务不断增长，主要受益于商业支付金额的增加，以及互联网服务、公共交通和零售等领域对企业服务的需求推动了收入增长。

腾讯公司在金融科技领域的重心是配合政府监管，推出合规和普惠金融科技产品。由于数字支付的加速和消费反弹，支付交易额同比增长，同时在零售、公共服务和食品杂货等多个垂直领域，商业手续费率保持稳定，理财服务的客户资产同比增长稳健。

在移动及电信增值服务方面，腾讯公司在 2022 年全年实现了近 28 亿元的收入，主要通过社交软件捆绑短信包月服务获得。这体现了公司在完善和创新移动服务产品方面的能力，以及将各业务拓展至电信渠道的努力。

网络广告收入在腾讯公司的总收入中逐年上升，2022年网络广告业务收入近14亿元。公司通过大力推广产品、明星代言和外包广告模块等手段，强化产品的一体化营销，提高了企业的盈利能力。

另外，腾讯公司在游戏收入方面表现不俗，网络游戏的发展经验和研发策略使其在这个领域取得了成功。近年来，王者荣耀等手游为公司带来了巨大收益，但由于国家政策调整，游戏收入在总收入中的比重有所降低。

（二）公司组织结构

腾讯成立之初便以事业群为主，在2005年才逐步升级为事业部制，而一直到2018年，腾讯才正式宣布，重组企业的组织架构，在原有的事业群的基础上，建立新的构架体系。

1. 企业发展事业群

（1）技术创新与研发部

在腾讯公司的组织结构中，技术创新与研发部扮演着至关重要的角色。该部门负责推动新的网络技术的研究和开发，包括移动支付、互联网金融以及软件应用的创新。通过不断的技术创新，腾讯得以在竞争激烈的互联网行业中保持领先地位。此外，该部门还为其他事业群提供基础的技术支持，为海外重组并购、市场宣传和营销公关等提供规划和平台支持。

（2）新兴产业探索团队

随着互联网行业不断发展，新兴产业探索团队负责为腾讯公司寻找新的商业机会和产业生态。他们通过深入的市场研究和分析，为公司提供有关新兴网络业务的发展方向，推动腾讯在新产业领域的探索和创新。这包括对区块链技术、人工智能等新兴技术的研究和应用。

（3）海外市场拓展团队

为了实现全球化布局，腾讯设立了海外市场拓展团队，负责公司在国际市场的战略规划和实施。该团队通过合并收购、市场宣传等手段，推动腾讯在海外市场的业务发展，为公司打开更广阔的发展空间。

2. 互动娱乐事业群

（1）游戏开发与运营部

互动娱乐事业群的核心是游戏开发与运营部。这个部门主导着腾讯在游戏领域的发展，通过旗下游戏工作室，如天美工作室，推出了一系列备受欢迎的手游，包括王者荣耀等。同时，该部门积极参与电竞领域，推动互动网络和电竞的结合，为腾讯在娱乐领域的多元化发展贡献力量。

（2）直播与内容创作团队

为了适应互联网时代用户对内容的多元需求，腾讯设立了直播与内容创作团队。通过与斗鱼、虎牙等直播平台的合作，以及自身的内容创作团队，腾讯致力于打造丰富多彩的

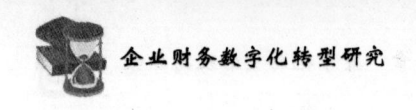

娱乐内容，包括游戏直播、综艺节目等，以满足用户在互联网上对于娱乐的各种追求。

3. 云与智慧产业事业群

（1）云计算与数据安全团队

云计算与数据安全团队是腾讯云与智慧产业事业群的核心组成部分。该团队致力于提供安全可靠的云计算服务，通过构建安全的数据存储和传输系统，为企业提供更加便捷且安全的互联网体验。同时，该团队还通过技术创新将云计算与智能产业相结合，推动产业数字化升级和业态融合。

（2）智能物联与工业互联网团队

在智能物联与工业互联网领域，腾讯公司通过该团队实现设备之间的互联互通，为企业提供实时数据监控和分析，从而优化生产流程、提高效率。这一团队的工作涵盖了物联网技术的应用和推动工业互联网的发展，为腾讯在智能产业领域的布局提供了有力支持。

4. 微信事业群

（1）微信产品开发团队

微信事业群的核心是微信产品开发团队，他们负责微信的功能开发和创新。尤其在近几年的疫情影响下，微信推出了包括微信视频会议等多项功能，使得微信成了不仅仅是社交工具，还是远程办公的重要平台。微信支付作为移动支付的主要手段，也得到了广泛应用。

（2）微信公众号运营团队

微信公众号运营团队负责维护和管理微信平台上的公众号，通过这一平台为用户传递信息。他们致力于提高了微信作为信息传递工具的效率和便捷性，同时推动微信在广告、新闻、商业等领域的发展。

5. 平台与内容事业群

（1）平台技术团队

在平台与内容事业群中，平台技术团队是关键的支持部门。他们负责建立和维护腾讯旗下的各大平台，包括QQ、微信、QQ浏览器等，为用户提供多元化的服务。该团队不仅要保障平台的稳定运行，还需要不断进行技术创新，以适应互联网行业的快速发展。

（2）内容创作与推广团队

内容创作与推广团队是平台与内容事业群中的创意驱动力。他们负责策划和推动各种内容，包括新闻资讯、视频、动漫、影视等，以满足用户在不同领域的需求。通过与广告公司的合作以及聘请明星代言，该团队不仅提高了广告的曝光率，还促进了各平台内容的一体化营销，从而提高了企业的盈利能力。

6. 企业金融科技与服务事业群

（1）金融科技研究与开发团队

随着互联网金融业务的崛起，金融科技研究与开发团队成为企业金融科技与服务事业群的核心。他们通过先进的技术手段，推动企业的金融科技产品研发，包括支付服务、理财服务等。同时，该团队注重合规和普惠金融，确保金融科技产品符合政府监管标准，为用户提供更加安全和便捷的金融服务。

（2）企业服务与合规管理团队

在数字化转型中，企业服务与合规管理团队变得尤为重要。他们负责确保企业数字化操作符合法规标准，降低法律风险。通过建立完善的合规性管理体系，该团队致力于提高企业对数据的安全保护，采用先进的加密技术、访问控制策略以及网络安全措施。

（三）主要财务指标

对腾讯公司主要财务数据进行分析，选取财务风险相关指标，对腾讯公司的财务风险进行识别，分析其面临的筹资风险、投资风险、经营风险、现金流量风险。

1. 筹资风险相关指标分析

（1）流动比率

流动比率反映了企业短期偿债能力，计算公式为流动资产/流动负债。腾讯公司的流动比率较高，说明公司有足够的流动资产来偿还短期债务，对应的筹资风险较低。

（2）速动比率

速动比率是指企业用于偿还短期债务的最快速资产，计算公式为（流动资产－存货）/流动负债。同样，腾讯公司的速动比率较高，表明公司能够迅速变现的资产用于偿还短期债务，筹资风险相对较低。

（3）资产负债率

资产负债率是企业总负债占总资产的比重，计算公式为总负债/总资产。腾讯公司的资产负债率相对较低，说明公司的负债相对较小，长期偿债能力较强，筹资风险相对较低。

（4）产权比率

产权比率是企业净资产占总资产的比重，计算公式为净资产/总资产。腾讯公司的产权比率较高，表示公司通过自有资本来支持经营活动，减少了对外债务的依赖，降低了筹资风险。

2. 投资风险相关指标分析

（1）营收增长率

腾讯公司的营收增长率是评估公司投资风险的重要指标。过去几年，腾讯公司的营收呈现持续增长的趋势，说明了公司业务稳健和投资回报率可观。

（2）净利润率

净利润率是企业净利润占营业收入的比重，计算公式为净利润/营业收入。腾讯公司的净利润率相对较高，表明公司在运营过程中能够有效控制成本，**提高**了盈利水平，降低了投资风险。

3. 营运风险相关指标分析

（1）总资产周转率

总资产周转率反映了企业资产的利用效率，计算公式为营业收入/总资产。**腾讯公司**

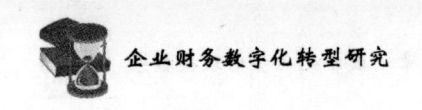

的总资产周转率相对较高,说明公司能够迅速将资产转化为营业收入,有效降低了营运风险。

(2)流动资产周转率

流动资产周转率是指流动资产在一定时期内的营业收入,计算公式为营业收入/流动资产。腾讯公司的流动资产周转率较高,表明公司在短期内能够迅速变现流动资产,提高了营运效率,降低了经营风险。

(3)应收账款周转率

应收账款周转率反映了企业对应收账款的回收速度,计算公式为营业收入/应收账款。腾讯公司的应收账款周转率相对较高,说明公司能够迅速回收应收账款,降低了坏账风险和经营风险。

(四)腾讯公司数字化转型的实践

腾讯是中国领先的科技公司之一,其数字化转型的成功经验主要表现在社交平台、数字支付、云服务等多个方面。

1. 社交平台的数字化转型

(1)微信生态系统的构建

腾讯在数字化转型中的成功经验之一体现在社交平台领域,尤其是通过微信等平台构建了一个庞大的社交生态系统。微信作为即时通信工具的成功转型,不仅实现了用户社交行为的数字化,更在全方位社交领域取得了巨大成功。通过不断创新和业务领域的拓展,腾讯成功提高了用户的社交黏性,从而实现了数字化升级。微信的创新不仅仅停留在文字、图片、语音通信上,还通过推出小程序、公众号等功能,进一步打通了线上线下,为用户提供更为便捷和丰富的社交体验。

(2)用户黏性的提升

通过社交平台的数字化升级,腾讯成功提高了用户黏性。微信的不断创新以及与其他业务的融合,使得用户在平台上不仅仅完成社交行为,还能进行更多的功能操作,如购物、支付、阅读等。这种多元化的服务使得用户更加愿意在微信平台上花费时间,形成了更为牢固的用户黏性。用户的持续参与和活跃也为腾讯带来了更多的商业机会,进一步推动了数字化转型的深入发展。

2. 数字支付领域的成功实践

(1)微信支付和QQ钱包的推动

腾讯在数字支付领域取得了显著成就,主要通过微信支付和QQ钱包等数字支付工具的成功推广。这不仅为用户提供了更为便捷、高效的支付方式,也推动了中国社会的无现金化进程。微信支付的成功应用不仅体现在线上线下的支付场景,更在移动支付、电商领域广泛应用。通过数字支付,用户可以随时随地完成交易,为商业和个人带来了更多的数字化服务和机会。

（2）无现金社会的推动

腾讯的数字支付工具成功推动了中国朝着无现金社会的发展方向迈进。用户在使用微信支付和QQ钱包的过程中，逐渐形成了习惯，使得传统的现金支付方式逐渐被淘汰。这不仅提高了支付的效率，也降低了支付成本，为商家和消费者提供了更为便捷和安全的支付方式。数字支付的成功实践不仅在国内取得了成功，也为腾讯在国际市场上的拓展提供了有力支持。

3.云服务的数字化转型

（1）数字化基础设施和解决方案的提供

腾讯通过发展云服务为企业提供了强大的数字化基础设施和解决方案。云服务的建设不仅在技术层面上提高了企业的IT资源利用率，还推动了企业的数字化转型进程。腾讯云以其强大的计算、存储、网络等基础设施，为企业提供高效、灵活、安全的数字化服务，助力企业更好地适应数字化时代的需求。

（2）促进企业数字化转型

腾讯云的成功实践不仅仅是在硬件和基础设施上的创新，更是在提供解决方案上的创新。通过腾讯云，企业可以轻松搭建自己的数字化平台，实现数据的存储、处理和分析。这为企业提供了数字化转型的基础支持，使得它们能够更好地应对市场变化、提高运营效率。腾讯云的成功经验不仅仅在国内市场取得了显著成果，还通过不断扩大国际业务，推动了中国云服务产业的国际化。

（3）推动行业创新和升级

腾讯云在数字化转型中的实践推动了各行业的创新和升级。通过为不同行业提供定制化的数字化解决方案，腾讯云帮助企业实现了从传统模式到数字化模式的转变。尤其在人工智能、大数据分析、物联网等方面，腾讯云的技术支持为企业提供了更多的可能性，加快了各行业数字化升级的步伐。这种数字化转型的成功实践也为腾讯在云服务领域树立了良好的品牌形象。

通过以上三个方面的数字化转型实践，腾讯公司不仅在互联网领域取得了显著成就，也在支付、云服务等多个领域走在了行业前沿。其成功经验不仅对其他互联网企业具有借鉴意义，更对传统行业数字化转型提供了有益启示。腾讯公司的数字化转型实践既注重技术创新，也注重与不同行业的深度合作，这为企业在数字化时代保持竞争力提供了宝贵经验。

二、某集团的数字化转型实践

随着全球社会、经济、文化的不断发展和人工智能、大数据等新技术的不断发展，传统的财务管理模式已经不能满足当前企业的日常发展需求。如今越来越多的企业在转型过程中重视人工智能技术与财务管理的结合，智能财务体系应运而生。案例以某集团为研究对象，通过调查分析发现该集团充分利用自身财务优势构建了一个包括智能财务信息技

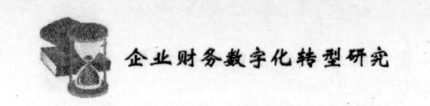

术、智能财务互联平台、智能财务核算平台、智能财务管理平台和智能财务战略平台的完整的智能财务体系，并对智能财务在某集团的三个应用场景进行了探讨。最后提出政府、企业、个人和信息四方面共同努力才能推动智能财务体系的构建与应用。

（一）某集团智能财务的体系构建

1.某集团智能财务体系构建的简介

某集团最初专注于电子商务领域。如今，它已经发展成为一家庞大的科技公司。

该集团的成功源于其不断创新和拓展业务领域的战略，以及对市场变化的敏锐洞察力。

2.智能财务信息技术在某集团的应用

（1）智能财务信息技术的角色

随着科技的迅猛发展，该集团在智能财务方面采用了先进的信息技术。其中，OCR 扫描影像识别操作自动化是其中关键的一环。这种技术的广泛应用使得智能财务能够更高效地进行数据识别和处理。基础层面的智能识别系统、云计算系统以及数据挖掘系统，都在构建智能财务体系中发挥着重要作用。通过整合和重组数据仓库和数据挖掘系统的资源，实现对数据的更为便捷的分析。

（2）云计算技术在智能财务中的应用

云计算技术在智能财务体系中提供高效的技术支持。例如，在银行账务系统中，云计算可以实现账簿核对的自动化；在企业财务系统中，实现实时共享功能。这种技术的应用使得财务数据的处理更为智能和便捷。此外，通过区块链系统的应用，公司在生产、营销等环节能够提供分布式账簿的编制，为产业和财务的融合提供有力支持。

3.智能财务体系中的关键组成部分

（1）智能财务互联平台

智能财务互联平台在该集团的智能财务体系中充当着前期服务中心的角色。通过将财务管理延伸到业务前端，该平台参与前期成本控制，将外部供应商、工厂、销售商、零售商、客户等纳入平台，实现数据的互联。通过整合公司内外各部门和资源，实现对业务数据的直接采集与处理。这种综合联系使得公司能够将业务、财务和管理流程整合到交易流程中，大大提高了工作效率。

（2）智能财务核算平台

智能财务核算平台是财务体系的中间处理中心，以智能财务会计平台为基础，通过智能的会计准则对前端的业务数据进行识别，将其自动传输至后台，生成财务会计数据。这使得财务核算更加智能化，解放了财务的生产力。通过数据库技术支持的会计核算系统和基于人工智能的推理系统，实现了对会计工作的智能处理。

（3）智能财务管理平台

智能财务管理平台在该集团的财务智能化体系中属于中间及后台处理中心。它借助人工智能、大数据及灵活性的功能，从更高价值的管理会计活动中提取、计算和适用最符合公司要求的数据信息。这一平台在财务管理中更加智能地支持基金经理的决策，从而推动企业向更高层次的财务智能化发展。

（4）智能财务战略平台

智能财务战略平台作为后端处理中心，在智能会计和智能管理平台的基础上，通过对企业内外部数据、后端数据、业务数据的汇总、选择、整合和分析，构建了数据统一和战略统一的财务工作模式。这是一种成熟的财务智能化产物，能够支持企业的预算、分析、决策和绩效管理等多项管理活动。该集团通过战略共享思路，对整个财务系统进行了革新，实现了更智能、更高效的财务管理。

（二）智能财务在某集团的应用

1. 智能费用预算管理系统

该集团通过智能费用预算管理系统，实现了企业费用的智能化管理。该系统涵盖了预算的编制、审批和报告全过程，并通过退款平台与服务企业合作，实现了旅游购物网络交易信息的实时共享和全程控制。通过自动、实时地读取预算执行数据，系统采用人工智能技术对其进行设置和分析，生成相应报表。系统能够自动警示预算执行异常情况，满足业务经理和决策者的预算需求，实现全面细致的成本控制，减少资金占用。这一智能化管理系统的应用有助于提高企业的财务效率，确保资金使用的透明度和效益最大化。

2. 智能财税系统

该集团采用智能财税系统，通过云计算、大数据和人工智能技术为企业的税务管理提供全方位服务。该系统实现了综合平台的数据和涉税科目的统一，公司可以发布各级纳税申报单，实现了财务会计和税务会计申报的自动化操作，从而实现财税一体化管理目标。该系统确保公司纳税符合法律规定，降低虚假开具发票和报销的风险。与此同时，智能财税系统为企业提供了丰富的数据信息，支持税收风险分析与经营决策，为公司制定合理的税收方案提供有力支持。

3. 集团财务智能合并系统

在该集团中，集团财务智能合并系统广泛应用，通过该系统不同组织中的数据被提取，与多个组织进行配合，建立了统一的会计系统与智能财务合并系统。该系统能够自动生成凭证、审核、核算与咨询等信息，同时能够生成子公司的财务报告。在进行内部交易时，系统能够快速地对相关信息进行定位索引，规范地记录数据，提高工作效率，确保数据的准确性。该系统不仅满足了公司管理者的不同要求，还实现了合并报表的自动化生成。通过智能财务合并系统，该集团在管理子公司财务信息上取得了很好的效益，进一步提升了企业的财务智能化水平。

（三）实现智能财务的建议

1. 企业方面

在建立智能财务体系时，企业需充分考虑自身发展需求并制定谨慎的建设和业务发展战略。在这个过程中，企业应避免贪心和急躁，而是选择适当的切入点，并通过逐步执行策略来确保实施的有效性。新事物的发展通常需要先驱者的推动和指导,因此企业在智能财务领域,应积极吸取其他企业智能财务体系建设的经验,避免以自我为中心,结合实际案例不断完善发展方针。

在实施智能财务过程中,企业需要拥有卓越的IT人才和财务人才。通过科学合理的财务人才培养和配置,企业能够实现商业、专业和战略财务的有机结合。财务人才的培养不仅需要注重专业知识和技能的培养,更需要关注其对智能财务领域的深刻理解和实践经验。通过建设健全的财务人才培养体系,企业能够更好地适应智能财务的发展趋势,全面提升人才队伍的素质。

2. 个人方面

每个企业都是由独立个人组成的,这些个体在企业的发展中起到了至关重要的作用。在智能财务领域,个人不能仅仅关注自身的个人发展,而应该投身于整个企业的发展战略之中。个人在这一过程中扮演着积极的角色,需要以开放的心态学习智能财务相关领域的知识,形成系统的学习机制,从而推动企业快速进入智能财务领域。

在学习过程中,每个人都应积极参与智能财务知识的学习,不仅仅关注自己的专业领域,还要拓展对智能财务的全面理解。尤其是那些优秀的IT和财务人才,他们应该主动担任辅导角色,协助那些在智能财务知识上相对薄弱的同事,形成全员学习氛围,实现知识的全员共享和传承。

此外,企业领导层也扮演着关键的角色。领导层不仅需要具备智能财务领域的专业知识,还需要主动学习其他企业的智能财务发展计划和实施政策纲要。通过对其他公司的经验和教训的深入研究,领导层可以更好地确定企业的智能财务发展方向,确保主要发展方针的正确和有效。

3. 信息方面

智能财务领域的发展已经逐渐演变为一场信息战,企业在这个领域的竞争愈发激烈。在这样的大背景下,企业需要积极汲取国内外先进企业的经验,加强国际交流,以保持在全球范围内的竞争力。国内企业在智能财务领域的发展环境与国外有所不同,因此与国外企业的积极沟通对于深入了解不同市场、不同体制下的先进经验至关重要。

为促进企业间信息共享,建立信息共享的奖励制度是必要的。这种制度可以鼓励企业之间开展更为紧密的合作,分享各自在智能财务领域的成功经验和教训。通过奖励制度的设立,企业可以更积极地投入到信息战的前线,推动整个智能财务领域的共同进步。

在企业内部,信息共享同样至关重要。内部信息的整理和总结应当由专业人员负责,形成有效的内部信息共享体系。通过这种方式,企业内部可以更好地整合资源,提高信息利用效率,推动内部创新和发展。内部信息共享也有助于加强团队之间的协作,使企业内部形成更为紧密的合力,以更好地应对外部竞争压力。

在信息战的大背景下,企业应当通过不断吸取外部和内部的智慧,不断优化自身的智能财务体系。只有在信息共享的基础上,企业才能更好地脱颖而出,实现在智能财务领域的飞速发展。这不仅有助于企业在市场上占据有利位置，也有助于整个智能财务领域的不断创新和进步。

（四）案例启示

智能财务作为当前财务领域的发展方向，以数字化、自动化、智能化的特点重塑了整个财务流程，将可链接的一切纳入财务管理的范畴，成为未来财务管理的重要趋势。目前，智能财务的发展仍处于探索阶段，是一个相对创新的领域。本书通过对某集团智能财务体系及其应用的研究，提出了相关建议，旨在为某集团更好地实现智能财务提供指导。

某集团的智能财务体系为我们提供了一个有益的案例启示。其成功经验表明，智能财务的应用不仅仅是技术层面的创新，更是对财务管理理念和流程的全面革新。数字化技术的融合使得财务数据能够更加精准、实时地被捕捉和分析，从而为决策提供更为可靠的支持。自动化的财务流程极大地提高了工作效率，降低了错误率，使企业在面对瞬息万变的市场中更具应变能力。智能化的财务系统通过数据的连接和智能分析，实现了财务与业务、战略的深度融合，为企业带来了更灵活、高效的财务管理模式。

第三章 企业财务现状分析

第一节 现有财务流程和系统概述

一、当前财务管理流程

在公司当前的财务管理流程中,主要包括以下几个关键步骤。

(一)会计核算流程

公司的会计核算流程是财务管理的核心,其中包括以下重要步骤。

1. 业务交易记录

在业务交易记录阶段,财务人员承担着记录公司日常业务交易的关键责任。这一过程涉及各类业务活动,包括销售、采购、资金流动等方面的交易。每一笔交易都要求财务人员以高度准确性和细致入微的态度进行记录,以确保财务数据的真实性和可靠性。

首要的是销售交易记录,其中包括产品或服务的销售额、销售日期、销售方和购买方的相关信息等。这些记录不仅为公司提供了销售业绩的具体数据,还为未来的客户关系管理和市场策略提供了有力支持。财务人员需要确保销售记录的准确性,以便在财务报告和分析中得出正确的销售趋势和利润率。

此外,采购交易记录同样至关重要。这包括公司采购原材料、办公用品、设备等的支出记录。准确记录采购细节有助于制订预算计划、管理供应链,并确保公司在采购过程中获得最佳的经济效益。财务人员需要仔细核对采购交易的金额、供应商信息以及采购日期,以维护财务数据的完整性。

资金流动记录是业务交易记录中不可或缺的一部分。这包括公司的资金收入和支出,涉及薪资支付、债务偿还、投资收益等方面的交易。财务人员需要详细记录每一笔资金流动,以便在财务报告中清晰地呈现公司的现金状况和流动性。

在这一阶段,财务人员的责任不仅仅是完成简单的数据记录,更需要对交易的本质有深刻理解,以确保所记录的数据能够准确反映公司的经济活动。此外,精确的交易记录为后续的预算编制、财务报告生成以及公司决策提供了坚实的基础。因此,业务交易记录不仅是财务管理的起点,也是公司整体运营和战略决策的基石。

2. 分类与核算

在记录的交易过程中，对交易按照会计准则进行分类和核算是财务管理中至关重要的一环。这一步骤的目的在于确保财务报表的准确性和规范性，以便向内外部利益相关者提供真实可信的财务信息。

一方面，财务人员需要将不同的交易按照其性质进行分类。这包括了资产、负债和权益等不同的会计科目。资产类别涵盖了公司拥有的各种资源，如现金、应收账款、固定资产等。负债则包括公司所欠的各类债务和负债，如应付账款、借款等。而权益反映了公司所有者对公司的投资和对公司所产生权利的归属。通过对交易进行准确的分类，财务人员能够建立起清晰的会计科目框架，有助于后续的核算和报告。

另一方面，核算是指对分类后的交易进行具体的计量和记录。在核算过程中，财务人员需要将每一笔交易的金额、时间等具体细节进行精确的计算和登记。例如，在资产核算中，需要记录每一项资产的原值、折旧、减值准备等情况。在负债的核算中，则需要清晰记录债务的本金、利息等相关信息。权益的核算则包括对所有者权益的变动、分配等方面的具体处理。细致入微地核算可以确保财务数据的准确性和完整性。

3. 汇总与报表

在核算完成后，财务人员将所得到的详细数据进行有效的汇总，以生成全面而系统的财务报表。这些报表包括了资产负债表、利润表和现金流量表等，它们是公司财务状况和业绩的全面总结，为内外部利益相关者提供了重要的决策信息。

首先，资产负债表是一张反映公司在特定日期的财务状况的报表。资产负债表的主要结构包括资产、负债和所有者权益三个方面。在资产一栏，列举了公司拥有的各种资源，包括但不限于现金、应收账款、固定资产等。而负债一栏则包括了公司所欠的各类债务和负债，如应付账款、借款等。所有者权益部分则反映了公司所有者对公司的投资和公司所产生权利的归属。通过对这三个方面的综合展示，资产负债表清晰地描绘了公司的财务状况。

其次，利润表是一份反映公司在一定时期内盈利状况的报表。利润表主要分为营业收入、营业成本、营业利润、净利润等几个重要部分。通过对这些项目的综合分析，利润表能够展示公司在一定时期内的盈利水平和经营业绩，为投资者、管理层等提供了重要的参考依据。

最后，现金流量表是一份反映公司在一定时期内现金流动情况的报表。现金流量表主要分为经营活动、投资活动、融资活动等三个方面。通过对这些方面的详细分析，现金流量表能够揭示公司的现金来源和运用情况，为公司未来的现金管理提供了指导。

（二）预算管理流程

预算管理是公司财务规划的关键环节，包括以下步骤：

1. 年度预算计划

在预算周期内，各部门参与制订年度预算计划，以明确公司在未来一年内的收入、支出、利润等方面的预测。年度预算计划的制订过程是财务管理中的重要环节，涉及多方面的因素。

首先，年度预算计划的制订需要各部门充分了解市场环境。部门需要对市场的整体状况、行业竞争格局、潜在机会和风险等进行深入研究和分析。这包括市场的宏观经济状况、消费者行为趋势以及可能对公司业务产生影响的因素。通过对市场环境的了解，各部门可以更准确地预测未来的业务动态，为预算计划的制订提供实际依据。

其次，公司的战略方向是年度预算计划制订的重要参考。各部门需要明确公司的长期战略目标以及在年度内如何实现这些目标。战略方向的明确有助于确定业务重点和投资方向，进而影响到预算计划中的各项指标。公司的战略规划应与市场环境相匹配，确保公司在未来的经营中具备竞争优势。

再次，各部门还需充分考虑行业趋势。行业趋势的分析涉及对整个行业的发展方向、创新趋势、技术变革等因素的研究。部门需要紧密关注行业内的变化和趋势，将这些信息纳入预算计划中，以更好地应对未来的挑战。

最后，年度预算计划的制订还需要考虑各个部门之间的协同和配合。不同部门之间的业务关系和依赖关系需要在预算计划中得到充分考虑。协同计划的制订有助于提高公司整体效益和绩效。

2. 执行监控

一旦公司的年度预算计划获得批准，便需要建立并实施预算执行监控机制，以确保各部门在年度内能够有效地执行预算，实现财务目标并最大程度地提高公司的经济效益。执行监控是预算管理过程中的重要环节，旨在及时发现并解决预算执行中的问题，确保公司的财务活动按照预期进行。

在执行监控的过程中，各部门需负责监控其预算执行情况。这包括对收入、支出、利润等各项预算指标的实际执行情况进行实时追踪和监测。通过建立有效的财务信息系统和报告机制，各部门能够及时获取相关数据，对比实际执行情况与预算计划，以便及时发现和解决异常问题。

关键的一步是确保在年度内不超支或低于预期。部门在监控预算执行时，需要特别关注实际支出是否与预算计划相符。一旦发现预算超支或低于预期的情况，负责的部门需要立即采取相应的纠正措施，调整预算执行方案，以避免对公司整体财务状况造成不利影响。这可能包括重新分配资源、优化成本结构、提高效益等。

此外，执行监控还需要注重预算执行过程中的透明度和沟通。各部门负责人应及时向管理层报告实际执行情况，并解释任何与预期偏差的原因。透明度和及时的沟通有助于建立团队的协同作战意识，使公司能够更加灵活地应对市场波动和内部变化。

3. 调整与优化

在实际业务活动发生变化的情况下，公司可能需要对预算计划进行灵活的调整与优化，以适应市场的动态变化和公司内外因素的影响。这个过程是财务管理中至关重要的一环，旨在确保公司的预算计划与实际业务活动保持一致，以应对外部环境的不确定性和内部变化的挑战。

调整与优化预算计划的过程需要根据实际情况制定相应的调整策略。公司在制订年度预算计划时，通常会基于市场环境、行业趋势、公司战略等多方面考虑，但在实际执行过程中，可能会面临许多变数。例如，市场需求的波动、竞争局势的变化、原材料价格的波动等因素都可能对公司的业务产生影响。因此，及时调整预算计划，使之更符合实际情况，是财务管理的一项必要工作。

灵活性是调整与优化的关键。公司需要建立敏捷的机制，能够在变化发生时及时作出反应。这包括对市场信息的快速响应、对内外部环境的迅速调整等。财务团队需要密切关注市场趋势和公司内部运营情况，通过及时收集、分析和反馈信息，为调整预算计划提供有力支持。

在调整过程中，公司还需要优化资源配置，确保各个部门和项目的资金得到合理分配。可能需要重新评估各项支出和投资，以确保公司的财务状况能够适应新的市场环境。这可能包括调整生产计划、优化供应链、降低成本等措施，以提高公司在不确定性环境中的应变能力。

与此同时，调整与优化也需要在组织层面得到充分支持。公司领导层需要与财务团队密切协作，制定灵活的调整策略，并确保全体员工理解和支持这一过程。有效的沟通和团队协作是成功调整与优化的关键，这有助于确保公司在变化中能够更加敏锐地应对挑战。

（三）报告和分析流程

报告和分析是对财务状况和业绩进行深入评估的关键步骤。

1. 财务报表编制

在公司的财务管理中，财务人员扮演着关键的角色，负责按照会计准则编制财务报表，其中包括资产负债表、利润表和现金流量表。这一过程是财务管理的核心环节，为公司提供了全面而详细的财务状况概览。

首要任务是编制资产负债表，该表反映了公司在特定时间点的资产和负债状况。资产负债表分为资产一方和负债一方，资产包括公司拥有的各种资源，如现金、应收账款、固定资产等；负债则包括公司的债务和其他负债。通过编制资产负债表，财务人员能够清晰地了解公司的资产结构和负债状况，为未来的决策提供了基础数据。

其次，利润表的编制对于评估公司的盈利能力至关重要。利润表展示了公司在一定期间内的营业收入、成本和利润等关键财务指标。这使财务人员能够分析公司的盈利情况，了解各项费用的构成，并评估公司的经营绩效。利润表也为投资者和利益相关方提供了一个全面的财务表现图景。

最后，现金流量表的编制对于了解公司现金流动状况至关重要。现金流量表主要包括经营活动、投资活动和筹资活动三个方面。通过编制现金流量表，财务人员能够追踪公司现金的流入和流出，评估公司的偿债能力和资金运作情况。这有助于公司及时发现并应对

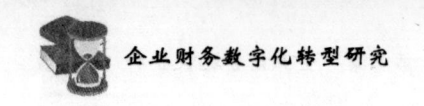

潜在的财务风险，保持财务的稳健性。

这些财务报表的编制不仅是为了满足法律法规的要求，更是为了向公司内外的各方汇报公司的财务状况，包括公司的管理层、股东、潜在投资者等。财务人员通过这些报表提供了全面、透明的信息，帮助各方更好地了解公司的经营状况，做出明智的商业决策。

2.财务分析

在财务管理过程中，财务人员负责进行多种财务分析，其中包括比率分析、趋势分析等，这些分析为公司管理层提供了深入了解公司经营状况的依据。

首先，比率分析是一种常用的财务手段，用于评估公司在各个方面的绩效，包括利润率、资产周转率、偿债能力比率等多个方面。例如，利润率能够反映公司每一销售额的盈利水平，资产周转率则表明公司有效利用资产的能力。通过比率分析，财务人员能够为管理层提供各种关键指标，帮助其全面了解公司在不同领域的表现，从而制定更具针对性的决策。

其次，趋势分析是对公司过去一段时间内财务数据的综合评估。通过对比多期财务报表，财务人员能够识别出业务活动的发展趋势，从而更好地预测未来的财务状况。例如，通过对比多期利润表，管理层可以了解公司盈利是否呈现稳健增长的趋势，这有助于制定长期战略和规划。

最后，财务人员还可以进行成本－效益分析，通过对成本和收益之间的关系进行深入剖析，帮助公司找到成本优化的潜在领域。成本－效益分析可以在项目层面、产品层面或整体公司层面进行，为管理层提供有力的支持，以制定更加有效的经营策略。

这些财务分析为公司管理层提供了深刻的业务洞察和决策支持。通过了解不同方面的财务数据，管理层能够更准确地评估公司的健康状况，及时调整经营策略，降低潜在风险，并抓住市场机遇。因此，财务人员的财务分析工作是财务管理体系中至关重要的一环，对公司的可持续发展起到了关键作用。

3.决策支持

通过充分的报告和分析，管理层能够得到全面深入的财务信息，为其做出更明智的决策提供有力支持，实现经营策略的灵活调整，进而提高公司整体运营效率。

第一，报告和分析为管理层提供了对公司财务状况的全面概览。各类财务报表，如资产负债表、利润表、现金流量表等，通过细致地编制，反映了公司的资产结构、盈利能力、现金流动状况等多个方面的信息。管理层通过仔细研读这些报表，能够全面了解公司的财务状况，为后续决策提供基础数据。

第二，趋势分析使得管理层能够把握公司发展的动向。通过对比多期财务报表，管理层可以识别业务活动的发展趋势，包括盈利水平、资产利用效率等。这为管理层提供了预判未来经营状况的依据，使其能够及时调整经营策略，应对市场波动。

第三，比率分析为管理层提供了多个关键指标，用于全面评估公司在不同方面的绩效。利润率、资产周转率、偿债能力比率等多个比率能够直观地反映公司的经营状况，使管理层能够更准确地了解公司的优势和劣势，为决策提供参考。

第四，成本-效益分析帮助管理层找到公司运营中的成本和效益之间的关系，找出可能的成本优化点。这有助于管理层更加科学地进行资源配置，提高公司整体运营效率。

（四）审计与合规流程

审计与合规流程确保公司财务活动的合规性和透明度。

1. 内部审计

内部审计是财务部门进行的一项重要活动，其主要目的在于评估公司内部控制的有效性。这一审计过程不仅有助于确保公司财务活动的合规性和透明度，而且能够及时发现潜在的风险和问题，从而提高公司内部管理水平。

首先，内部审计通过系统性地审查和评估公司内部控制体系，包括财务报告的编制、信息系统的安全性、风险管理和合规流程等方面。通过对这些方面的审计，财务人员能够全面了解公司内部运作情况，发现潜在的问题和风险。

其次，内部审计有助于确保公司财务活动的合规性。审计人员会审查公司的财务流程，验证公司是否遵守了相关的法规、会计准则和内部政策。这有助于防范法律风险，降低公司因不合规行为而面临的潜在法律责任。

再次，内部审计还能够及时发现潜在的风险和问题。通过对各项业务活动的细致审查，审计人员可以发现可能存在的错误、漏洞或潜在的欺诈行为。这有助于及早采取纠正措施，防范财务风险的发生。

最后，内部审计通过提供审计报告，为公司管理层提供关于内部控制有效性的反馈。这种反馈有助于管理层更好地了解公司内部管理状况，及时调整和优化内部控制，提高公司内部管理水平。

2. 外部审计

外部审计是由独立审计机构进行的一项重要活动，其主要目的在于验证公司财务报表的真实性和合规性。通过这一独立的审计过程，外部审计提高了公司财务报表的可信度，同时也增强了外部对公司的信任度。

一是，外部审计由独立的审计机构进行，与公司内部财务人员相互独立。这种独立性确保了审计结果的客观性和公正性。审计机构会根据国际审计准则和会计准则对公司的财务报表进行全面审查，包括资产负债表、利润表和现金流量表等。

二是，外部审计有助于验证公司财务报表的真实性。审计师会审查公司的财务记录、交易凭证、内部控制体系等，以确认财务报表中所反映的业务活动是真实而准确的。这种验证过程提高了财务报表的可信度，使投资者和利益相关方对公司的财务状况有更为准确的了解。

三是，外部审计还有助于提高公司的透明度。审计机构会根据审计发现编制审计报告，将审计结果清晰地呈现给公司的管理层和外部利益相关方。这样的透明度有助于建立公司与投资者、合作伙伴以及监管机构之间的信任关系。

四是，外部审计的结果对公司的信誉和声誉产生重要影响。通过获得独立审计的认

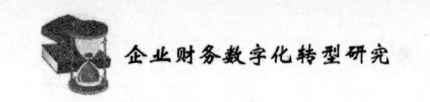

证，公司向外界表明其财务报表是经过权威机构验证的，具有高度的可靠性。这增强了公司在市场上的声誉，为公司的融资和业务发展创造了更有利的条件。

3.合规管理

公司通过建立合规管理机制，确保在业务运营中遵守相关法规和行业标准。这降低了法律风险，保护了公司的长期利益。

二、现有财务信息系统

公司目前采用的财务信息系统是一个综合性的企业资源计划（ERP）系统，包括以下几个主要模块。

（一）会计信息系统

公司目前采用的会计信息系统是整个财务信息系统的核心。该系统包括以下关键模块。

1.总账模块

总账模块是公司财务管理系统中的核心组成部分，旨在全面掌握和管理公司的财务状况。该模块涵盖了公司财务的总体情况，主要包括资产、负债，以及所有者权益等多个方面的核算。通过对每笔交易的记录和分类，总账模块旨在确保财务数据的真实性和准确性。

第一，总账模块通过对每笔交易的记录实现了对公司财务数据的全面追踪。每一项与公司财务相关的业务活动，无论是销售、采购还是其他资金流动，都在总账模块中得到详细而准确的记录。这包括了交易的日期、金额、相关方信息等，为公司提供了一份详尽的财务交易明细账。

第二，总账模块进行对财务数据的分类。按照会计准则和规范，财务人员对记录的交易进行合适的分类，确保财务报表的准确性和规范性。这种分类不仅使得财务数据更具可读性，也符合会计学的基本原则，如资产等方面的核算。这一过程是财务管理中不可或缺的一环，为公司提供了合规的财务报告。

总账模块还通过核算资产、负债、所有者权益等方面的数据，形成公司的资产负债表。这有助于管理层全面了解公司的财务状况，为制定决策提供了可靠的依据。同时，这也为外部利益相关方提供了透明、真实的财务信息，增加公司在市场上的信誉。

2.账簿模块

账簿模块是公司财务管理系统中的重要组成部分，其主要功能在于详细记录各类账目，包括但不限于现金、银行存款、应收账款、应付账款等。该模块为财务人员提供了一个细致入微的财务数据记录体系，使其能够随时掌握各账户的余额和变动情况。

一是，账簿模块通过细致入微的记录，完整地呈现了公司各项账务的明细。无论是与客户的交易、与供应商的往来，还是公司自身的资金流动，所有的账目变动都得到了翔实的记载。这包括了每一笔交易的时间、金额、相关方信息等，为财务人员提供了一份精准的账务台账。

二是，账簿模块在记录账目的同时，实现了对各账户余额的实时监控。通过对资金流动的跟踪，财务人员可以随时获取每个账户的当前余额，并及时发现任何异常或潜在的财务风险。这种实时监控机制有助于公司高效运作，确保资金的合理运用。

三是，账簿模块也为公司提供了翔实的财务历史记录。通过追溯每一笔账目的变动，财务人员能够分析过去的财务活动，了解公司的财务演变过程，从而更好地制定未来的财务策略。这种历史记录对于财务分析、预测和决策制定都具有重要的参考价值。

3. 凭证模块

凭证模块是财务管理系统中的重要组成部分，其主要任务是有效地管理财务凭证，以确保每笔交易都能够被充分支持和追踪。该模块在维护财务透明度和合规性方面发挥着关键作用，为审计和核算过程提供了可靠的支持。

首先，凭证模块通过建立有序的凭证管理系统，确保每一笔财务交易都伴随着相应的凭证。这些凭证包括但不限于发票、收据、付款凭证等，为每一项业务活动提供了明确的凭证支持。这种凭证的建立不仅有助于核实交易的真实性，还为审计工作提供了必要的材料和依据。

其次，凭证模块通过对凭证的集中管理，提高了财务数据的整体透明度。财务人员可以通过系统随时查阅和检索相关凭证，了解每笔交易的详细信息。这种透明度不仅有助于及时发现潜在的错误或异常，也为管理层提供了全面的财务信息，支持决策制定和业务管理。

凭证模块还在合规性方面发挥了作用，确保公司的财务活动符合相关法规和内部规定。通过强制执行凭证的规范化管理，减少了可能存在的错误和违规行为，提高了合规性水平。这对于公司降低法律风险、保护企业声誉具有重要意义。

（二）预算管理系统

公司的预算管理系统是支持预算编制、执行和分析的重要工具，包括以下方面。

1. 预算编制

预算编制是公司财务管理中的重要环节，预算管理系统在这一过程中发挥着关键作用。该系统支持各部门制订年度预算计划，以确保公司充分考虑整体战略和市场环境，从而实现有效的财务规划和资源分配。

预算管理系统的首要任务是协助各部门确定年度预算计划。在这个过程中，各部门需要对收入、支出、利润等方面进行详细的预测和规划。系统提供了有效的工具和功能，使各部门能够根据市场趋势、公司整体战略和行业发展走向等多方面因素，合理地设定财务目标和预算数值。

二是，预算管理系统通过对预算计划的集中管理，确保各部门的预算符合公司整体战略方向。系统能够对各个部门提交的预算进行汇总和分析，从而为公司管理层提供全面的财务信息。这有助于确保各部门的预算计划相互协调，避免出现矛盾和冲突，保持公司整

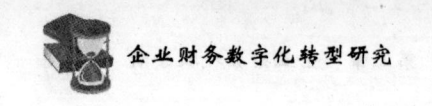

体财务的一致性。

三是，预算管理系统在执行过程中提供了实时的监控和分析功能。一旦预算计划得到批准，系统将启动监控机制，各部门需要负责监控其预算执行情况。系统能够实时反馈实际执行数据，对比预算计划，提供及时的异常警示和分析报告。这有助于及时发现问题，采取必要的调整和优化措施，确保公司在年度内不超支或低于预期。

2. 执行监控

执行监控是预算管理系统中的关键环节，通过实时监控和分析预算执行情况，系统能够及时发现偏差，为公司调整业务策略提供有力支持，从而提高财务绩效。

一方面，实时监控是指预算管理系统对各部门预算执行情况进行持续不断的跟踪和监测。在预算周期内，系统通过与实际执行数据的对比，实时反馈每个部门的执行情况。这有助于财务人员和管理层随时了解公司的经营状况，及时发现异常情况和偏差，为迅速采取应对措施提供了数据支持。

另一方面，分析预算执行情况是通过系统对实际执行数据进行深入分析，探寻偏差的原因和影响因素。系统能够生成各类报告和图表，展现实际执行与预算计划之间的差异，并帮助管理层深入理解这些差异的根本原因。这种分析有助于发现业务流程中的瓶颈、市场变化、内外部环境的变化等因素，为制定合理的调整策略提供了依据。

通过执行监控，公司能够更灵活地调整业务策略以适应市场变化。一旦发现财务目标与实际情况不符，系统提供了反馈机制，使得管理层能够及时作出决策，调整业务计划和预算目标。这种实时性和灵活性有助于公司更好地适应竞争激烈的市场环境，提高整体财务绩效。

3. 分析工具

分析工具是预算管理系统中的重要组成部分，其提供的功能包括对预算与实际对比、趋势分析等，为公司管理层提供深入的业务洞察力。

首先，预算与实际对比是分析工具的一项关键功能。通过系统的数据对比功能，管理层可以清晰地了解公司的预算目标与实际执行情况之间的差异。这种对比不仅涵盖了全公司整体的财务表现，还可以深入到各个部门、项目或成本中，使管理层能够更全面地了解业务的执行情况。这种对比分析有助于发现业务中存在的问题，及时调整战略和资源分配，提高整体绩效水平。

其次，趋势分析是分析工具的另一项重要功能。通过对历史数据和当前数据的趋势进行分析，系统可以为管理层提供关于公司经营状况的趋势性洞察。趋势分析不仅包括财务数据的趋势，还可以涵盖市场需求、产品销售情况等多个方面。这有助于公司更好地预测未来的发展趋势，为制定长期战略和规划提供参考。

分析工具的使用不仅限于对财务数据的分析，还可以扩展到业务运营的各个方面。通过数据的可视化和报告生成，管理层能够直观地了解公司的整体状况，快速做出决策。这种深入的业务洞察有助于管理层更加精准地把握公司的运营情况，优化业务流程，提高决

策效率。

(三) 报告和分析系统

报告和分析系统通过数据仓库和数据分析工具，为财务人员提供了灵活查询和多维度分析的能力。

报告和分析系统是企业财务管理中的重要组成部分，通过数据仓库和数据分析工具，为财务人员提供了灵活查询和多维度分析的能力，从而为管理层提供全面的决策支持。

首先，数据仓库是报告和分析系统的基础。在公司的财务管理中，大量的财务数据需要被集中存储、管理和维护。数据仓库作为一个集成的平台，能够将来自各个业务部门和系统的数据整合起来，确保数据的一致性。通过数据仓库的建设，财务人员可以更加高效地访问和管理财务数据，避免了数据分散和重复录入的问题，提高了数据的可信度和准确性。

其次，分析工具是报告和分析系统中的关键组件。这些工具包括了各种数据分析、挖掘和可视化工具，为财务人员提供了多方面的财务分析能力。比如，通过比率分析，财务人员能够深入了解公司的财务结构和健康状况；趋势分析则使他们能够追踪财务数据的演变过程，把握业务发展的方向。这些分析工具不仅提供了对过去业务状况的审视，还能为未来的规划和决策提供数据支持。

报告和分析系统的优势在于其灵活性。财务人员可以根据具体需求选择不同的维度和指标进行查询和分析，从而更好地满足管理层对于不同业务方面的了解需求。这种灵活性有助于财务人员更深入地挖掘数据背后的信息，提供更有实际意义的财务报告。

(四) 审计与合规系统

审计与合规系统在公司的财务管理中发挥着至关重要的作用，通过协助进行内部审计和外部审计，以确保财务活动的合规性和透明度。以下将详细探讨审计轨迹、监控机制以及审计报告这三个方面的具体作用。

第一，审计轨迹是审计与合规系统的核心功能之一。系统通过建立审计轨迹，能够追踪每一笔交易的变动，从而提高审计的精确性和效率。审计轨迹记录了财务数据的变更历史，包括交易的时间、地点、参与方等重要信息。这为审计人员提供了全面的审计证据，有助于准确判断财务数据的真实性和合规性。审计轨迹的建立使得审计过程更加透明和可追溯，有助于防范潜在的财务不当行为。

第二，监控机制是审计与合规系统的另一项关键功能。通过监控机制，系统能够实时监测财务活动，及时发现潜在的风险和问题，从而确保公司在合规方面的运营。监控机制涵盖了对财务数据和交易的持续监视，能够及时发现异常情况并生成警报。这有助于公司快速响应潜在风险，采取及时的纠正措施，提高合规性水平，降低公司面临的法律风险。

第三，审计与合规系统生成详细的审计报告，为内外部审计提供支持。审计报告包括对审计轨迹和监控机制的总结，为审计人员提供了全面的审计结论和建议。这不仅提高了公司的透明度，也加强了法律合规性。同时，审计报告为公司管理层提供了有力的依据，

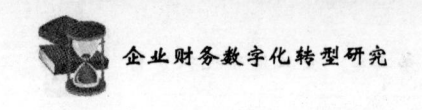

帮助其更好地了解公司的财务状况和运营情况，从而更好地制定战略决策。

（五）支付与结算系统

支付与结算系统用于管理公司的支付流程，确保支付的自动化和安全性。

1. 供应商支付

供应商支付是公司财务管理中一个至关重要的环节。财务信息系统通过有效的供应商支付流程，为公司实现支付的自动化处理提供了支持。这一流程涉及与银行等金融机构的紧密对接，旨在确保支付的迅速、准确、安全。

在这个流程中，首先，公司会与供应商建立清晰的合同和交易框架，明确双方的权利与义务。这包括商品或服务的具体标准、价格、交付方式以及支付条件等方面的约定。通过建立合同，公司能够规范供应商支付的基本规则，为后续支付流程提供法律和商业依据。

随后，当公司与供应商完成交易并满足相关约定条件时，财务信息系统介入供应商支付流程。系统会自动检测符合支付条件的交易，并触发支付操作。这一过程中，系统与银行等金融机构紧密协作，实现支付信息的传递和款项的划拨。通过自动化的支付流程，公司能够避免烦琐的手动操作，提高支付的效率和准确性。

同时，为了确保支付的安全性，财务信息系统通常会采用加密技术和其他安全措施，保护支付信息免受未经授权的访问。这有助于防范潜在的金融风险和信息泄露，确保公司在支付过程中的合规性和安全性。

2. 员工薪酬

员工薪酬管理是财务信息系统中的一个关键模块，旨在确保公司能够高效、准确地进行工资和福利的结算与支付。这一模块在财务管理中具有重要意义，涉及员工权益、财务合规性以及公司内部管理的方方面面。

首先，员工薪酬管理的基本任务是对员工的工资进行准确计算。系统通过与其他关键模块（如考勤管理、绩效管理等）的集成，获取员工的工作时长、绩效数据等信息，确保在薪酬计算中考虑到各种因素。这有助于减少因手工计算而可能引发的错误，提高薪酬计算的准确性。

其次，财务信息系统支持福利管理，确保员工各类福利（如社会保险、医疗保险、带薪休假等）的合理结算。系统会根据相关法规和公司政策，自动计算并发放各类福利，保障员工权益的同时，确保公司在薪酬管理方面的法律合规性。

最后，员工薪酬管理模块还涉及税收计算和缴纳，确保公司遵循相关税法规定，按时足额缴纳个税和社会保险等费用。这有助于公司避免潜在的法律风险，保持在薪酬方面的合规性。

在支付方面，财务信息系统通过与银行等金融机构的连接，实现了工资的自动支付。系统会生成支付指令，确保员工薪酬按照预定周期准确发放。这一自动支付流程提高了支付的效率，减少了可能的支付错误。

第二节　企业财务数字化转型的原因及制约因素

一、企业数字化转型的原因分析

数字化转型可以提供更加高效、准确、及时的财务数据管理和风险控制手段，帮助企业应对市场竞争、客户需求、政策环境等多重挑战，提升企业的核心竞争力。数字化转型不仅是企业转型升级的必然趋势，也是适应未来市场和发展的重要方向。

（一）数字化转型的必然趋势

数字化转型对企业而言不仅是一种选择，更是一种不可避免的趋势。首先，随着市场竞争的日益激烈和客户需求的不断变化，企业需要更加高效、准确、及时地获取和处理大量的财务数据，以迅速应对市场挑战。其次，政策环境的不断调整也要求企业能够灵活适应，及时调整业务策略和财务管理方式，数字化转型为企业提供了应对政策变化的重要手段。

数字化转型不仅仅是应对外部环境变化的需要，更是提升企业核心竞争力的必然选择。通过数字化转型，企业可以实现对财务数据的精准管理，提高决策效率，从而更好地把握市场机遇和风险。同时，数字化转型也为企业带来了创新机会，通过引入先进的技术和系统，企业可以在产品、服务和管理等方面实现创新，提升整体竞争力。

（二）数字化转型的实施与挑战

在数字化转型的实施过程中，企业需要重视技术投入和更新。引入先进的设备和系统是数字化转型的基础，企业需要不断更新技术，提高信息处理能力，确保数字化系统能够满足日益增长的业务需求。此外，企业还需要建立健全的数据安全机制，包括加强数据加密和备份，以防止财务数据泄露和丢失，确保信息安全性。

制订详细的数字化转型实施方案也是数字化转型的关键。企业需要明确数字化转型的目标和任务，制订详细的计划，确保各项措施能够有序实施。数字化转型不仅仅是技术更新，更是一场全面的变革，企业需要在组织结构、流程管理等方面做好充分的准备，以确保数字化转型的顺利实施和取得预期效果。

Robert S. Kaplan 教授的观点强调了数字化时代对会计体系的重新构建。传统的会计体系已经不能满足企业对数据和信息管理的需求，需要建立基于战略地图和平衡计分卡的新会计体系。这种新的会计体系更加注重战略与执行之间的有效对接，为企业提供更加精准的财务信息，助力决策和战略实施。

Anette Mikes 教授关注财务数字化转型中的风险管理。她提出的"三线防御模型"（Three Lines of Defense Model）强调了风险管理的协调和监督。通过业务部门、风险管理

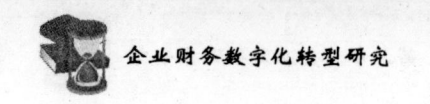

部门和审计部门的有效协同，企业可以更好地防范潜在风险，应对不确定性和复杂性，确保数字化转型的稳健实施。

（三）数字化转型的意义与成果

财务数字化转型是借助信息技术，通过大数据、云计算、人工智能等手段，提高财务管理效率和效果，实现对财务数据的集成、分析和应用。数字化转型的意义在于：

1. 优化财务流程，提升财务效率

引入智能技术如 RPA、IPA 等，实现财务工作的自动化、智能化，减少人工干预和错误，从而提高财务效率。

2. 建立数据中台，提升数据价值

打通底层数据，实现数据共享和数据建模，为管理会计提供更丰富、更精准、更及时的信息支持，主动赋能业务运营和经营决策。

3. 重塑财务边界，提升财务价值

以财务共享为基础，重塑管财边界、业财边界、人机边界等，扩大服务范围的同时，提高服务水平和服务品质，进一步提升财务的价值。

二、财务数字化转型中的制约因素

（一）销售与管理费用分析

表 3-1　企业近几年销售与管理费用情况

年份	销售与管理费用（亿元）
2020	93.21
2019	101.15
2018	97.94
2017	79.56

可以看出，在过去几年中的销售与管理费用呈现波动的趋势，其中 2019 年的费用最高，2020 年则有所下降。从财务数字化转型的角度来看，存在以下问题。

1. 销售与管理费用分析

（1）趋势分析

通过对销售与管理费用的趋势进行分析，发现过去几年中呈现波动趋势，尤其是 2019 年费用最高，2020 年有所下降。这种波动可能受到多种因素的影响，包括市场条件、企业策略调整等。数字化转型的视角下，需要深入挖掘这些波动背后的原因，以便更好地制定数字化战略来优化费用结构。

（2）IT 基础设施建设不足的问题

在数字化转型中，IT 基础设施是关键支持系统。然而，企业可能面临 IT 预算有限的问题，导致无法构建足够强大的基础设施来支持数字化转型。解决这个挑战的关键是通过制定清晰的 IT 战略，明确资源分配，确保足够的资金用于基础设施升级和技术投资，以满足数字化转型的需求。

（3）数据整合能力不足的问题

数字化转型需要将来自不同业务领域的数据整合在一起，以获取全局视野和深度分析能力。然而，企业往往面临数据分散、数据孤岛和数据质量问题，妨碍了数字化转型的进程。解决这个问题需要建立强大的数据整合架构，确保数据能够流畅地从不同系统和部门中整合，并进行数据质量管理，以确保数据的准确性和一致性。

2.管理人员数字化素养有限的问题

（1）关键角色的理解与引导

在数字化转型中，管理人员扮演着关键的角色，需要理解数字化转型对企业的全面影响，以正确引导数字化转型的进程。然而，一些管理人员可能缺乏数字化素养，无法充分理解数字技术和数字化战略。解决这个挑战需要提供培训和教育，帮助管理层提高数字化素养，使其能够更好地理解和推动数字化战略。

（2）建立数字文化

为了解决管理人员数字化素养的有限问题，组织需要建立一个开放的数字文化，鼓励员工不断学习和适应新的数字技术。这包括建立培训计划、设立数字化转型的知识分享平台，以及激励管理层主动参与数字化转型过程。

（二）盈利能力分析

表 3-2　企业近几年的盈利能力情况

年份	净利润（亿元）	净利润率（%）
2020	46.39	9.9
2019	44.88	8.4
2018	52.16	9.7
2017	39.54	8.1

可以看出，在过去几年中的盈利能力表现良好，净利润率呈现波动的趋势，2020年的净财务数字化转型投入不足。

1.财务数字化转型投入不足

在数字化转型中，投资不足可能是企业面临的主要问题之一。充足的资金支持对于采购和实施相关技术和工具至关重要，包括ERP系统、财务管理软件和报表分析工具。若资金投入不足，可能导致项目进展缓慢，甚至影响效果。企业应该制定明确的数字化转型预算，确保各个阶段都有足够的资金支持。考虑采用云计算和SaaS模型，以减少硬件和基础设施成本，并持续监控投资回报率，确保投资的有效性。

2.风险控制能力有待提升

数字化转型引入了新的风险，如数据安全和财务风险。企业需要提升风险控制能力以降低潜在的风险。建议采取以下措施：建立强大的信息安全体系，包括数据加密、访问控制和威胁检测。通过培训员工，提高对数字化转型中潜在风险的认识，并加强内部审计和监测。与外部合作伙伴建立紧密的风险共享和合作机制，以共同应对潜在的威胁。

3. 数据质量问题

数据质量是数字化转型成功的关键因素之一。存在数据质量问题可能导致分析和决策的不准确性。为提高数据质量水平，企业可以采取以下步骤：进行数据清洗和数据标准化，以确保数据的一致性和准确性。实施数据质量监控和数据质量管理流程，定期审查和更新数据。建立数据治理团队，负责监督和改进数据质量和数据管理。

（三）研发能力分析

表3-3 企业近几年的研发能力情况

年份	研发投入（亿元）	研发投入占收入比例（%）
2020	10.24	2.2
2019	10.04	1.9
2018	10.10	1.9
2017	8.99	1.8

可以看出，在过去几年中的研发投入呈现稳步增长的趋势，但是研发投入占收入比例相对较低。从财务数字化转型的角度来看，存在以下问题。

1. 研发投入相对不足

公司在数字化转型中面临的一个关键问题是研发投入相对不足。尽管研发投入已经有所增加，但相对于公司的收入规模而言，可能仍然不足以支持数字化转型所需的新技术和新产品的研发。要解决这一问题，企业需要采取一系列有效措施。

首先，企业应该制定明确的数字化转型战略，并将研发投入的重要性纳入业务目标。通过确保研发投入与整体战略一致，公司可以更好地对数字化转型的方向和目标进行规划，从而确保投入的有效性和战略的协同性。

其次，为了弥补研发投入不足的问题，企业可以考虑寻求外部资金的支持。合作伙伴投资或风险投资是一种有效的方式，可以为关键的研发项目提供资金支持。通过与外部合作伙伴建立紧密的关系，企业可以分享风险，共同推动数字化转型项目的进展。

最后，优化研发资源的分配也是解决问题的重要步骤。企业需要确保研发资源用于对公司最具战略意义的项目。通过审慎评估各个项目的战略重要性和潜在贡献，公司可以更精准地配置研发资源，确保其最大化地支持数字化转型的推进。

2. 研发能力有待提升

企业在数字化转型中面临的另一个关键问题是研发能力有待提升。高水平的研发能力对于成功实施数字化转型至关重要，然而，企业可能面临研发团队的数字化背景和技术专长不足的挑战。为了提升研发能力，企业可以采取一系列针对性的步骤。

第一，企业可以通过招聘和培训的方式弥补研发团队的技术短板。招聘具有数字化背景和技术专长的研发人员，确保团队具备应对数字化转型所需技术的实际能力。培训现有团队成员，提高其数字化技术的理解和应用水平，使整个研发团队能够更好地满足数字化时代的需求。

第二，与科研机构和高校建立紧密的合作关系是提升研发能力的重要途径。通过与外部合作伙伴的紧密合作，企业可以获取最新的数字化技术和知识，保持在行业前沿。与科研机构的合作还可以为企业提供更广阔的创新空间，促使研发团队更好地应对未来数字化转型的技术挑战。

第三，企业可以通过建立内部研发团队的方式，专注于数字化领域的技术创新和研究，提高整体研发水平。内部研发团队可以成为企业创新的引擎，推动数字化技术的应用和实践。通过在内部培养专业的数字化研发人才，企业可以更好地掌握核心技术，提升数字化转型的成功概率。

3.研发成果转化效果有限

在数字化转型中，企业可能面临着研发成果转化效果有限的挑战，即技术创新难以成功转化为商业价值。为了提升研发成果的转化效果，企业可以采取一系列有针对性的措施。

首先，建立明确的研发成果转化流程是确保成功的关键。这个流程应包括评估、商业化和市场推广等环节，每个步骤都需要得到充分关注。评估阶段需要对研发成果进行全面的技术、商业和市场评估，以确定其潜在的商业价值和市场适用性。商业化阶段则需要将技术创新转化为商业产品或服务，并确定适当的商业模式。市场推广阶段则涉及将研发成果引入市场，包括制订推广计划、市场定位和销售策略等。

其次，与市场部门密切合作是提升研发成果转化效果的另一个关键。深入了解市场需求是确保研发成果与市场需求相匹配的前提。通过与市场部门的沟通和协作，研发团队可以更准确地把握市场动态，了解客户的实际需求，从而调整研发方向，使技术创新更符合市场预期。

最后，寻求合适的商业伙伴是提升研发成果转化效果的有效途径。与具有相关经验和资源的商业伙伴合作，可以帮助企业更好地推广和商业化研发成果。商业伙伴可能提供市场渠道、销售网络、资金支持等方面的帮助，共同分享成功带来的商业机会。这种合作模式有助于降低企业在商业化过程中的风险和压力，提高成功转化的可能性。

（四）融资成本分析

表3-4 企业近几年的融资成本情况

年份	加权平均融资成本（％）
2020	4.55
2019	4.80
2018	4.72
2017	4.68

可以看出，在过去几年中的融资成本总体呈现下降的趋势。从财务数字化转型的角度来看，存在以下问题。

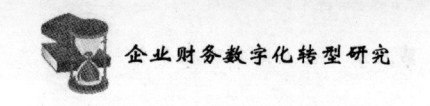

1.融资渠道和手段有限

数字化转型对资金的需求较大,包括技术采购、人员培训、基础设施升级等多方面的费用。然而,很多企业存在融资渠道和手段有限的问题,主要仰赖传统的债务融资方式,如银行贷款,而缺乏多样性的融资手段。为解决这一问题,企业可以采取以下措施。

在探索新的融资渠道方面,企业可以考虑引入风险投资、私募股权、债券市场等多元化的融资来源。通过与风险投资机构合作,企业可以获得注资支持,同时借助私募股权和债券市场,实现资本的多元化配置,提高融资的灵活性。此外,寻求政府支持和补贴也是一个可行的途径,某些国家和地区可能为数字化转型项目提供财政激励,企业可以通过申请获得相应支持。

制定明确的财务策略对于优化资金利用效率至关重要。企业可以通过资本预算和资金管理来规划融资的具体用途,并确保在融资过程中实现最佳效益。这包括确保资金用于具有战略重要性的项目,同时优化融资成本和风险。

2.融资成本高于同行业水平

融资成本高于同行业水平可能增加数字化转型的财务负担和风险。为减少融资成本,企业可以采取以下步骤。

在评估不同融资渠道的成本和利率时,企业应该充分了解各种融资方式的特点和条件,并选择最具竞争力的融资方式。比较不同融资渠道的利弊,包括银行贷款、债券发行、股权融资等,以找到成本最低的融资方式。

提高企业的信用评级和财务健康状况对于获取更有利的融资条件至关重要。通过加强内部财务管理,降低财务风险,企业可以提高在金融市场上的信用度,获得更低的融资利率和更好的融资条件。

在与融资方的谈判和协商中,企业应该积极争取更有利的融资条件。这可能包括灵活的还款方式、更低的利率或其他优惠条件。通过建立积极的合作关系,企业有望获得更具竞争力的融资条件。

3.融资结构需要优化

融资结构的优化对于降低财务风险并提高数字化转型的可持续性至关重要。以下是一些建议。

分散融资来源是为了避免过度依赖单一渠道,从而降低集中风险。通过同时利用银行贷款、债券市场、股权融资等多种融资方式,企业可以在融资结构上实现多元化,更好地应对不同市场环境下的融资压力。

考虑长期融资可以减轻短期还款压力,更好地支持数字化转型项目。通过选择长期债务融资或其他具有较长还款期限的融资方式,企业可以更好地规划资金运作,确保在数字化转型过程中有足够的资金支持。

考虑使用股权融资是为了减少债务负担,并为企业提供更灵活的融资选项。通过引入股权投资,企业可以将一部分融资转化为股权,从而减轻财务负担,提高偿还债务的灵活性。这也使得企业可以分享发展过程中的成功经验，激励股东更积极地支持数字化转型。

在融资结构的优化中，企业还应该考虑与业务模型和经营策略相一致的融资方式。不同行业和企业特点可能需要不同的融资结构，因此在优化融资结构时，应该充分考虑企业的经营状况、行业竞争环境和未来发展战略。

（五）财务数字化转型中存在问题归因分析

从归因分析的角度来看，财务数字化转型存在以下问题。

1. 销售与管理费用率高

销售与管理费用率逐年升高，反映了企业销售和管理成本的问题。归因分析显示，这一问题可能根源于运营效率不足，流程不合理，以及管理体制存在瓶颈。首先，数字化转型需要企业对销售和管理流程进行全面优化，通过引入先进的信息技术和数字化工具，提高流程效率，降低运营成本。其次，建议企业重新审视管理体制，采用扁平化管理结构，减少层级，提高决策效率。通过数据分析和业务智能化的手段，企业可以更好地监控和管理销售与管理费用，确保资源的有效利用。

2. 研发投入不足

尽管研发投入逐年增加，但相较竞争对手，仍显不足。归因分析指出，这可能与企业对创新的理解不足、资源配置不当，以及对数字化技术应用的滞后等因素相关。首先，企业在数字化转型中应加强对创新的理解，将创新融入企业文化，鼓励员工提出创新性的想法。其次，研发投入需要更科学合理的资源配置，重点支持与数字化转型战略紧密相关的项目，提高研发的效益。此外，企业可通过加强与科研机构和高校的合作，获取最新的数字化技术和知识，以确保在技术上保持领先。

3. 盈利能力受制于市场竞争

尽管净利润逐年增长，但企业的盈利能力受到市场竞争和经济环境的制约。归因分析显示，这可能与企业市场定位不清晰、产品差异化不足，以及缺乏应对竞争策略等方面有关。首先，企业在数字化转型中需要重新审视市场定位，通过深入了解客户需求，调整产品定位，提升市场竞争力。其次，数字化转型应着眼于产品创新，强化产品的差异化竞争优势，以吸引更多客户。另外，建议企业加强市场调研，及时了解竞争对手动态，制定更灵活的市场应对策略，提高企业在竞争激烈市场中的应变能力。

4. 融资成本高

尽管融资成本有所下降，但仍高于同行业水平，增加了数字化转型的融资成本和财务风险。归因分析指出，这可能与企业对融资渠道不足、财务状况不佳，以及市场认知度不足等因素有关。首先，企业应多样化融资渠道，不仅仅依赖传统的债务融资，还应探索风险投资、私募股权、债券市场等多元化融资手段。其次，提高企业的信用评级和财务健康状况，以争取更有利的融资条件。此外，通过加强企业的市场宣传和品牌建设，提高市场认知度，吸引更多投资者的关注，有助于降低融资成本。

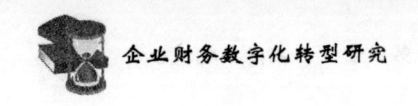

第三节 企业对数字化的需求和动机

一、企业对数字化的期望

(一) 提高运营效率

1. 引入先进的信息技术和数字化工具

企业对数字化的期望首先体现在提高运营效率方面。通过引入先进的信息技术和数字化工具，企业能够优化和简化业务流程，实现更高效地运营。数字化转型使得企业能够更快速、准确地处理大量业务数据，降低人工操作的烦琐性，从而提升整体运营效能。

2. 优化业务流程

数字化转型为企业提供了优化业务流程的机会。通过数字化，企业可以重新设计和优化传统的业务流程，去除冗余步骤，简化操作环节，实现高效运营。这不仅节省了时间和资源，还降低了错误率，提高了业务处理的准确性。

3. 降低成本

数字化转型的一个重要目标是降低企业运营成本。通过数字化工具的应用，企业能够更有效地管理资源、人力和物流，实现成本的精细化控制。这有助于企业提升竞争力，更好地适应市场变化。

(二) 实现数据驱动决策

1. 提供全面和准确的数据

企业期望通过数字化转型实现数据的全面和准确采集。数字化技术使得企业能够从多个维度、多个渠道获取数据，建立起更为全面的信息体系。这为企业提供了更精准的决策依据，促使决策更加科学合理。

2. 数据分析和挖掘

数字化转型赋予企业更强大的数据分析和挖掘能力。通过高级数据分析工具，企业能够深入挖掘数据潜在的关联和趋势，为决策提供更深层次的洞察。这有助于企业更好地理解市场动态、客户需求，支持更明智的战略决策。

3. 提高决策效能

通过数据驱动决策，企业能够更快速、准确地做出决策。数字化转型使得信息的获取和处理变得更加高效，从而提高了决策效能。这对于企业在竞争激烈的市场中更具优势，更具有应对变化的灵活性。

（三）加强客户体验

1. 建立数字化渠道

数字化转型为企业提供了建立数字化渠道的机会，从而加强客户体验。通过在线平台和移动应用，企业能够实现线上业务的便捷和快速，为客户提供更加灵活的服务。这有助于满足客户多样化的需求，提升客户体验。

2. 个性化服务

数字化转型使得企业能够更好地了解客户需求，通过数据分析和人工智能技术实现个性化服务。从推荐系统到定制化产品，数字化为企业提供了更多与客户互动的机会，增强了客户与企业之间的关系。

3. 提高客户满意度

通过数字化转型，企业能够更加主动地满足客户期望，提供更便捷、高效的服务。这有助于提高客户满意度，增加客户的忠诚度。加强客户体验不仅有助于维护现有客户关系，还有助于吸引新客户，推动业务的可持续增长。

（四）创新业务模式

1. 整合数字技术

数字化转型为企业提供了整合数字技术的机会，推动创新业务模式的形成。通过整合云计算、大数据、人工智能等先进技术，企业能够开发新的业务模式，提供更有竞争力的产品和服务。这有助于企业在市场中保持领先地位。

2. 拓展市场领域

数字化转型为企业拓展市场领域提供了新的可能性。通过数字化手段，企业可以开拓新的客户群体，进入新的市场领域。这为企业创造了更多增长机会，实现多元化发展提供了有力支持。

3. 实现商业模式的变革

数字化转型不仅仅是业务优化，更是推动商业模式的变革。通过数字化，企业可以实现从传统业务到数字化服务、从产品销售到订阅模式等转变，以适应市场的变化。这种商业模式的创新有助于企业在激烈的市场竞争中立于不败之地。

二、需求和动机的关联

企业对数字化的期望与需求及其关联体现在多个方面。

（一）数据支撑决策的需求

1. 对更全面、实时、准确数据的需求

企业对数字化的期望首先体现在数据支撑决策的需求上。这一期望源于对更全面、实时、准确数据的需求，以确保决策的科学性和准确性。数字化转型使得企业能够集中管理各个业务领域的数据，通过先进的数据分析工具实现对数据的深度挖掘，从而为决策提供更为有力的支持。

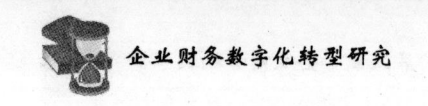

2.构建数字化的数据基础设施

为满足数据支撑决策的需求，企业需要构建数字化的数据基础设施。这包括建立数据仓库、实施数据清洗和整合，确保数据的一致性和质量。数字化的数据基础设施不仅能够满足当前的决策需求，还为未来更复杂的分析和预测提供了可扩展的平台。

3.提高数据治理水平

数字化转型中，提高数据治理水平是满足数据支撑决策需求的关键一环。通过建立完善的数据治理框架，企业能够确保数据的安全性、可靠性和合规性。这有助于建立员工对数据质量的信任，提高数据在决策过程中的可信度。

（二）提升客户体验的需求

1.对便捷、个性化服务的需求

企业期望通过数字化转型提升客户体验，这与对便捷、个性化服务的需求密切相关。数字化技术为企业提供了建立数字渠道、实现自动化服务的机会，使客户能够更方便地获取产品或服务，并享受个性化定制服务。

2.构建数字化渠道

为满足提升客户体验的需求，企业需要构建数字化渠道，使客户可以通过在线平台和移动应用实现便捷地交互。数字化渠道的建设不仅提高了客户与企业的互动频率，还为客户提供了更多选择。

3.实现自动化服务

数字化转型使得企业能够实现自动化服务，通过智能化系统和机器学习算法为客户提供更个性化的服务。这包括智能客服、个性化推荐等，提高了客户体验的质量，使客户感受到更高水平的关怀和服务。

（三）业务流程优化的需求

1.对运营效率的提升需求

企业对数字化的期望与对业务流程优化的需求密切相关。期望提高运营效率是企业对业务流程优化的核心需求之一。数字化转型通过自动化和标准化业务流程，实现更高效地运营，降低企业的运营成本。

2.降低人工干预

为满足业务流程优化的需求，数字化转型追求降低人工干预，减少手动操作的烦琐性。通过数字化工具的应用，企业能够实现业务流程的自动化执行，提高处理效率，降低错误率。

3.精细化成本控制

数字化转型为企业提供了精细化成本控制的手段，满足了提高运营效率的需求。通过数字化工具的运用，企业能够更精准地管理资源、人力和物流，实现成本的有效控制。这有助于企业在激烈的市场竞争中更具竞争力，提高运营的灵活性。

4. 数据驱动的业务流程优化

数字化转型使得企业能够实现数据驱动的业务流程优化。通过对业务数据的实时监控和分析，企业可以及时发现并优化流程中的瓶颈和问题，提升业务的整体效率。这进一步强调了数字化在业务流程优化中的关键作用。

（四）推动创新的需求

1. 与对创新的需求相互关联

企业期望通过数字化转型推动创新业务模式，与对创新的需求相互关联。数字化提供了丰富的工具和技术，为企业创新提供了广阔的空间。这一期望与企业对在不断变化的市场中保持竞争优势、不断满足客户需求的创新需求密切相关。

2. 提供创新的工具和平台

数字化转型为企业提供了创新的工具和平台，以满足推动创新的需求。通过整合云计算、大数据、人工智能等先进技术，企业可以开发新的业务模式，提供更有竞争力的产品和服务。数字化成为创新的催化剂，推动企业在市场中保持领先地位。

3. 促使产品、服务和市场创新

数字化转型不仅仅关注业务的优化，更强调推动产品、服务和市场的创新。企业期望通过数字化手段推陈出新，开发新产品、提供新服务，以适应市场的变化。数字化转型为企业提供了灵活性和创造力，使得创新成为企业发展的重要驱动力。

（五）适应市场竞争的需求

1. 与对竞争力的需求相关

企业对数字化的期望与对竞争力的需求密切相关。期望适应市场竞争是数字化转型的关键目标之一。数字化使企业能够更灵活地满足市场需求，迅速调整战略，提高市场敏捷性，以保持竞争力。

2. 提升市场敏捷性

数字化转型为企业提供了提升市场敏捷性的手段，满足了适应市场竞争的需求。通过数字化的信息化和智能化应用，企业能够更快地获取市场信息，把握市场动态，做出迅速决策，更好地适应市场竞争的变化。

3. 强调战略的灵活性

数字化转型使企业在制定和执行战略时更具灵活性。企业可以通过数字化手段实时监测市场反馈、分析竞争对手动态，从而及时调整战略方向。这有助于企业更好地适应不断变化的市场环境，提高竞争力。

第四章

企业财务数字化转型的战略规划

第一节 制定数字化转型战略的原则

一、确定业务目标的关键因素

（一）市场趋势分析

1. 行业发展趋势考察

在制定业务目标时，深入研究所在行业的发展趋势至关重要。这涉及对市场规模、增长率以及竞争格局进行全面的考察。通过对当前行业趋势的分析，企业能够更准确地了解市场动态，从而有效地定位自身在数字化转型中的位置，并制定符合市场发展方向的目标。

一是，对市场规模的了解对业务目标的设定至关重要。通过研究市场规模，企业能够评估潜在的商机和市场份额，从而合理地设定数字化转型的业务目标。了解市场规模也有助于企业更好地把握行业的整体发展趋势，预判未来的市场容量和增长潜力。

二是，对行业的增长率进行深入分析是业务目标设定的关键因素之一。了解行业的增长率有助于企业预测市场的未来走势，从而为数字化转型目标的制定提供可靠的依据。在高增长的行业，企业可能更加注重拓展市场份额和加速数字化转型的速度；而在相对饱和的行业，企业可能更注重巩固市场地位和提升内部效率。

同时，深入了解竞争格局是制定业务目标的重要前提。通过分析竞争对手的市场份额、技术水平和数字化程度，企业可以更好地理解自身在行业中的相对位置，并制定更具竞争优势的数字化转型目标。了解竞争格局也能够帮助企业避免激烈竞争和市场份额争夺的盲目行为，使数字化转型更加有针对性和可持续。

2. 技术创新趋势考虑

数字化转型在其实施过程中紧密关联着科技创新，因此企业在制定业务目标时务必关注当前和未来的技术趋势。这涵盖了一系列新兴技术的应用前景，其中包括但不限于人工智能（AI）、大数据分析和区块链等。

首先，人工智能是数字化转型中备受关注的前沿技术之一。通过机器学习、自然语言处理等技术手段，人工智能能够模拟人类的智能行为，提高业务决策的智能化水平。企业需要认真考虑如何整合人工智能技术，例如智能决策支持系统、自动化流程等，以促进业务效率和创新。

其次，大数据分析是数字化转型中不可或缺的技术要素。通过收集、处理和分析大规模的数据集，企业可以获得深层次的业务洞察，支持更明智的战略决策。业务目标的设定应充分考虑如何有效利用大数据技术，以提高数据驱动的决策水平，实现业务运营的优化和创新。

另一方面，区块链技术作为一项去中心化、安全性高的技术，也应成为业务目标考虑的一部分。在数字化转型中，区块链可用于改进数据安全性、增强透明度，尤其在金融领域等对数据完整性要求较高的行业中有着广泛的应用前景。

为确保业务目标与最新技术趋势相契合，企业需要建立与技术创新紧密结合的战略规划。这可能包括组建专业团队来跟踪科技发展、积极参与行业内的技术交流和合作，以及在数字化转型中注重技术基础设施的升级和优化。

(二) 竞争环境分析

1.竞争对手情况调研

深入了解竞争对手的情况对企业制定业务目标至关重要。这项调研包括对竞争对手的业务模式、数字化程度以及已实施的数字化策略进行全面分析，以便企业更准确地了解市场竞争环境，发现差距，并设定更具竞争力的目标。

第一，对竞争对手的业务模式进行深入研究是必不可少的。了解竞争对手的商业运作方式、服务提供链条、市场定位等方面的信息，有助于企业识别行业内的最佳实践和成功经验。这有助于企业更好地定位自身的位置，并通过借鉴成功经验来制定更具创新性和针对性的数字化目标。

第二，关注竞争对手的数字化程度是业务目标设定中的关键考量。了解对手在数字化转型方面的投资和实施情况，包括技术基础设施、数字化解决方案的应用等，有助于企业判断自身的数字化水平和差距。通过比较数字化程度，企业可以更有针对性地设定数字化目标，以确保在数字化转型中保持或赶超竞争对手。

第三，分析竞争对手已经实施的数字化策略对企业的业务目标设定也至关重要。了解对手在数字化转型中取得的成果、面临的挑战以及采用的最佳实践，有助于企业更全面地评估数字化转型的可行性和方向。通过学习竞争对手的经验教训，企业可以更明智地设定数字化目标，避免一些潜在的困难和误区。

2.SWOT分析

SWOT分析（优势、劣势、机会、威胁）是一种全面评估企业内外环境的战略管理工具，对数字化转型的制定和实施具有重要意义。通过SWOT分析，企业能够深入了解自身的优势和劣势，抓住市场机会，同时应对潜在的威胁，从而明确数字化转型的目标，提高业务的韧性和适应力。

一是，SWOT分析的优势部分帮助企业认清内部的核心竞争优势。这可能涉及企业在技术、品牌、人才等方面的独特优势。通过深入了解自身的优势，企业可以在数字化转型中更好地利用这些优势，强化自身在市场中的地位。

二是，SWOT分析的劣势部分揭示了企业在内部运营中可能存在的不足之处。这可能包括过时的技术基础设施、组织文化的障碍、缺乏数字化人才等。识别劣势有助于企业针对性地制定数字化战略，解决内部问题，提高数字化转型的成功概率。

三是，SWOT分析的机会部分让企业能够审视外部环境，把握市场机会。这可能包括新兴技术的发展、市场需求的变化、行业趋势的转变等。通过深入了解外部机会，企业可以调整数字化战略，更好地适应市场的变化，实现战略的持续创新。

四是，SWOT分析的威胁部分帮助企业面对潜在的风险和挑战。这可能涉及竞争对手的崛起、法规的变化、市场不确定性等。通过识别威胁，企业可以制定相应的风险管理策略，减轻潜在的不利影响，确保数字化转型的稳健推进。

（三）内部资源评估

1. 组织文化和团队状况

业务目标的设定必须充分考虑企业内部的组织文化和团队状态，因为强健的组织文化和高效的团队合作是数字化转型成功的基石。确保业务目标与组织文化相一致，并评估团队的数字素养和技能水平，对于确保数字化转型的成功实施具有关键作用。

首先，组织文化在数字化转型过程中发挥着至关重要的作用。组织文化包括共享的价值观、信仰和行为准则，对员工的行为和决策产生深远的影响。在设定业务目标时，必须确保这些目标与组织文化相一致，以免引起内部冲突和抵触情绪。强调透明、创新和学习的组织文化有助于培养员工对数字化转型的积极态度，推动整个组织朝着数字化目标迈进。

其次，团队的数字素养和技能水平是数字化转型成功的关键要素。在业务目标设定过程中，必须评估团队成员在数字技术、数据分析和信息安全等方面的能力。通过培训和发展计划提升团队成员的数字素养，确保他们能够适应数字化转型带来的新工作要求。高效的团队合作有助于加速数字化转型的推进，促使团队成员更好地协同工作，共同实现设定的业务目标。

2. 现有技术基础设施和数据资产

深入了解企业当前的技术基础设施和数据资产是数字化转型策略设计的关键一步。这包括对硬件、软件、数据库等方面的全面审查，旨在确保企业能够明智地确定数字化转型的起点，并在设定新目标时充分利用现有资源。

一方面，对于技术基础设施的审查至关重要。这包括硬件设备，例如服务器、网络设备和终端设备，以及软件系统，如企业资源计划（ERP）、客户关系管理（CRM）等。了解当前的技术基础设施状况可以帮助企业确定哪些方面需要升级、整合或替换。通过确保技术基础设施的现代化和协同性，企业能够更顺利地实施数字化转型，确保新的数字化目标得到良好地支持。

另一方面，审查企业的数据资产至关重要。数据是数字化转型的核心资产，包括客户数据、业务数据、市场数据等。了解当前的数据存储、管理和分析能力，以及数据质量和安全性情况，对于设计数字化转型策略至关重要。企业可以通过优化数据管理流程、提高数据质量、加强数据安全措施，为数字化转型提供可靠的数据基础。

二、确定数字化转型的业务需求

（一）业务流程重构

1. 识别痛点和瓶颈

通过深入分析当前业务流程，我们能够明确识别出一系列存在的痛点和瓶颈。首先，业务流程可能存在不透明的问题，导致相关方难以全面理解和把握整个流程。这种不透明性可能源于信息孤岛、沟通渠道不畅或数据不及时共享等原因，影响了业务的整体效率。其次，手工操作频繁的情况也可能是一个严重问题，因为它不仅增加了操作的时间成本，还容易引入人为错误，降低了业务流程的准确性。冗余环节是另一个值得关注的方面，因为它们往往是效率低下的罪魁祸首，浪费了资源和时间。通过去除这些冗余环节，可以有效提高业务流程的整体效能。

数字化转型的业务需求应该集中在解决上述问题的基础上，旨在提高业务流程的效率和透明度。在解决流程不透明性方面，可以考虑采用先进的信息技术，建立统一的数据平台和沟通渠道，确保信息的及时共享和全面传递。对于手工操作频繁的问题，可以引入自动化技术，减少人工干预，提高操作的精准度和速度。在消除冗余环节方面，可以通过业务流程再造和优化，精简流程步骤，去除不必要的环节，从而降低整体复杂度。

数字化转型还可以通过引入先进的数据分析和人工智能技术，对业务流程进行实时监控和分析，发现潜在问题并及时调整。这样的智能化监控系统不仅能够提高业务流程的响应速度，还能够预测可能出现的问题，为业务决策提供有力支持。此外，数字化转型还可以通过建立完善的数字化培训体系，提升员工的数字化素养，使其更好地适应新的工作方式和工具，进一步提高业务流程的整体效能。

2. 流程优化目标设定

在数字化转型的背景下，设定清晰而具体的流程优化目标是实现业务目标的关键步骤。首先，我们可以明确减少处理时间作为一个关键目标，通过数字化技术的引入和流程优化来提高业务处理的速度。这可以通过自动化流程、实时监控和智能决策系统等手段来实现，以缩短整个业务流程的周期，提高处理效率。

其次，提高资源利用率是另一个重要的流程优化目标。通过数字化转型，企业可以更好地利用现有资源，降低成本并提高效益。这包括合理规划人力资源、设备和技术工具的使用，以确保它们在整个业务流程中得到充分利用。通过数据分析和预测模型，企业可以更准确地评估资源需求，从而优化资源分配，提高整体资源利用效率。

降低错误率也是数字化转型下的重要流程优化目标。通过自动化和智能化技术的引入，可以减少人为因素对业务流程的影响，从而降低错误发生的可能性。自动化流程可以减少重复性工作，减少人为失误的风险。智能决策系统可以通过数据分析和学习算法，提供更准确、可靠的决策支持，减少因人为判断而引起的错误。这有助于提高整体业务流程的质量和可靠性。

在数字化转型过程中，业务流程的灵活性和适应性也应成为优化目标之一。通过引入可配置的流程和灵活的业务规则，企业能够更快地适应市场变化、客户需求的变化和内外部环境的变动。数字化转型可以使业务流程更加灵活，能够快速调整以适应不断变化的市场需求，提高企业的竞争力。

最后，数字化转型的流程优化目标还应包括提高员工满意度和客户体验。通过优化业务流程，使员工能够更高效地完成工作，提高工作满意度。同时，通过数字化技术的应用，提高客户服务的效率和质量，增强客户体验，从而提升客户满意度，为企业赢得更多市场份额。

（二）效率提升

1. 自动化应用场景确定

在数字化转型背景下，明确适合自动化的应用场景对于提高业务运营效率至关重要。首先，自动化决策支持系统是一个值得关注的领域。通过引入智能算法和数据分析技术，企业可以建立自动化的决策支持系统，以辅助管理层在制定战略决策和解决业务问题时做出更准确、迅速的决策。这种系统可以基于大数据分析，提供实时的业务情报和趋势预测，使管理者能够更好地理解市场动态、客户需求和竞争态势，从而作出更为精准的战略决策。

其次，智能客户服务是另一个适合自动化的领域。通过引入自然语言处理和机器学习技术，企业可以搭建智能客户服务系统，实现自动响应客户查询、处理常见问题和提供个性化服务。这不仅能够提高客户服务的效率，还能够降低运营成本。智能客户服务系统可以通过学习客户的行为和偏好，为客户提供更精准的服务建议，增强客户体验，提高客户满意度。

在生产和制造领域，自动化生产线是一个明显的应用场景。通过引入工业自动化技术，企业可以实现生产线的智能化和自动化，提高生产效率和质量。自动化生产线可以通过传感器、机器视觉和机器学习等技术实现对生产过程的实时监控和调整，降低生产中的人为错误，提高产品一致性和可追溯性。

另一个适合自动化的场景是供应链管理。通过数字化技术的引入，企业可以建立智能供应链系统，实现对供应链各个环节的实时监控和协同。这包括需求预测、库存管理、物流优化等方面。通过自动化的供应链管理系统，企业可以更准确地预测市场需求，优化库存水平，提高物流效率，降低运营成本，从而提升整体供应链的韧性和竞争力。

2.降低成本的具体策略

在数字化转型过程中，制定明确的成本降低策略是至关重要的，以确保数字化投资最终能够在长期内产生回报。一个关键的成本降低策略是通过资源的合理利用来实现。通过数字化技术的引入，企业可以更精准地评估和规划人力资源、物资和设备的使用，以避免资源的浪费和过度投入。自动化流程和智能决策支持系统能够帮助企业更好地分配任务，提高人力资源的效率，并减少人为因素引起的错误，从而降低相关成本。

另一个关键的成本降低策略是通过流程的精简和优化来提高效率。数字化转型为企业提供了优化业务流程的机会，通过去除冗余环节、简化步骤，企业可以提高整体流程的效率。自动化流程可以减少手工操作的频率，减少处理时间，从而降低相关成本。同时，数字化技术还能够提供实时的数据分析和监控，帮助企业及时识别流程中的瓶颈和问题，进一步优化流程，提高运营效率，降低运营成本。

在数字化转型中，云计算和软件即服务（SaaS）等技术的应用也是成本降低的有效策略。通过使用云服务，企业可以避免大规模的硬件投资，根据需要灵活调整资源，实现按需付费。这样的模式降低了企业的资本支出，提高了资金的利用效率。同时，SaaS模式下，企业可以通过订阅服务获得最新的软件功能，无需投入大量成本进行定期升级和维护，降低了软件使用的总体成本。

另外，数字化转型还可以通过供应链的优化来实现成本降低。通过数字化技术的应用，企业可以更好地管理供应链各个环节，实现更高效的物流和库存管理。通过实时监控需求和库存水平，企业可以减少库存成本和仓储成本。数字化技术还可以优化供应链中的运输路线和方式，降低物流成本。通过与供应商的数字化合作，企业还可以更好地协调供应链中的各方，降低采购成本。

（三）客户体验提升

1.数字化渠道建设

数字化转型中，通过建立强大的数字化渠道是实现线上业务便捷和快速的关键步骤。一个明确的数字化渠道建设目标是提升客户体验，以满足现代消费者对便捷、个性化服务的需求。首先，企业可以通过数字平台提供个性化服务，根据客户的偏好、历史购买记录和行为数据等信息，精准地推送个性化产品、优惠和服务。这不仅能够提高客户的满意度，还有助于促进交易和提高客户忠诚度。

其次，数字化渠道建设应着重提高用户界面的友好性。良好的用户界面设计可以使客户更轻松地浏览和购物，提升用户体验。通过响应式设计、简洁直观的布局和个性化的推荐功能，数字化渠道可以更好地满足不同用户群体的需求，提供更具吸引力的购物体验。友好的用户界面还有助于降低用户的学习成本，使用户更容易上手和使用数字平台，进而增加用户的黏性和使用频率。

此外，数字化渠道的建设也需要关注在线支付和交易安全。采用安全的支付通道和加密技术，确保用户的个人信息和交易数据得到充分保护，有助于建立用户的信任感。提供

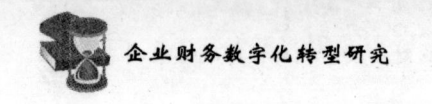

多种支付方式和简便快捷的支付流程,可以提高购物的便捷性,减少购物过程中的摩擦,进而提升整体客户体验。

此外,数字化渠道建设还可以通过引入虚拟现实(VR)和增强现实(AR)等技术,提升用户的交互体验。通过虚拟试衣间、AR商品展示等功能,客户可以更直观地了解产品,增加购物的乐趣,促进购买决策。这些技术的应用不仅提高了数字渠道的趣味性,还丰富了客户与产品互动的方式,增加了购物的乐趣和参与感。

2. 在线互动机会扩展

数字化转型为企业提供了广泛的在线互动机会,这不仅有助于增强客户体验,还能够深化与客户的关系。其中一个关键的目标是提升在线购物体验。通过引入虚拟试衣间、在线商品展示、个性化推荐等技术,企业可以使在线购物更加直观、便捷和有趣。虚拟现实和增强现实技术可以为客户提供更真实的购物体验,帮助他们更准确地了解产品的外观和特性,从而提高购物决策的信心。通过个性化推荐算法,企业可以根据客户的购买历史和偏好,为其推荐更符合个性化需求的商品,提升购物体验的个性化程度。

另一个关键的目标是在客户服务方面提供及时响应。数字化转型为企业提供了多种在线互动的方式,包括实时在线聊天、社交媒体互动、智能语音助手等。通过这些渠道,企业可以及时地回应客户的咨询、投诉和需求,提高客户服务的效率。实时在线聊天可以为客户提供实时的解答,解决疑问;社交媒体互动可以促进品牌形象的建设,同时为客户提供及时的推广信息;智能语音助手则能够为客户提供更智能、便捷的服务体验。通过这些在线互动机会,企业能够建立更紧密的客户关系,增强客户的忠诚度和满意度。

此外,数字化转型还为企业提供了在线社区和论坛等平台,这为客户提供了参与品牌社区、分享经验、提出建议的机会。通过积极参与这些平台,企业可以更好地了解客户的需求和反馈,不断改进产品和服务。建立健康的在线社区还有助于提高品牌的口碑和认知度,推动品牌的持续发展。

在数字化转型中,企业还可以利用数据分析技术,深入挖掘客户数据,了解其行为和偏好。通过数据分析,企业可以更精准地进行市场定位、产品定制,提高产品的命中率。同时,数据分析也可以帮助企业预测客户需求,制定更灵活的市场营销策略,提高销售效果。

第二节 目标设定和 KPI 制定

一、确定数字化转型的阶段性目标

(一)制定长期数字化愿景

企业在确定数字化转型的阶段性目标之前,首先需要制定一个明确的、长期的数字化愿景。这个数字化愿景不仅仅是对数字化转型的期望,更应该是一个宏观规划,明确数字化在企业整体战略中的地位和作用。在制定长期数字化愿景时,企业应该考虑以下几个方面。

1. 整合企业战略

数字化愿景应当与企业整体战略相紧密整合，确保数字化转型是企业长期发展的有机组成部分。在数字化愿景制定过程中，企业需要充分考虑整体战略目标，并确保数字化转型的方向与企业的愿景和价值观一致。

整合企业战略意味着数字化战略不应被视为孤立的举措，而是应该融入企业的战略规划中，成为推动企业发展的引擎。数字化转型的成功需要与企业的长期目标相一致，以确保其在战略层面产生协同效应。

数字化转型不仅仅是一项技术性的变革，更是一场全面的企业变革。在整合企业战略的过程中，企业领导层需要审视数字化愿景是否符合企业使命和愿景，数字化转型是否有助于实现企业长期目标。数字化愿景应该成为企业战略的一部分，与其他业务战略、市场战略和组织战略相互交织，形成有机的战略体系。

这种紧密的整合有助于确保数字化转型不仅仅是短期内的技术升级，而是对企业战略进行深刻塑造的过程。数字化转型的目标和战略愿景应当在企业的愿景和战略规划中找到共鸣，以确保数字化转型在实施过程中能够推动企业在市场竞争中脱颖而出，并为未来可持续发展打下坚实基础。

2. 前瞻性和创新性

长期数字化愿景的制定需要具备前瞻性和创新性，这意味着企业应当能够预见未来数字技术的发展趋势，并在数字化转型中融入创新元素，以保持竞争力和领先地位。前瞻性的数字化愿景应当不仅仅关注当前技术的应用，更要深刻洞察未来可能出现的技术革新和市场趋势。

在前瞻性方面，数字化愿景需要对新兴技术的发展有敏锐的洞察力。例如，人工智能、区块链、物联网等新兴技术正日益成为数字化转型的重要驱动力。企业需要深入研究这些技术的发展方向，了解它们如何影响行业格局，并将这些前瞻性的认识融入数字化愿景的制定中。

创新性是长期数字化愿景的另一个关键特征。数字化转型不仅仅是对现有业务模式的数字化改造，更是对商业模式和运营方式的全面创新。数字化愿景应当激发组织内部的创新活力，鼓励员工提出新的想法和方法，推动企业走向数字化时代的前沿。

创新性数字化愿景的制定需要超越传统思维，挑战常规业务操作方式，寻找能够颠覆传统的数字化解决方案。这可能包括探索新的商业模式、打破部门壁垒、引入跨行业合作等创新举措。通过创新性的数字化愿景，企业能够更好地适应不断变化的市场环境，实现业务的可持续发展。

3. 可持续性

数字化愿景的制定必须考虑到数字化转型的可持续性，这意味着企业在规划数字化发展方向时，不仅要关注当前数字技术的应用，还需要着眼于未来可能出现的新兴技术，以

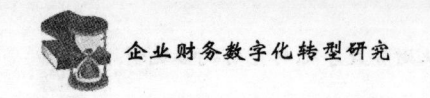

确保数字化愿景具备长期的适应性和生命力。

可持续性在数字化转型中具有重要意义,因为技术环境和市场条件都可能在未来发生巨大变化。在数字化愿景中融入可持续性的考量,意味着企业需要预见可能的技术演进和行业趋势,确保制定的数字化战略不仅能够应对当前的挑战,还能够灵活适应未来的变化。

一方面,企业应该关注当前的数字技术趋势,包括人工智能、大数据、物联网等方面的发展。在数字化愿景中明确定义这些现有技术的应用范围和价值,使其成为数字化转型的基石。同时,企业需要通过深入研究和洞察,了解这些技术在未来可能的发展方向,从而确保数字化愿景不会过于依赖已经过时的技术。

另一方面,数字化愿景还需要为新兴技术的应用留出空间。新兴技术的涌现可能会在行业中引起颠覆性的变革,因此企业需要在数字化战略中为未来可能的创新保留灵活性。这意味着数字化愿景的制定需要超越当前技术的应用,更要考虑到未来可能的数字化机遇。

数字化转型的可持续性还需要从组织内部的文化和能力角度进行考量。企业需要建设具有创新文化和学习机制的组织,以适应不断变化的数字环境。员工的数字素养和创新意识培养也是数字化愿景可持续性的重要组成部分。

在数字化愿景中注入可持续性的元素,既是对未来数字化挑战的一种应对策略,也是推动企业在数字时代持续创新和发展的基石。通过考虑到可持续性,企业能够更加灵活地应对未知的数字化未来,确保数字化转型不仅是短期的改变,更是对未来变革的持续响应。

4. 与利益相关方的沟通

在制定数字化愿景的过程中,与企业内外的利益相关方进行充分沟通是至关重要的。这一沟通过程旨在深入了解各利益相关方的期望、需求以及对数字化转型的看法,以确保数字化愿景不仅符合企业整体利益,还能够获得广泛支持和认可。

首先,内部利益相关方包括企业高层管理、部门负责人以及员工。与高层管理的沟通有助于明确数字化转型在整体战略中的定位和重要性。了解各部门负责人的期望和需求有助于确保数字化愿景在各业务领域能够有效落地。此外,员工是数字化转型的执行者,了解他们的期望和担忧,有助于平衡数字化带来的变革对组织文化的影响,提高数字化转型的成功实施概率。

其次,外部利益相关方涵盖了客户、供应商、投资者、行业合作伙伴等。与客户的沟通有助于了解市场需求,使数字化愿景更贴近客户期望。与供应商的沟通可以促使数字化愿景与供应链更好地融合,实现全价值链的数字化协同。投资者对数字化转型的期望关乎企业长期价值,因此与投资者的沟通有助于明确数字化愿景对财务绩效的影响。与行业合作伙伴的沟通可以推动行业数字化标准的制定,实现数字化愿景在更大范围内的可持续推广。

在与利益相关方的沟通中，需要注重透明度、互动性和参与性。透明度确保信息的真实性和可信度，使利益相关方能够清晰地了解数字化愿景的内容和意义。互动性则有助于双方更好地交流和理解，减少信息传递的失真。参与性要求利益相关方在数字化愿景的制定中能够参与决策，增加其对数字化转型的认同感和责任心。

（二）划分数字化转型的阶段目标

在制定了长期数字化愿景后，企业需要将其细化为可操作的、阶段性的数字化转型目标。这有助于将复杂的数字化转型任务分解成可管理的部分，提高执行效率。划分数字化转型的阶段目标时，应该注意以下几个方面。

1. 业务需求导向

在制定数字化转型的阶段性目标时，业务需求应该成为主导因素，以确保每个阶段的数字化转型直接服务于企业业务发展的实际需求。业务需求导向的阶段性目标设置是数字化转型成功实施的关键要素，有助于使数字化策略与企业的战略愿景紧密契合，最大化数字化转型对业务的积极影响。

一是，业务需求导向的阶段性目标应该紧密联系企业当前的业务状况和发展阶段。通过深入了解业务的核心需求，可以确保数字化转型不是一种孤立的技术实践，而是紧密贴合企业业务运作的现实场景。例如，如果企业当前的痛点是在供应链管理上存在效率低下的问题，数字化转型的阶段性目标可以聚焦于实现供应链的数字化优化，提高运营效率。

二是，业务需求导向的阶段性目标需要与市场竞争和客户需求相结合。企业数字化转型的目标不仅要满足内部运营的需求，更要顾及市场的变化和客户的期望。通过对市场趋势和客户需求的深刻理解，可以确保数字化转型的目标是有针对性的，具备市场竞争力。例如，如果行业正在向数字化客户体验转变，企业的数字化转型目标可以聚焦于提升在线购物体验、个性化推荐等方面。

三是，业务需求导向的阶段性目标还需要考虑未来业务发展的战略规划。数字化转型不仅要解决当前的问题，还要为未来的业务发展奠定基础。通过设定与战略规划相契合的阶段性目标，可以确保数字化转型是可持续的，能够适应企业不断变化的业务环境。

2. 数字技术的发展

在制定数字化转型的阶段性目标时，必须充分考虑到数字技术的迅速发展。数字技术以其快速地创新和更新换代的特点，对企业的数字化转型提出了更高的要求。因此，数字化转型的阶段性目标应该具有灵活性，能够适应技术发展的不断变化，以确保企业一直处于数字化领域的前沿水平。

一是，企业在设定数字化转型的阶段性目标时，需要密切关注数字技术的前沿趋势。通过对新兴技术的深入研究和了解，企业可以更好地把握技术的发展方向，及时调整数字化转型的目标。例如，随着人工智能、物联网、区块链等技术的不断演进，企业可以在数字化目标中引入这些新兴技术，以提升业务的智能化和效益。

二是，阶段性目标的设定需要具备可扩展性和升级性。数字技术的更新迭代速度较快，因此企业的数字化转型目标应该考虑到未来技术的升级和迭代。设定具有可扩展性的目标，使得在新技术出现时能够方便地将其纳入数字化战略中。这可以通过制定模块化的数字化方案，使得各个模块能够独立升级，从而更好地适应技术的变革。

三是，企业在数字化转型过程中，需要建立与科研机构、技术提供商的合作关系。通过与前沿技术的研发机构和技术公司保持紧密合作，企业能够更早地获取最新的数字技术信息，为数字化转型的阶段性目标提供技术支持。这种合作关系有助于企业更好地理解和运用最新的数字技术，推动数字化转型的不断创新。

3. 资源投入和回报

在每个阶段设定数字化转型目标时，必须充分考虑资源的投入和预期回报，以确保实现数字化转型的经济效益。资源投入和回报的平衡是数字化转型成功的关键因素之一，需要在制定目标时谨慎权衡。

第一，企业在设定数字化转型目标时应明确每个阶段所需的资源投入。这包括技术采购、人才培训、系统升级等方面的投资。通过细致的成本估算和资源规划，企业能够更好地了解数字化转型所需的资金和人力资源，并确保在实施过程中不会因为资源不足而产生阻滞。

第二，对于每个阶段设定的数字化目标，企业需要明确预期的回报和经济效益。这可以通过建立合理的绩效评估体系和关键绩效指标（KPI）来实现。例如，在提高运营效率的目标中，KPI可以包括业务流程自动化率、减少的人工成本等；在提升客户体验的目标中，KPI可以包括客户满意度、线上交易量等。通过这些量化指标，企业能够更好地衡量数字化转型的效果，并对回报进行评估。

第三，数字化转型的经济效益不仅体现在短期内的直接回报，还应考虑长期的战略价值。企业在设定数字化目标时需要思考未来市场竞争力的提升、创新能力的增强以及业务模式的变革等方面的长期效益。这种长期战略视野有助于企业更好地理解数字化转型对整体业务的深远影响。

第四，数字化转型目标的设定应当注重灵活性，能够根据实际情况进行调整。在实施过程中，可能会面临外部环境变化、技术进步等问题，因此企业需要及时对数字化目标进行评估和调整，以确保资源投入和预期回报的平衡。

4. 组织变革

在设定数字化转型的阶段性目标时，必须充分考虑组织的变革，以确保数字化转型能够成功实施。组织变革涉及人员培训、文化转型等多个方面，是数字化转型过程中不可忽视的重要环节。

一是，人员培训是组织变革中至关重要的一环。随着数字化技术的不断发展，员工需要不断提升自己的技能，适应新的工作环境和工作方式。因此，在设定数字化转型目标时，企业需要明确每个阶段所需的员工培训计划。这包括数字化工具的使用培训、新技术的学习以及数字时代所需的创新思维培养等方面。通过有计划地培训，企业能够更好地激发员工的创新潜能，提高组织的数字素养，从而更好地支持数字化转型的实施。

二是，文化转型是组织变革中的一项重要任务。数字化转型通常伴随着工作流程、沟通方式等方面的变化，因此企业需要调整和转变组织文化，以适应新的数字化环境。在设定数字化转型目标时，应明确文化转型的具体方向和目标，例如推崇开放沟通、鼓励创新思维、倡导跨部门协作等。通过这些文化变革，企业能够更好地适应数字时代的工作方式，促进组织内外的信息流通，提高工作效率。

三是，组织变革还涉及领导力的转变。在数字化转型中，领导者需要具备更加开放、灵活和创新的领导风格，以引领团队适应变化。在设定数字化转型目标时，企业需要明确领导层的培训计划，培养他们适应数字化时代的领导能力。这包括数字化领导力的培训、变革管理的技能培养等方面。通过领导力的升级，企业能够更好地推动数字化转型的顺利实施。

四是，组织变革需要建立有效的沟通机制。在设定数字化转型目标时，企业应明确沟通计划，确保信息能够及时、准确地传达给组织内外的各个利益相关方。这包括内部团队之间的沟通、领导层与员工之间的沟通，以及与合作伙伴、客户等外部利益相关方之间的沟通。通过建立有效的沟通机制，企业能够更好地协调组织内外的资源，促进数字化转型目标得以实现。

二、制定关键绩效指标（KPI）

（一）与业务目标相匹配的KPI

制定关键绩效指标（KPI）是数字化转型中确保顺利执行的关键步骤。这些KPI应该与业务目标紧密相匹配，能够客观衡量数字化转型的成效。以下是一些与业务目标相匹配的KPI示例。

1. 自动化程度

为了提高运营效率，KPI可以包括业务流程的自动化程度。通过衡量业务流程中自动化的部分，企业可以评估数字化转型对提升运营效率的实际影响。

2. 人工干预减少率

同样针对提高运营效率的目标，KPI可以包括减少人工干预的比率。这反映了数字化转型在减少人为错误和提高工作效率方面的效果。

3. 数据准确性

对于实现数据驱动决策的目标，KPI可以涵盖数据准确性。高质量、准确的数据是有效决策的基础，因此该指标可以反映数字化转型对数据质量的提升效果。

4. 决策响应时间

考虑到实现数据驱动决策的需求，KPI还可以包括决策响应时间。数字化转型使得企业能够更迅速地做出决策，从而适应市场变化。

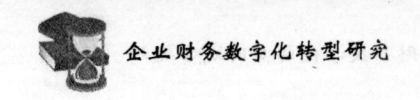

（二）考虑业务各个方面的KPI

在制定 KPI 时，企业需要全面考虑业务各个方面，以确保数字化转型的全面影响。以下是一些考虑业务各个方面的 KPI 的建议。

1. 财务绩效指标

在数字化转型中，财务绩效指标是评估企业健康和成功的重要衡量标准。其中，关键的财务绩效指标包括净利润增长率和投资回报率。这两个指标对于确保数字化转型对企业的财务状况产生积极影响至关重要。

（1）净利润增长率

净利润增长率是衡量企业盈利能力提升的核心指标之一。在数字化转型中，企业通过引入先进的数字技术和信息化工具，期望提高运营效率、优化成本结构，并创造更多的商业机会。因此，净利润增长率的提高可以被视为数字化转型成功的直接体现。企业通过数字化实现业务流程的优化、自动化，减少了人工干预和运营成本，从而推动了净利润的增长。通过持续监测和分析净利润增长率，企业可以更好地了解数字化转型对盈利能力的影响，并及时调整战略以实现更好的财务绩效。

（2）投资回报率

投资回报率是评估数字化转型投资效益的关键指标。数字化转型通常需要大规模的投资，包括技术采购、培训、基础设施升级等方面的支出。企业期望通过这些投资获得长期的、可持续的经济效益。因此，投资回报率的提高直接反映了数字化转型是否为企业创造了足够的价值。一个高投资回报率表明数字化投资是有效的，为企业带来了显著的收益。在数字化转型过程中，企业需要不断监测投资回报率，评估投资是否达到预期效果，以便及时做出决策和调整。

2. 客户体验指标

在数字化转型中，客户体验指标是企业评估其服务质量和与客户互动效果的关键标准之一。这些指标包括客户满意度和客户转化率等，旨在全面评估数字化转型对客户体验的改善效果。

（1）客户满意度

客户满意度是反映客户对企业产品或服务满意程度的重要度量。数字化转型通过引入先进的信息技术和数字化工具，可以显著提升客户体验，从而增强客户的满意度。通过数字化平台，企业能够提供更便捷、高效的服务，解决客户问题的响应速度更快，整个购物或服务流程更加智能化。因此，提高客户满意度不仅是数字化转型的目标之一，也是企业获得竞争优势和长期客户关系的重要手段。通过定期进行客户调查和反馈收集，企业能够了解客户对数字化转型效果的感受，及时调整服务策略，确保客户满意度的持续提升。

（2）客户转化率

客户转化率是衡量潜在客户成功转化为实际交易或用户的指标。数字化转型通过提供更便捷的线上交易渠道、个性化推荐等手段，可以有效提高客户转化率。数字化平台的用户界面设计、购物体验的个性化定制以及智能推荐系统的应用，都有助于激发客户购买兴趣，提高转化率。通过数字化工具的运用，企业能够更精准地了解客户需求，为其提供更贴近心理预期的产品或服务，从而促使更多的潜在客户转化为实际交易客户。通过监测客户转化率的变化，企业可以及时调整数字化策略，优化用户体验，提高数字化转型的效果。

3.员工满意度

员工满意度是数字化转型中关键的绩效指标，直接影响着企业的内部氛围、员工士气和整体工作效率。通过员工调查、离职率等手段来衡量员工满意度，是确保数字化转型不仅提升业务效率，而且改善员工工作体验的关键步骤。

（1）员工调查

定期进行员工调查（附录一）是衡量数字化转型对员工满意度影响的有效途径。通过调查，企业可以了解员工对数字化工具和流程的态度，他们是否认为数字化转型使得工作更加高效、便捷，以及是否获得了更多的支持和资源。调查还可以关注员工对培训和学习机会的看法，以确保数字化转型不仅关注业务流程的优化，也关注员工的职业发展和技能提升。

（2）离职率

员工离职率是另一个反映员工满意度的重要指标。如果数字化转型对员工的工作体验没有积极地影响，可能会导致员工离职率的上升。因此，企业应该关注数字化转型后员工的留职情况，特别是那些与数字化工具使用相关的岗位。高离职率可能意味着数字化转型并未得到员工的认可，需要进行进一步的调查和改进。

4.创新指标

数字化转型的成功不仅仅在于提高运营效率和客户体验，还在于其是否能够推动企业业务模式的创新。因此，创新指标在衡量数字化转型成效时至关重要。这些指标应该直接关联到企业的新产品推出和市场份额增长等关键方面，以确保数字化转型不仅仅是技术上的升级，更是对企业战略的深刻影响。

一项关键创新指标是企业是否成功推出了新产品或服务。数字化转型提供了更多创新的机会，通过引入新技术、新流程或新商业模式，企业能够研发并推出更具市场竞争力的产品。这可以通过新产品的市场份额和销售增长来度量，从而验证数字化转型对业务创新的贡献。

另一个关键指标是市场份额的增长。数字化转型应当使企业更具竞争力，进而取得更大的市场份额。这可以通过比较数字化转型前后企业在行业市场中的地位来衡量。如果企业在数字化转型后成功吸引更多客户，扩大了市场份额，那么数字化转型就在业务模式创新方面取得了成功。

创新指标还可以关注企业的研发投入和产出。数字化转型应当推动企业加大对技术和创新的投资，进而促使更多的创新成果。通过衡量新技术的应用和研发投入，企业可以评

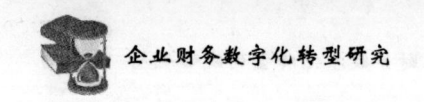

估数字化转型对创新能力的提升。这可以包括新技术的专利申请数量、研发项目的成功率等方面的指标。

在创新指标的设定过程中，企业还应考虑市场反馈和客户满意度。新产品推出后，市场的反应是评估创新成功的一个重要标志。客户满意度调查（附录二）可以帮助企业了解新产品或服务是否满足客户期望，从而判断创新是否取得了商业上的成功。

第三节 制订执行计划和时间表

一、制订详细的执行计划

（一）拆分任务，明确责任人

在制订执行计划时，首要的步骤是将数字化转型的任务拆分成具体可执行的部分，并明确每个部分的责任人。这一过程需要详细考虑数字化转型的各个方面，包括技术升级、业务流程优化、人员培训等。将整个数字化转型项目分解成若干个具体任务，每个任务由专业的责任人负责推动，有助于提高执行效率和保障任务的专业性。

首先，针对技术升级，可以拆分成硬件升级、软件开发、数据迁移等任务，分别由相应的技术团队或负责人负责。硬件升级可能涉及设备的采购、安装和测试，需要明确相关部门或人员的职责，确保升级过程顺利进行。软件开发阶段需要确定开发团队，并划分具体的功能模块，明确每个模块的负责人。数据迁移阶段需要由专业的数据管理团队来负责，确保数据的完整性和安全性。

其次，业务流程优化可以拆分成各个部门的流程分析和优化任务，每个部门负责自身流程的优化。明确流程优化的目标和标准，确保整个企业的业务流程更加高效、透明。

最后，人员培训是数字化转型中至关重要的一环。拆分成不同岗位的培训计划，明确由专业培训团队或负责人负责，确保培训内容覆盖到每个岗位所需的技能和知识。

（二）确定资源需求和预算

在执行计划的制订中，明确资源需求和预算是关键一步。企业需要仔细考虑数字化转型所需的人力、技术和财务资源，以确保在执行过程中不会因为资源不足而影响数字化战略的实施。

首先，人力资源需求应当综合考虑各个任务的复杂性和工作量，确定需要多少专业技术人员、项目经理、培训师等。每个任务的负责人需要有足够的团队支持，确保任务能够按计划推进。在确定人力资源的同时，也要考虑到可能的外部专业团队或顾问的需求，以弥补内部团队的专业性不足。

其次，技术资源需求涉及硬件、软件、数据存储等方面。明确数字化转型所需的技术设备和工具，确保其充分支持项目的推进。在硬件和软件采购中，需要考虑到供应商选择、性能要求等因素，制订详细的采购计划。

最后，财务资源的预算需要综合考虑人力、技术、培训等方面的开支。确保预算足够覆盖整个数字化转型项目的各个阶段，同时要有一定的预算用于应对可能的变化和风险。

二、制订时间表和阶段性里程碑

（一）制订明确的时间表

制订明确的时间表是数字化转型计划的核心，关乎整个项目的推进和成功实施。在时间表的制订过程中，企业需要考虑到各个任务的复杂性、相互之间的依赖关系、业务需求、技术可行性以及团队协作等因素。

首先，对于每个任务，需要详细评估其完成所需的时间。这涉及技术团队的评估、业务流程的调整、人员培训的安排等方面。在评估过程中，要细致入微地考虑各个环节可能出现的延迟和风险，确保时间计划的合理性和可行性。

其次，需要考虑到任务之间的依赖关系。有些任务可能需要在其他任务完成之后才能开始，因此在时间表中要合理安排任务的先后顺序。同时，要确保每个任务的完成时间不会拖累整个项目的进度。

再次，业务需求和技术可行性也是时间表制订的重要考虑因素。业务需求的紧急性和优先级会影响到任务的排期，而技术可行性的评估则需要确保所选用的技术方案在计划时间内能够稳定实施。

最后，团队协作是关键的一环。时间表需要充分考虑到团队成员的协作时间、会议安排以及信息沟通的时间。团队成员之间的协同工作能够有效提高整个数字化转型项目的执行效率。

（二）设定阶段性里程碑

设定阶段性里程碑是为了更好地掌握数字化转型的进展，及时发现问题并调整执行计划。这些里程碑可以是关键任务的完成、重要系统的上线，或者是关键人才培训项目的实施等。

首先，关键任务的完成是设定里程碑的重要依据。在数字化转型过程中，有些任务的完成标志着整个项目向前迈出了关键一步。例如，技术升级任务完成可能意味着系统已经具备了更高的性能和稳定性，业务流程优化任务完成可能意味着企业运营效率的提升。

其次，系统的上线也是重要的里程碑之一。当数字化转型涉及新系统的开发和部署时，系统上线标志着企业已经开始使用新系统进行业务操作，这对于整个数字化转型项目的成功至关重要。

最后，关键人才培训项目的实施也是设定里程碑的考虑因素之一。数字化转型通常伴随着新技术和工具的使用，为了确保团队能够熟练运用这些新技术，培训项目的完成标志着团队已经具备了新的技能和知识。

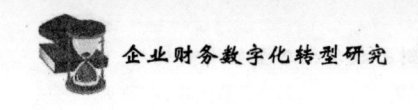

第四节 资源分配和管理

一、制定人才需求规划

（一）业务需求分析

1. 业务流程细致分析

在进行数字化转型的人才需求规划之前，企业首先需要进行业务流程的细致分析。通过深入了解企业当前的业务流程，明确业务中的关键节点和瓶颈，以及可能受益于数字化的领域。

2. 技术要求明确

随后，需要明确数字化转型所需的技术要求。这可能包括数据处理、人工智能应用、自动化工具等方面。通过对技术的明确需求，可以更精准地确定所需的数字化人才类型。

3. 业务目标和方向确定

数字化转型的成功关键在于明确业务的目标和方向。通过与业务各部门的沟通和协作，确定数字化转型的具体目标，例如提高运营效率、拓展线上业务等。这有助于制定更有针对性的人才需求规划。

（二）新岗位设立

1. 数据科学家

根据业务需求规划的结果，企业可能需要设立数据科学家岗位。数据科学家可以负责数据的收集、清洗、分析，为企业提供数据驱动的决策支持。

2. 人工智能专家

针对需要引入人工智能技术的业务领域，企业可能需要设立人工智能专家岗位。这些专家可以负责开发和维护与人工智能相关的系统和应用。

3. 数字化营销团队

随着企业线上业务的发展，可能需要设立数字化营销团队。这个团队可以包括数字营销专家、社交媒体经理等，致力于推动企业在数字平台上的品牌推广和销售。

（三）现有团队技能提升

1. 定制培训计划

针对现有团队，企业应制订定制化的培训计划。这包括基础数字化知识的普及、相关工具的使用培训以及业务领域的深度培训，以提高员工的数字化素养。

2. 学习资源提供

为了促使员工更好地适应数字化环境，企业可以提供各类学习资源，包括在线培训、专业认证课程、数字化平台等。鼓励员工主动学习,并建立学习共享机制。

3.实践机会提供

除了理论知识的提升,企业还应该为员工提供实践机会。这可能包括参与数字化项目、与数字化专家合作等,以帮助员工将学到的知识应用于实际工作中。

(四)人才引进与培养

1.招聘策略制定

针对数字化转型中所需的专业人才,企业应制定招聘策略。这可能包括参与行业招聘会、利用专业社交媒体平台招揽人才等手段,确保吸引到符合要求的数字化人才。

2.合作机构建立

为了弥补内部人才不足,企业可以考虑与高校、研究机构等建立合作关系,引入实习生、合作研究等方式,实现内外人才的有机结合。

3.内部培养计划

除了外部引进,内部培养也是至关重要的一环。通过设立内部培训计划,提供学习资源和机会,帮助员工逐步提升数字化技能,培养内部的数字化专才。

二、进行员工培训和知识普及

(一)培训需求评估

1.技能水平调查

企业首先需要进行员工技能水平的调查,通过问卷调查、面谈或内部测试等方式,了解员工在数字化领域的基础知识和技能水平。这有助于明确培训的起点,为制订个性化培训计划提供依据。

2.业务需求对接

在评估培训需求时,企业还应该对接业务需求。通过与各部门的沟通,了解数字化转型对不同岗位的具体要求,以便制订与业务紧密相关的培训计划,确保培训与实际工作需求相契合。

3.员工需求反馈

员工的主动参与和反馈是培训需求评估的关键环节。通过员工反馈会议、建议箱等形式,收集员工对数字化培训的期望和意见,使培训更贴近员工的实际需求。

(二)制订个性化培训计划

1.分类培训计划

根据培训需求评估的结果,企业可以将员工分为不同的群体,制订相应的分类培训计划。例如,技术岗位可以有专门的技术培训,管理岗位可以有数字化管理培训,以满足不同群体的个性化需求。

2.多样化培训形式

个性化培训计划应包括多样化的培训形式,如线上培训、面对面培训、研讨会、工作

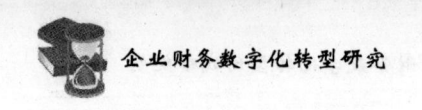

坊等。这有助于满足不同员工的学习习惯和需求，提高培训的接受度和效果。

3. 实际业务应用

个性化培训计划还应强调实际业务应用，通过模拟项目、案例分析等方式，让员工将学到的数字化知识直接应用到实际工作中，提高培训的实用性和可持续性。

（三）引入专业培训机构

1. 专业师资选择

引入专业培训机构时，企业应该仔细选择具有丰富经验和专业背景的培训师资。这些专家应该能够深入浅出地传授数字化知识，使培训更具权威性和专业性。

2. 课程内容定制

与培训机构合作时，企业可以与机构共同定制培训课程，确保培训内容与企业的实际情况和需求紧密契合。这有助于提高培训的实效性和适应性。

3. 培训效果评估

引入专业培训机构后，企业需要建立培训效果评估机制，通过员工反馈、学习成绩、实际应用情况等多方面进行综合评估，以确保培训的质量和效果。

（四）建立学习文化

1. 学习资源推广

企业应该积极推广各类学习资源，包括在线学习平台、数字图书馆、专业期刊等。通过定期发布学习资源推送，激发员工的学习兴趣，促使其自愿参与学习。

2. 内部培训活动组织

企业可以组织内部培训活动，如分享会、讲座、工作坊等，鼓励员工分享学习心得、经验。这种内部培训活动不仅可以促进知识的传播，还能够培养员工的分享和团队合作意识。

3. 学习奖励机制建立

为鼓励员工积极参与学习，企业可以建立学习奖励机制。通过设立学分制度、颁发学习证书、提供学习成果展示的机会等方式，激发员工学习的积极性和主动性。

4. 管理层榜样示范

公司管理层应该充当学习的榜样，积极参与培训活动，并在团队中分享自己的学习经验。这不仅能够活跃学习氛围，还能够传递学习的重要性和对公司发展的支持。

第五章

企业财务数字化的关键技术

第一节　云计算和大数据分析

一、云计算的应用

互联网技术的飞速发展使得企业在市场管理过程中广泛应用"云计算"技术、互联网技术、物联网技术、大数据技术等相关技术进行数据的收集、处理及加工等,极大地提升了企业的工作效率以及工作水平,使得企业财务信息化建设更加深化。但是,在实际企业运行过程中仍然存在信息化建设方面的问题,包括信息安全问题、制度不完善问题、观念问题等,严重制约着企业的现代化进程,因此,必须明确"云计算"背景下企业建设过程中仍然存在的不足,并采取具体的解决措施进行处理,促进企业财务管理的现代化进程。

(一)"云计算"背景下企业会计人员分析

1. 优势分析

在当前中国,财务会计人员是专职从事会计工作的重要群体,其数量庞大,超过4000万人。然而,令人关注的是,仅有约2000万人持有会计证书,而真正备案在财政部从事会计工作的人员更是仅有600万左右。这反映出中国财务会计领域存在一定的从业人员数量与质量之间的差距。

最近,随着《关于加强会计人员诚信建设指导意见》的发布,会计证的取消成为业内热议的话题。这一政策趋势表明,未来将逐步淡化对会计证的依赖,其取消已成为不可避免的发展趋势。这个变化将在多个层面产生影响。

首先,会计从业人员的准入门槛将有所放宽,使更多有志于从事会计工作的人员有机会参与。这有望填补当前从业人员数量不足的问题,为行业注入更多新鲜血液。然而,也需要关注在放宽准入的同时,如何确保从业人员的素质和专业水平得到有效维护。

其次,取消会计证可能提高行业内从业人员的灵活性和流动性。现行制度下,拥有会计证的从业人员可能更难在不同单位之间实现自由流动,而取消会计证可能为其提供更多职业发展的可能性。这对于促进人才流动,提高整体行业效益具有一定的积极意义。

此外,取消会计证也意味着需要加强其他形式的从业人员评价和认证机制。这包括建

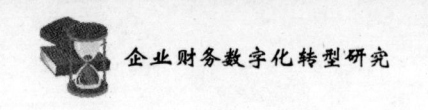

立更为完善的培训体系、推行职业道德规范，以及建设更加科学的绩效考核体系。这些措施对于保障从业人员素质，维护行业信誉具有重要意义。

在这一政策变革的大背景下，国家对于财务会计从业人员的认可和评价标准可能会发生一系列的变化。这将影响到财务会计行业的招聘、培训和管理模式，也将推动整个行业更加注重实际工作经验和综合素质的培养。

2.劣势分析

随着社会经济的不断发展和社会体系的日益成熟，会计行业在逐步规范中面临一系列劣势和挑战。尽管会计从业人员拥有会计从业资格证，但这并不意味着他们具备了足够的实际从业能力。会计证取消后，会计人员必须不断提升自身的会计职能，以适应行业发展的新要求，然而这也使得他们面临着较大的市场竞争劣势。

首先，现实市场对从业人员的能力更加注重实践经验和实际操作技能。仅仅持有会计从业资格证并不能充分体现一个人的实际工作水平。因此，取消会计证后，会计人员需要通过更多的实际工作经验来证明自己的能力，这对于那些刚刚进入职场或经验相对较少的从业人员而言是一项巨大的挑战。

其次，随着营改增政策在全国范围内的推行，会计人员的工作任务变得更加复杂且要求掌握更多的财税知识。这对于已经具备一定工作经验但未能持证的从业人员而言，将面临着更高的学习和适应压力。因此，取消会计证会使他们在应对新政策和财务工作上面临更为困难的境地，从而影响到他们在职业生涯中的发展。

最后，我国目前拥有会计从业资格证的人员中，财务会计占比超过80%，而管理会计的比例不足20%。这导致了在取消会计证后，财务会计人员可能会受到更大的冲击，因为管理会计的岗位相对较少，竞争优势相对较大。这使得财务会计人员面临着更为激烈的职业竞争，需要不断提升自身的综合素质以保持竞争力。

（二）"云计算"背景下财务问题的相关对策

1.提高企业内部对业财融合的认识

随着"云计算"时代的到来，在当前社会发展中要求财务管理必须能够熟练且快速完成对大数据工具的使用，能够熟练地利用"云计算"平台完成技术的创新。作为企业领导者，应认识到业财融合的重要性，积极地将财务管理思路和方法渗透到业务活动和流程之中，鼓励财务人员积极地参与到企业经营的各个环节当中，做到事前、事中、事后全过程的财务管控。但是从当前的企业财务管理人员的专业能力进行分析发现，能够解决全能型的、复合型问题的人员少之又少。面对当前这种局面，作为企业管理者必须积极培养企业中的青年人才，提高对企业内部人才的管理效果和培训机会，帮助企业所有的财务管理人员都能够积极应对"云计算"时代企业所面对的财务管理挑战。

2.制定行之有效的财务信息化管理制度

从当前实际情况来看，"云计算"背景下仍然缺乏企业内部的行之有效的财务信息化管理制度，导致工作方法混乱，工作质量得不到有效提升，因此，企业需要从当前的财务制度、企业财务信息化平台以及网络信息化环境三个方面不断健全内部的财务信息管理制度，为企业信息化建设提供有效的制度支持。

3. 系统建设与实际业务相结合

任何信息系统的建设均应以实际业务为出发点，符合企业的管理特点。任何不符合经营管理实际情况的制度和流程都会影响业务财务一体化信息系统平台的使用效率，最终阻碍企业的发展，变成企业发展的紧箍咒。在财务业财一体化建设过程中，应以提高系统的可操作性和便捷性为出发点，剔除冗余、无效的制度规定，以务实的心态为企业发展搭建良好、高效的制度环境。

4. 沟通平台的建设

在财务共享模式下，业务的事项审批和最终的财务报账已经实现了电子化和远程化，使得一线的业务人员、业务主管部门、上级机关以及财务共享中心之间存在着物理距离。为了有效应对这一挑战，企业需要搭建一个统一的沟通平台，实现与业务系统、财务网报系统的整合。此外，通过手机 APP 与广大业务人员建立联系，构建一个全时段、全方位的即时通信体系，以保证沟通渠道的顺畅。

在财务共享模式下，业务的电子化和远程化处理是提高效率的一项关键举措。然而，由于相关部门和人员之间的物理距离，沟通变得更为复杂。为了解决这一问题，企业应该建立一个统一的沟通平台，使得不同部门和层级之间能够实现实时的信息交流。这个沟通平台可以涵盖文本、语音、视频等多种形式，以满足不同场景下的沟通需求。

整合沟通平台与业务系统以及财务网报系统的关键在于提高信息的流动效率。通过将沟通平台与业务系统相连接，可以实现业务流程的无缝对接，使得业务人员能够在沟通平台中直接处理审批事务、查看财务报表等。这种整合可以减少信息传递的阻滞，提高审批和报账的速度，从而推动整个财务共享流程的顺畅进行。

手机 APP 的引入是使沟通更为灵活和便捷的重要手段。通过手机 APP，业务人员可以随时随地与相关部门进行沟通，提高沟通的即时性。此外，手机 APP 也能够方便地推送重要通知和提醒，使得业务人员能够及时响应和处理紧急事务。这有助于打破时间和地域的限制，使得沟通变得更为高效。

打造全时段、全方位的即时通信体系需要在沟通平台的设计和使用上注重用户体验。除了文字和语音沟通外，考虑到不同人员的工作特点，也可以引入视频会议、在线会议等功能，以更好地满足多样化的沟通需求。此外，沟通平台的安全性也是一项重要考虑因素，需要采取措施确保敏感信息的安全传输。

二、大数据分析在财务中的作用

大数据分析在企业财务中发挥着重要作用，对财务决策、风险管理、成本控制等方面产生深远的影响。以下是大数据分析在企业财务中的主要作用。

（一）决策支持

1. 历史财务数据分析

大数据分析通过深度挖掘企业历史财务数据，为决策提供有力支持。对财务报表、利润表等数据的分析可以揭示过去业绩趋势，帮助企业了解财务健康状况，从而制定更加明智的财务战略。

2. 市场趋势分析

结合市场数据，大数据分析能够追踪和分析市场趋势。这包括对市场需求的理解、竞争对手的表现以及行业变化的敏感应对。这些信息有助于企业在制定财务决策时更具前瞻性，降低市场不确定性的影响。

3. 竞争对手情报分析

大数据分析还可以深入研究竞争对手的财务表现和战略举措，为企业提供竞争情报。这有助于企业调整自身财务战略，迅速应对市场竞争压力，提高市场份额。

（二）风险管理

1. 市场波动监控

大数据分析通过监控市场波动，及时发现潜在的财务风险。对市场指数、汇率等因素的实时监测，可以帮助企业预测市场趋势，有效规避可能的财务风险。

2. 供应链变化分析

深入分析供应链数据，大数据可以识别潜在的供应链风险。通过监控供应商可靠性、交货周期等信息，企业可以及时调整采购策略，降低因供应链问题引起的财务风险。

3. 汇率波动评估

大数据分析可以对汇率波动进行全面评估，帮助企业制定有效的汇率风险管理策略。这有助于降低由于汇率波动导致的财务不确定性，提高企业在国际市场的竞争力。

（三）成本控制

1. 供应链成本分析

通过对供应链数据的深入挖掘，大数据分析可以帮助企业准确识别供应链成本的高发区域。企业可以根据这些数据提出有效的成本降低策略，实现更有效的成本控制。

2. 生产过程优化

大数据分析可以在生产过程中发现潜在的成本节约机会。通过监测生产效率、原材料利用率等指标，企业可以精准地定位生产过程中的成本瓶颈，制定改进方案，提高生产效率，降低生产成本。

3. 人力资源成本管理

深入分析人力资源数据，大数据可以帮助企业优化人力资源成本。这包括对员工绩效、福利成本等方面的分析，为企业提供更科学的人力资源管理策略，实现成本的精细化管理。

（四）财务预测

1. 历史财务数据挖掘

大数据分析技术可以通过挖掘大量历史财务数据，建立更为精准的财务模型。这有助于企业更准确地预测未来的财务状况，为制定合理的预算和规划提供可靠的数据支持。

2. 外部环境因素考虑

结合外部环境因素，大数据分析可以更全面地考虑财务预测的影响因素。这包括宏观经济环境、政策变化等因素，使企业的财务预测更为准确和可靠。

3. 风险因素分析

大数据分析还能够识别潜在的风险因素，为财务预测提供更全面的分析。通过对各种风险的考量，企业可以更好地应对不确定性，制定更灵活的财务规划。

（五）客户分析

1. 购买历史分析

大数据分析可以深入了解客户的购买历史，识别潜在的消费趋势。这有助于企业调整产品定位、推出更符合市场需求的产品，提高销售收入。

2. 偏好分析

通过对客户偏好的分析，企业可以更有针对性地推出个性化的服务和产品。这有助于提高客户满意度，增强客户忠诚度，从而稳固市场份额。

3. 反馈分析

大数据分析可以对客户反馈进行全面的分析，发现客户的需求和意见。通过及时调整产品或服务，企业可以更好地满足客户期望，提高客户满意度，促进口碑传播，为企业带来更多的收入。

（六）税务合规

1. 交易数据分析

大数据分析在税务合规方面发挥着关键作用，通过对大量交易数据的分析，企业可以确保遵守税收法规。检测异常交易、漏报等问题，有助于提高企业的税收合规性，降低潜在的税务风险。

2. 法规变化监测

大数据分析可以监测税收法规的变化，及时了解法规调整对企业税务的影响。这使得企业能够迅速调整会计政策，确保在新的法规环境下保持合规性，避免因法规漏洞而导致的潜在风险。

3. 数据完整性保障

通过大数据分析技术，企业可以加强对财务数据的监控，确保数据的完整性。这有助于防范数据篡改、造假等行为，维护财务报告的真实性，提高税务合规性。

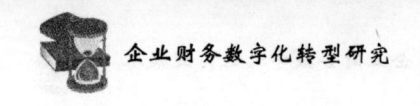

第二节 人工智能在财务中的应用

一、人工智能在我国财务管理中的具体应用

(一)人工智能技术在传统会计核算中的应用

企业在迅速发展过程中,面临着繁杂的账务处理、报表生成以及复杂的财务工作,为了应对这些挑战,传统上企业通常需要大量财务工作人员。这不仅增加了企业的运营成本,还导致了资金的额外流失。然而,通过应用人工智能技术,这些问题可以得到有效解决。

在传统的财务工作中,对于资金的应收和应付进行核算通常需要财务人员手动处理大量数据。这一过程烦琐且容易出错,增加了企业的人工成本。引入人工智能技术后,可以实现对烦琐和复杂数据的智能化处理,提高了工作效率,同时降低了成本。此外,人工智能的应用不仅无需支付工资,还能够大幅节省工作时间,显著减轻了企业的人力负担。

在传统的会计核算系统中,要求按照企业的会计制度和准则进行严格核算,以准确反映企业的经济业务。然而,引入人工智能技术后,会计核算的效率得到显著提升。通过人工智能技术,企业可以更迅速、更准确地将经济业务纳入核算体系,满足企业对准确财务信息的需求。

人工智能在会计核算中的应用不仅提高了工作效率,还降低了企业的运营成本。通过智能化处理财务数据,企业能够更轻松地应对烦琐的会计工作,将人工智能技术融入传统会计核算中,为企业带来了更大的商业价值。

(二)人工智能技术在制定经营战略中的应用

1. 制定科学合理的经营管理战略

(1)定位与方向

企业在市场竞争中要取得成功,首先需要科学合理地制定经营管理战略。定位与方向的准确把握是成功的关键。人工智能技术通过对市场数据、消费者行为等大量信息的深度分析,为企业提供准确的市场定位和发展方向,帮助企业抓住机遇,快速适应潮流。

(2)优势形成与自主创新

企业的自主创新能力是保持竞争优势的重要因素。人工智能技术通过大数据分析,挖掘市场趋势、竞争对手的创新动向,帮助企业形成自身的技术和管理优势。智能化的数据处理也为企业提供创新方向,推动企业在技术和产品上实现跨越式发展。

(3)企业形象与社会责任

在现代社会,企业形象和社会责任也是经营管理战略中不可忽视的部分。人工智能技术通过社交媒体、舆情分析等手段，帮助企业树立良好的企业形象，同时辅助企业识别并履行社会责任，为企业建立可持续的发展基础。

2. 人工智能提升经营战略执行效果

（1）数据处理与决策建议

人工智能技术在大数据时代的角色不仅仅是处理数据，更是为企业制定科学合理的经营战略提供关键的决策建议。通过对多维度的数据进行综合分析，人工智能能够为企业提供更准确、更全面的经营战略方案。

（2）风险管理与破产预防

新兴企业往往面临较高的经营风险，而人工智能技术能够在经营战略执行过程中提供精准的风险管理。通过对市场变化、供应链波动等因素的实时监测，人工智能帮助企业预测潜在的风险，并提前采取相应措施，降低破产的风险。

（3）综合数据分析与财务管理

人工智能技术作为数据库的重要组成部分，通过综合数据分析，为企业提供更全面的财务信息。在经营战略的执行中，企业可以依托人工智能的分析结果，制订科学合理的财务管理计划，优化资源配置，提高财务绩效。

3. 人工智能对新兴企业的基础作用

（1）存活率提高与破产降低

通过降低经营风险、提高决策精度，人工智能技术为新兴企业提供了基础保障。准确的市场定位、科学的管理决策使得企业的存活率大幅提高，有效降低了新兴企业破产的数量。

（2）发展方向与市场机会

人工智能技术通过深度学习、算法分析，帮助企业发现新的发展方向和市场机会。在制定经营战略时，企业可以充分利用人工智能的洞察力，抓住潜在的业务增长点，实现更加可持续的发展。

（3）经济效益与可持续发展

综合上述，人工智能的应用使得企业在经营战略制定和执行过程中获得更大的经济效益。同时，通过良好的社会形象和主动承担社会责任，企业还能实现可持续发展，为长期的成功经营奠定基础。

（三）人工智能技术在财务分析、预测与决策中的应用

1. 人工智能在财务分析中的应用

（1）数据收集与整理

在财务管理过程中，人工智能技术可以通过自动化的方式，对大量的财务数据进行高效的收集和整理。智能系统可以从多个渠道获取数据，包括财务报表、相关资料以及外部市场数据，实现数据的实时更新和准确整理，为后续的财务分析提供可靠的基础。

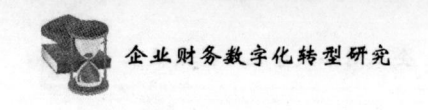

（2）专业分析方法的应用

人工智能专家系统在财务分析中具有独特优势。通过模仿专家的推理能力和专业知识，智能系统能够采用先进的分析方法，对企业在投资项目、经营活动、筹资活动、分配活动等方面进行深度分析。这不仅提高了分析的精度，还加速了分析的过程，使财务人员能够更快速、准确地做出决策。

（3）专业素质与要求的提高

人工智能在财务分析中的应用也促使了财务人员的专业素质和要求的提高。财务人员需要更深入地理解人工智能技术的原理和应用，以更好地与智能系统进行协同工作。这推动了财务领域人才培养的升级，使得财务团队更具专业性和应变能力。

2. 人工智能在财务预测中的应用

（1）财务数据分析与总结

在财务预测阶段，人工智能技术可以通过深度学习和数据挖掘，对上年度的财务数据进行全面分析和总结。智能系统能够识别关键指标、发现潜在趋势，为财务人员提供更全面的数据基础，有助于更准确地了解企业过去的经营状况。

（2）现阶段经营情况结合

结合当前企业的经营情况，人工智能技术能够实时监测市场动态、竞争环境等因素。通过对外部环境的分析，智能系统能够更准确地预测未来的市场走向，为财务人员提供更科学合理的财务预测，降低预测的不确定性。

（3）大数据节约成本与提高效率

利用大数据进行财务预测不仅能够提高准确性，还能够节约成本和提高工作效率。人工智能技术可以迅速处理大规模的数据，进行复杂的模型建设和分析，取代了传统手工方法，使得财务人员能够更快捷、精确地完成财务预测的工作。

3. 人工智能在财务决策中的应用

（1）智能系统的决策建议

人工智能在财务决策中提供了可靠的决策建议。通过对多维度数据的深度分析，智能系统能够为财务人员提供全面的决策支持。这有助于制定科学合理的财务策略，优化资源配置，提高企业的财务绩效。

（2）风险管理与决策优化

在财务决策过程中，人工智能技术能够帮助企业更好地进行风险管理。通过对市场变化、供应链波动等风险因素的实时监测，智能系统能够提前识别潜在风险，为决策者提供优化方案，降低决策的风险。

（3）经济效益的提高

综合运用人工智能在财务分析、预测与决策中的应用，最终实现了企业的经济效益提高。准确的数据分析和科学合理的预测为决策提供了坚实的基础，智能系统的决策建议有助于企业在市场竞争中取得更大优势，为企业的可持续发展创造更多的机会。

二、人工智能和财务管理之间的关系要点

（一）提升财务管理人员专业素养

在财务管理领域，财务工作人员是负责具体执行和推动财务管理工作的核心力量。他们的专业水平和综合素质直接影响着财务管理工作的质量和效率。为了提升财务管理人员的专业素养，不仅需要强调传统的财务知识和技能，还应善于应用现代科技手段，尤其是人工智能技术，使其发挥最大的作用。

财务工作人员在财务管理中扮演着监测、分析和决策的关键角色。通过提升专业水平，他们能够更敏锐地察觉财务工作中可能存在的漏洞和不足，有力地促进财务管理的全面、深入发展。在这一过程中，人工智能技术作为现代科技的重要组成部分，具有强大的数据分析和智能决策的能力，为财务工作人员提供了强有力的助力。

专业素养的提升首先需要财务工作人员具备扎实的财务基础知识，包括会计、财务管理、税务等方面的专业知识。然而，随着信息技术的飞速发展，财务管理已逐渐融入了人工智能的应用。财务工作人员需要具备对人工智能技术的基本理解和运用能力，以便更好地应对财务管理领域的挑战。

人工智能技术在财务管理中的应用可通过多方面来实现。首先，智能系统可以自动化数据收集和整理，提高财务数据处理的效率和准确性。其次，通过大数据分析，财务工作人员可以更全面地了解企业的财务状况，及时发现问题和机会。最后，人工智能技术能够为财务工作人员提供智能决策支持，通过深度学习和模型预测，提供全面、科学合理的决策建议。

财务管理人员要善于利用人工智能技术，需要通过系统培训和学习，不断提升对人工智能技术的应用水平。了解人工智能技术的原理和运作机制，熟练运用相关软件和工具，将人工智能技术与财务管理实际工作相结合，创新工作方式和方法。通过在实际工作中的不断实践，财务管理人员可以更好地应用人工智能技术解决实际问题，提高工作效率和决策水平。

（二）全面引入人工智能技术

人工智能技术的崛起在计算机技术的基础上取得了显著进步与发展，引起了广泛关注。随着其日益成熟和应用范围的拓展，各行各业都逐渐认识到人工智能技术在提升工作效率、优化业务流程方面的巨大潜力。在这一趋势的推动下，企业财务管理工作也在全面引入人工智能技术，以确保其紧跟时代潮流、顺应科技发展潮流的同时，实现财务管理工作的高效推进。

人工智能技术的应用在企业财务管理中具有多方面的优势。首先，人工智能技术可以自动化财务数据的收集和整理，大幅提高了数据处理的速度和准确性。这对于财务人员而言，意味着更多的时间可以用于深度分析和决策制定，从而提高了工作效率。其次，人工智能技术通过大数据分析，能够从庞大的数据中集中提取关键信息，帮助企业更全面地了

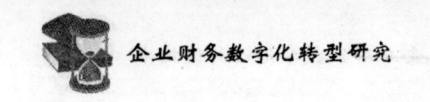

解市场趋势、竞争动态等，为财务决策提供更可靠的基础。此外，人工智能技术的不断更新和完善，为企业提供了更多的功能和工具，使其财务工作能够更加灵活、智能。

全面引入人工智能技术不仅仅是跟随时代潮流的选择，更是财务管理工作持续改进的需要。通过人工智能技术，企业能够在财务数据的处理和分析方面实现更高水平的自动化，从而提升财务整体管理水平。这种变革并非仅限于财务流程的优化，还涉及对财务人员的专业素质和技能要求的提升。财务人员需要逐步适应新技术的引入，不断提升自身的数字化、信息化素养，以更好地运用人工智能技术完成财务管理工作。

（三）科学设定人工智能与手工操作分工小组

在企业财务管理领域，项目众多且涉及复杂的财务活动，为提高工作效率与准确性，科学设定人工智能与手工操作分工小组成为一种创新的管理模式。通过充分利用人工智能技术，企业能够更好地承揽各项财务活动，从而使得管理层在评估和决策上能够做出更为准确的判断。

在面对那些相对烦琐、复杂的财务工作时，企业可以通过科学合理地分工，将财务管理工作划分为人工智能处理和手工操作处理两个方面。首先，对于那些大量重复性高、数据量庞大的任务，例如财务数据的收集、整理和基础的数据分析，可以交由人工智能技术来完成。人工智能系统能够以更高的速度和准确度执行这些任务，减轻人工负担，提高工作效率。

其次，对于一些需要更深层次思考、涉及决策制定等高层次的财务工作，则可以由财务管理小组中的人工操作成员来负责。这些人员具备丰富的财务经验和专业知识，能够在人工智能系统的辅助下，更加全面深入地分析数据，制定财务战略，为企业的长远发展提供更加具体而有针对性的建议。

为了更好地实现科学分工，企业可以成立专门的财务管理小组。这个小组需要根据企业的实际情况，包括业务规模、财务活动的种类等因素，科学设定每个小组成员的职责和工作范围。同时，小组成员需要接受相关培训，熟悉人工智能技术的应用方法和系统操作，以确保科学分工的有效实施。

在这一科学设定的财务管理小组中，人工智能技术与手工操作的融合将成为提高财务管理工作效能的关键。人工智能系统能够迅速处理大量数据，提供及时的分析报告；而财务管理小组的人工操作成员则能够根据系统提供的数据进行更深入的分析，结合实际情况进行决策。这样的分工模式不仅提高了工作效率，也保障了财务管理工作在智能化发展的同时保持科学与人性的有机结合。

第三节 区块链技术的潜在价值

区块链技术是一种去中心化、分布式的数据库技术，近年来在企业财务领域得到了广泛关注和应用。它的独特特性，如去中心化、不可篡改、透明性等，使得区块链技术在企业财务中发挥着重要作用。以下是区块链技术在企业财务中的主要应用方面。

一、透明的财务记录和审计

（一）透明性的加强

1. 区块链技术的去中心化特性

区块链技术的去中心化特性为财务记录注入了高度透明性，成为其在财务领域广泛应用的关键因素。通过建立一个去中心化的财务账本，区块链实现了分布式的数据存储和管理，使得所有参与方都能够实时查看和验证交易记录，形成了一种公开透明的财务生态。

在区块链的去中心化架构中，财务数据不再由单一的中心化机构掌控，而是分布式存储在网络的多个节点上。每个节点都拥有对完整账本的拷贝，并通过共识算法来验证和同步交易。这种分布式的特性消除了传统中心化财务系统中可能存在的单点故障和数据篡改的风险，提高了整个财务系统的安全性和稳定性。

透明性是区块链去中心化特性的一个直接体现。所有参与方都可以查看完整的财务记录，无需依赖中介机构的核实。每一笔交易都以区块的形式被记录，形成不可篡改的链式结构，确保了数据的可追溯性和真实性。这对于财务领域而言尤为重要，因为透明度有助于降低信息不对称问题，提高各方的信任度。

另一方面，区块链的去中心化特性也带来了高度的抗审查性。由于财务数据存储在多个节点上，没有单一的实体能够控制整个系统。这使得区块链在面对审查、封锁或恶意干预时具备更强的抵抗能力，确保了财务记录的独立性和安全性。

2. 实时查看和验证交易记录

透明性的提升在区块链技术中得到了体现，特别是在实时查看和验证交易记录的能力方面。区块链的去中心化架构使得参与方能够直接通过网络获取最新的财务信息，从而更迅速地了解企业的财务状况。这一特性极大地降低了信息传递的滞后性，同时也显著增强了参与方对财务数据的实时掌握能力。

在传统的财务系统中，由于信息的流通需要经过中介机构或通过复杂的报表和审计程序，导致了财务数据的实时性受到限制。而区块链技术通过去中心化的方式，将财务记录实时地分布在网络的多个节点上。参与方可以通过区块链网络直接获取最新的财务交易记录，无需等待中介机构的核实，实现了财务信息的实时更新和传递。

这一实时查看和验证的能力对于各类参与方都具有重要的意义。对企业管理层而言，他们可以随时监控企业的财务状况，及时作出决策并调整经营策略。对投资者而言，他们能够更准确地评估企业的价值和风险，做出更明智的投资决策。对监管机构而言，实时查看财务数据有助于更有效地进行监管和合规性审计。

3. 信息不对称风险的降低

透明性的提升在区块链技术中不仅体现在实时查看和验证交易记录的能力上，同时也有助于显著降低信息不对称的风险。在同一区块链网络上，参与方共享相同的信息，不再存在某些参与方能够获取更多信息的可能性。这一特性显著减少了信息不对称所带来的风险，使得财务数据更具可信度，为决策者提供了更为准确的信息基础。

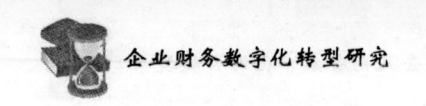

传统的财务体系中存在信息不对称的问题，即某些参与方可能因为无法获取或获取受限的信息而面临决策的不确定性。这种不对称可能导致投资者、管理层、监管机构等在做出决策时面临不足或不准确的信息，增加了业务交易和决策的风险。

通过区块链技术的去中心化和信息共享特性，信息不对称的风险得到了有效降低。每个参与方都能够实时查看和验证财务交易记录，共同分享相同的数据视图。这种共享机制不仅消除了信息不对称可能带来的不确定性，还促使各方更为信任财务数据的准确性和真实性。

透明性的加强对于决策者来说具有重要的意义。企业管理层可以更准确地评估企业的财务状况，制定更明智的经营策略。投资者可以更全面地了解企业，减少投资决策的风险。监管机构能够更有效地履行监管职责，降低市场中的不正当行为。这一透明性的提升在降低信息不对称的同时，也为各参与方提供了更为公正和公平的财务信息环境。

4.区块形式的交易记录

区块链技术以其独特的特性，将每一笔交易以区块的形式进行记录，从而确保了信息的不可篡改性。这种记录方式有效地防范了信息被篡改或删除的可能性，为企业财务提供了更加稳健的基础。在审计过程中，这一特性对于确保数据的完整性和真实性至关重要。

区块链的交易记录机制基于分布式账本技术，将每一笔交易打包成一个区块，并通过密码学的哈希算法与前一个区块链接在一起，形成一个不断增长的链条。这个链条的构建过程中，每个区块都包含了前一个区块的信息，使得任何一笔交易的篡改都会导致整个链条的变化，从而被系统检测出来。

这种区块形式的交易记录保证了信息的不可篡改性。一旦一笔交易被记录在区块链上，就无法随意更改或删除。这种不可篡改性来自区块链的去中心化和共识机制，所有参与者共同维护着一个一致的账本，没有单一的控制点，因此无法通过单一渠道对数据进行篡改。

在企业财务领域，这一特性对于保障数据的安全和可信是至关重要的。财务数据的真实性对于企业的经营和决策至关重要，而区块链的不可篡改性确保了这些数据的完整性。在审计过程中，审计人员可以追溯每一笔交易的历史，验证其真实性，并排除任何潜在的篡改风险。这为企业提供了更加可靠的财务报告和账目，增强了企业财务管理的透明性和可信度。

（二）简便可靠的审计

1.不可篡改的区块链记录

区块链上的记录具有不可篡改的特性，为审计过程提供了更为可靠的数据源。这独特的特性使得审计人员能够直接访问区块链账本，确保每一笔交易的合法性，从而消除了传统审计中可能出现的篡改、丢失等问题，显著提高了审计的可靠性。

不可篡改性是区块链技术的核心特点之一，其实现依赖去中心化和分布式账本的机制。每一笔交易都被打包成一个区块，并通过密码学的哈希算法与前一个区块链接在一起，形成一个不断增长的链条。这种链接机制使得一旦一个区块被添加到链上，就无法对其中的数据进行更改，因为这将导致整个链条的改变，从而被系统检测出来。

在审计过程中，审计人员可以依赖区块链上的不可篡改记录，直接验证和审计财务交易。与传统审计相比，不可篡改的区块链记录消除了对纸质文档可能发生的篡改和丢失的担忧。审计人员可以放心地依赖区块链账本，确保所审计的财务数据的真实性和完整性。

这一特性对于提高审计的效率和精度具有重要意义。审计人员无需花费大量时间和精力来核实和复核交易记录，而是能够直接访问区块链上的数据，从而减少了审计过程中的人为错误和漏审。不可篡改的区块链记录为审计提供了更加稳固的基础，有助于建立信任，提高财务数据的可信度。

2. 简便的审计流程

不可篡改的区块链记录极大地简化了审计流程，为审计人员提供了一种更为便捷和高效的方式来验证和审计财务数据。相较于传统审计需要花费大量时间和精力核实大量纸质文档的方式，区块链技术的应用使得审计变得更为直观和简便。

在传统审计中，审计人员通常需要面对烦琐的数据核对、账目对比和手工检查等工作，以确保财务数据的准确性和合规性。然而，引入区块链技术后，财务交易被记录在不可篡改的区块中，审计人员可以通过直接访问区块链账本来实现对数据的审计。这一直观、实时的数据可追溯性，使得审计过程变得更为高效和精确。

不仅如此，不可篡改性保证了区块链上的每一笔交易记录都是无法修改的，从而减少了人为错误和篡改的可能性。审计人员可以更加信任区块链上的数据，不再需要额外的核实步骤，大大简化了审计流程。这种简便的审计流程不仅提高了审计的效率，还降低了出错的风险。

3. 降低人为错误和欺诈风险

区块链记录的不可篡改性显著降低了审计过程中可能存在的人为错误和欺诈风险，为财务数据的真实性和完整性提供了可靠的保障。在传统的审计环境中，人为错误和欺诈行为可能通过篡改纸质文档或电子数据来掩盖，而区块链技术通过其去中心化和不可篡改的特性，有效地解决了这一问题。

在区块链上，每一笔交易都以区块的形式记录，且每个区块都包含了前一个区块的信息，形成了不可逆的链条。这种结构确保了交易记录的不可篡改性，一旦一笔交易被写入区块链，就无法被修改或删除。因此，任何企图篡改数据的行为都会立即被系统检测到，从而降低了人为错误和欺诈的风险。

这一不可篡改性为审计提供了更为可靠的审计数据源，审计人员可以更有信心地依赖区块链上的数据进行审计工作。这不仅有助于提高审计的准确性，也为企业赢得了投资者和利益相关方的信任。投资者和利益相关方可以通过直接访问区块链账本来验证财务数据的真实性，减少了对企业报告的依赖，进一步增加了对企业的信任度。

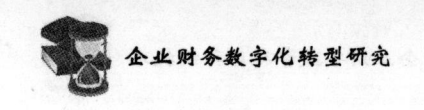

4. 提高审计效率

区块链技术的整合显著提高了审计的效率，使审计过程更为高效和迅速。传统审计通常需要耗费大量时间和资源来核实大量的纸质文档和电子数据，而区块链技术的引入为审计人员提供了更直接、更实时地获取和验证财务信息的途径。

一是，区块链记录的实时性和透明性使得审计人员能够更迅速地获取最新的财务信息。在传统审计中，需要等待企业提供大量纸质或电子文档，这可能耗费数周或数月的时间。而区块链上的财务记录是实时更新的，审计人员可以直接访问区块链账本，获取最新的交易和财务数据，从而大幅缩短了信息获取的时间。

二是，区块链技术的自动化特性减少了审计过程中的手动工作。由于区块链记录的不可篡改性，审计人员无需花费大量时间核实和验证数据的真实性。这减轻了审计人员的工作负担，使他们能够更专注于审计的核心工作，提高了审计的效率。

三是，区块链的智能合约功能还可以在审计过程中自动执行特定的审计规定和条件，减少了人工干预的可能性。智能合约可以根据预先设定的条件执行自动化的审计程序，提高了审计的自动化程度，减少了审计过程中的主观判断和人为错误。

二、智能合约的应用

（一）自动化执行合同条款

1. 智能合约的概念和编写方式

智能合约是区块链技术的重要应用之一，其概念和编写方式为企业财务管理带来了新的可能性。智能合约是以代码形式编写的合同，具有自动执行的特性，完全依赖区块链网络的去中心化和不可篡改的特点。

概念上，智能合约是一种数字化的合同，其中包含了一系列的自动执行的合同条款。这些合同条款是用智能合约编程语言编写的，通常使用像 Solidity 这样的语言。智能合约的目的是通过自动执行合同中的条件和条款，消除传统合同中需要第三方进行执行的需求。在企业财务中，智能合约可以用于自动化和优化各种财务交易和合同，提高效率和透明度。

编写智能合约的方式涉及选择合适的智能合约平台和使用特定的编程语言。以以太坊为例，Solidity 是一种常用的智能合约编程语言。编写智能合约通常包括定义合同的变量、函数和事件，以及规定自动执行的条件和逻辑。智能合约的代码通过区块链网络上的节点进行部署，一旦部署成功，合约就会被永久记录在区块链上，并且可以被网络上的所有参与方访问和执行。

在企业财务管理中，智能合约可以应用于多个方面。例如，在供应链金融中，智能合约可以自动执行支付和结算，减少中间环节的参与，提高效率。在合同管理中，智能合约可以规定合同中的各种条件，一旦条件满足，合同就会自动执行，减少合同执行的时间和成本。

2.代码化的财务协议

智能合约的编写方式将传统的财务协议转化为可执行的代码，实现了财务条款的自动执行。通过在合同中嵌入特定条件和逻辑，智能合约能够理解和执行协议中规定的财务条款，从而实现了代码化的财务协议。这种自动执行机制不仅简化了财务协议的管理，还提高了合同执行的准确性，为企业财务管理带来了全新的可能性。

在传统的财务协议中，合同的执行通常需要依赖多方之间的相互信任和第三方的履行。然而，智能合约的引入改变了这一格局，通过将协议条款以代码形式嵌入区块链网络，实现了无需中介方的自动化执行。这种自动执行机制基于区块链技术的去中心化和不可篡改性，保证了财务协议的可信度和透明度。

财务协议的代码化带来了多方面的优势。首先，智能合约能够实时监测协议中设定的条件，一旦条件满足，合同就会自动执行，无需等待人工介入。这提高了合同执行的速度，减少了操作的烦琐性。其次，智能合约消除了由于人为错误或不当干预而引起的执行问题，因为合同的执行完全取决于预先设定的代码逻辑，不受人为主观因素的影响。

另外，智能合约的自动执行机制也为财务协议的管理提供了更高的透明度。合同的执行过程和结果都将被记录在不可篡改的区块链账本上，参与方可以实时查看合同的执行情况，确保合同的公正和合规。这种透明度有助于建立信任，提高了合同参与方的满意度。

3.自动执行的优势

智能合约的自动执行机制为合同管理带来了多方面优势。首先，其最显著的优势之一在于加速了合同的执行速度。由于合约条件的自动监测和执行，不再受人工操作的时间限制，合同能够在条件满足的瞬间立即执行。这极大地提高了合同执行的效率，特别对于需要快速决策和交付的业务环境而言，具有重要意义。

其次，自动执行机制有效降低了合同执行过程中因人为因素引起的错误。传统合同执行可能会受到人为操作的不稳定性和主观判断的影响，容易引发误解、疏漏或错误地执行。智能合约通过将合同条款以代码形式嵌入，消除了人工介入的可能性，大大减少了潜在的错误。这不仅有助于提高合同执行的准确性，也降低了相关纠纷和争议的风险。

最重要的是，智能合约的自动执行为全面、准确的合同条款执行提供了可能性。合同中的各项条件和逻辑都被明确定义，智能合约能够在不偏离这些条件的情况下执行合同内容。这有效降低了因执行错误或违约而导致的纠纷，提高了合同履行的可靠性和可信度。

（二）提高交易的效率和准确性

1.自动执行的高效性

智能合约所具有的自动执行特性极大地提升了财务交易的效率。通过将合同条款以代码形式嵌入智能合约中，企业能够在满足特定条件的情况下实现自动执行，不再依赖人工干预。这一特性为财务交易注入了高度的效率和迅捷性，为企业财务管理带来了显著的优势。

智能合约的自动执行机制消除了传统财务交易中烦琐的人工处理流程。合同的执行无需等待人工确认或介入，而是依据预先设定的智能合约规则自动完成。这不仅大大加快了财务交易的完成速度，还降低了人为因素引起的错误和延误。由于自动执行能够在瞬间完成，整个财务流程更为高效，使得企业能够更迅速地响应市场变化和业务需求。

此外，智能合约的自动执行有助于提高财务交易的可靠性。由于合同的执行依赖预设条件的满足，因此每一笔交易都能够在程序化的环境下实现准确和一致地执行。这减少了因人为错误或主观判断引起的问题，为企业提供了更为可信的财务交易结果。自动执行的高效性还有助于降低财务交易的操作风险，增强了整个财务体系的稳定性。

2. 规则和条件的准确执行

智能合约的独特之处在于其能够在执行过程中准确遵循预先设定的规则和条件，从而确保合同的精准执行。这与传统的人工操作方式形成鲜明对比，后者容易受到人为因素的干扰而产生误差。智能合约通过自动执行的机制，有效减少了由人为因素引起的财务交易错误，为财务交易的准确性提供了坚实的保障。

在智能合约中，规则和条件以程序化的形式嵌入合同代码中，由计算机系统自动执行。这确保了每一笔财务交易都会按照严格定义的条件进行处理，避免了人为主观判断可能引发的不一致性。由于规则和条件的准确执行是智能合约的核心原则，因此这一特性在财务领域具有重要意义。

智能合约通过代码化的方式将合同条件精确转化为可执行的指令，消除了传统合同执行中常见的歧义和误解。每一笔交易都在事先定义的规则下得到准确执行，无论交易规模大小都能保证一致性。这为企业财务交易的整体准确性提供了关键支持，确保了财务数据的可靠性和真实性。

3. 降低人为因素的影响

智能合约的广泛应用显著降低了财务交易中受人为因素影响的可能性。传统的人工操作容易受到各种因素的干扰，包括主观制约、时间限制以及个体操作的差异。然而，智能合约通过其自动执行的特性，通过代码执行的方式消除了这些问题，为财务交易的可靠性提供了更为稳固的基础。

人工操作可能受到主管的制约，导致财务交易的执行受到人为干扰。在传统模式下，决策者的主观判断和个体差异可能导致执行过程中的不一致性。而智能合约通过事先编写的程序代码，消除了主观因素的影响，确保每一笔交易都按照事先定义的规则得到准确执行，降低了主观制约对财务交易的影响。

此外，人工操作受到时间的限制，可能因为烦琐的工作流程、人力资源的限制等原因导致交易滞后。智能合约的自动执行不受时间限制，能够实时响应满足预定条件的财务交易，提高了交易的时效性，避免了由于时间滞后引起的潜在问题。

智能合约还通过规范化的执行流程，降低了因个体差异引起的错误。每一笔交易都在相同的规则下执行，不受个体差异的影响，确保了交易过程的一致性和准确性。这有助于降低因个体操作差异引起的财务错误，提高了整体财务交易的可靠性和准确性。

三、供应链金融

（一）改进供应链金融流程

1. 区块链技术在供应链金融中的应用

区块链技术在供应链金融中的应用为整个流程带来了革命性改变。通过建立一个共享的、去中心化的供应链账本，区块链技术实现了供应链金融活动的全方位优化和升级。这项技术创新在提升供应链金融效率和降低风险方面发挥了关键作用，为企业和金融机构提供了更为精确、安全和可追溯的交易环境。

首先，区块链技术的引入加强了供应链金融中信息的透明性。传统的供应链金融流程中，信息分散在不同的环节，难以实现实时共享。而区块链技术通过建立一个共享的账本，使得供应链中的各参与方能够实时查看和验证交易记录。这消除了"信息孤岛"，所有参与方都能够获得相同的信息，从而提高了整个供应链金融活动的透明度。

其次，区块链技术提升了供应链金融的可追溯性。通过区块链的不可篡改性和分布式账本的特性，每一笔交易都被安全地记录在区块中，并与前后的交易链接。这种链式的记录方式确保了整个供应链金融过程的可追溯性，使得交易的来源、去向和变更都能够清晰追溯。这对于减少欺诈和提高交易的可信度具有重要意义。

在供应链金融的融资环节，区块链技术还能够提供更为精确和全面的数据基础。通过实时追踪供应链中的货物流动、订单变更等信息，金融机构能够更准确地评估供应链中的各个环节的风险和机会。这使得金融机构能够更科学地制定融资策略，提高对供应链中各参与方的融资准入标准，从而降低了整个供应链金融体系的风险。

2. 实现供应链全流程追踪

区块链技术的引入使得供应链金融的全流程追踪变得更加现实。通过区块链技术，参与方能够实时记录和查看产品从生产到销售的整个供应链流程，形成一条不可篡改的、透明的链条。这一创新性的特性为金融机构提供了更为全面、准确的供应链信息，为其提供更精准的融资决策依据。

在传统供应链金融中，企业的运营状况常常受限于信息不对称。供应链上的各个环节信息分散，导致金融机构难以获取全面的、实时的数据。然而，区块链技术通过建立共享账本，确保了每一笔交易、物流信息和资金流动都被以区块的形式记录，并与前后的交易链接成链。这种全流程追踪的机制消除了信息不对称，金融机构能够随时查看供应链中的每个步骤，了解产品的生产、运输、库存等全过程。

不仅如此，这种全流程追踪还通过区块链的不可篡改性，确保了数据的安全和真实性。每一个区块都包含了前一个区块的信息，使得任何试图篡改数据的行为都变得非常困难。这种数据的完整性为金融机构提供了可信的数据源，降低了信息风险，增加了融资决策的准确性。

金融机构在全流程追踪中能够更为全面地了解企业的运营情况。从生产阶段到销售阶段，每一个步骤都能够得到详尽地记录。这使得金融机构能够更准确地评估企业的运营状况，识别潜在的风险和机会。在融资决策中，金融机构能够更全面地考虑企业的供应链活动，制订更为科学的融资方案。

3. 降低信息不对称

区块链技术的应用通过建立共享账本，显著降低了供应链金融中的信息不对称问题。这项技术创新为金融机构和企业提供了一个统一的信息平台，实现了实时、一致的数据共享，从而减少了信息传递的滞后和失真。全面的信息共享机制对降低信息不对称，提高供应链金融效率具有深远的影响。

在传统的供应链金融模式中，信息不对称常常是一个严重的问题。供应链上的各个参与方，包括生产商、物流公司、零售商等，拥有各自的信息系统，造成信息分散且不同步。金融机构难以获得全面、及时的供应链数据，从而难以全面了解企业的运营状况，增加了融资的不确定性。

然而，区块链技术通过建立一个共享账本，将整个供应链的数据集成到一个统一的平台。每一笔交易、物流信息和资金流动都以区块的形式被记录在链上，构建了一个不可篡改的、透明的信息链条。这使得金融机构和企业能够在同一个信息平台上获取到实时、一致的数据，消除了信息不对称的问题。

通过降低信息不对称，金融机构能够更准确地评估企业的信用风险。在了解企业的整个供应链活动后，金融机构能够更全面地判断企业的经营状况，减少了对企业真实情况的猜测。这为金融机构提供了更精准、可靠的信息基础，增加了融资的可行性。

（二）降低金融风险

1. 实时记录和追踪降低融资风险

区块链技术的实时记录和追踪能力在供应链金融中发挥了关键作用，显著降低了融资风险。通过建立一个实时共享的供应链账本，金融机构能够更全面、及时地了解企业的实际经营状况，而不再仅仅依赖传统的财务报表。这种实时、可验证的信息提供了更为准确的数据基础，有助于金融机构更准确地评估融资项目的风险水平。

在传统的供应链金融中，金融机构通常依赖企业提供的财务报表和其他静态数据来评估融资项目。然而，这种方式存在一定的滞后性，企业的真实状况可能无法即时反映。由于供应链中的各个环节都可能受到外部因素的影响，如自然灾害、市场波动等，因此实时了解和追踪企业的经营活动对降低融资风险至关重要。

区块链技术通过建立实时共享的供应链账本，使得金融机构能够在供应链中实时记录和追踪每一笔交易、物流信息和资金流动。这些信息以区块的形式被串联起来，形成一个不可篡改的链条。金融机构可以直接访问这个链条，了解到企业的最新经营活动，而无需等待企业主动提供。

实时记录和追踪的优势在于，金融机构能够更加及时地发现潜在的经营风险。当供应链中的某个环节发生异常时，金融机构能够立即感知到，并及时采取相应的措施。这种实时性的优势有助于降低因不可预测的因素导致的经营风险，为金融机构提供更为全面的风险评估工具。

2. 提高金融机构对企业的了解程度

区块链技术的引入显著提高了金融机构对企业的了解程度，为其提供了更为全面和透明的企业信息。通过区块链上的实时记录，金融机构能够深入了解企业的交易历史、供应链合作关系等关键信息，从而降低了因信息不足而导致的融资风险。

在传统的融资模式中，金融机构通常需要依赖企业提交的财务报表等静态数据来了解其经营状况。然而，这种方式存在信息滞后的问题，而且企业有可能通过调整报表来掩盖真实状况，导致金融机构对企业的了解不够全面。区块链技术通过建立一个实时共享的供应链账本，打破了信息孤岛，为金融机构提供了实时、全面的企业信息。

首先，区块链技术实现了企业交易历史的实时记录。每一笔交易都以区块的形式被记录在链上，形成一个不可篡改的历史链条。金融机构可以直接访问这个链条，了解企业的交易活动，而无需依赖企业提供的历史数据。这种实时的、可追溯的交易历史为金融机构提供了更为准确的信息基础，使其能够更深入地了解企业的商业活动。

其次，区块链技术还使得金融机构能够更全面地了解企业的供应链合作关系。在供应链中，不同参与方之间的合作关系复杂而多样，传统的融资模式难以获取到准确的合作信息。而区块链技术通过共享账本，将供应链中的各个环节连接在一起，金融机构能够直观地查看企业与供应商、生产商之间的合作情况。这有助于金融机构更全面地评估企业的商业伙伴关系，降低了由于供应链问题而引发的融资风险。

3. 可持续金融支持

区块链技术的广泛应用为企业提供了更为可持续的金融支持，极大地改善了融资过程。这项技术的引入使得金融机构能够基于实时的、可信的数据制定更科学的融资策略，从而降低了因信息不准确或滞后而导致的融资周期延长和融资成功率降低的问题。

第一，区块链技术通过实时共享的供应链账本，为金融机构提供了准确的、即时更新的企业信息。传统的融资模式中，金融机构通常需要等待企业提交财务报表等静态数据，这导致了信息的滞后性。而区块链技术中的实时记录和追踪功能，使得金融机构可以直接访问最新的交易记录和供应链活动，无需等待企业提供信息。这不仅减少了融资决策的时间，也避免了由于信息滞后导致的融资周期延长。

第二，区块链技术的去中心化和不可篡改的特性提高了数据的可信度。由于所有交易都经过网络共识验证，并以区块的形式链接在一起，确保了数据的真实性和完整性。金融机构可以更加信任这些数据，减少了因信息不准确而导致的融资风险。这种高度可信的数据基础有助于金融机构更精准地评估企业的信用状况，提高了融资的成功率。

第三，区块链技术的应用还可以提高金融机构对供应链金融项目的可见性。金融机构可以通过区块链实现对整个供应链流程的实时追踪，了解货物的流转、支付的进度等详细信息。这种全流程的可见性有助于金融机构更全面地评估融资项目的风险，从而制定更加科学合理的融资策略。

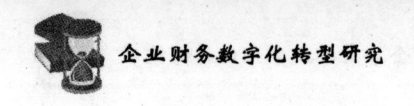

四、数字身份验证

（一）构建数字身份验证系统

1. 区块链技术在数字身份验证中的应用

区块链技术为数字身份验证系统的构建提供了可行的解决方案。通过将参与方的身份信息存储在区块链上，实现了去中心化和加密的双重保障。这种安全性的提升使得数字身份验证更加可靠和难以被篡改。

2. 去中心化的身份信息管理

在传统身份验证系统中，身份信息通常存储在中心化的数据库中，存在被黑客攻击或内部泄露的风险。而区块链技术通过去中心化的方式，将身份信息分布存储在多个节点上，极大地提高了身份信息的安全性。即便某个节点被攻击，也不会影响整个系统的完整性。

3. 加密技术的应用

数字身份验证系统通过区块链的加密技术，确保身份信息在传输和存储过程中的安全性。参与方的身份信息被加密成特定的密钥，只有获得相应权限的用户才能解密和访问。这样的加密机制有效防止了未经授权的访问和信息泄露。

（二）防范身份盗用和欺诈

1. 数字身份验证系统的工作原理

数字身份验证系统通过区块链技术的支持，实现了高效的身份验证流程。当参与方需要进行身份验证时，系统会从区块链上获取其加密的身份信息，并通过相应的解密机制验证其真实性。这一过程不仅迅速，而且高度安全。

2. 防范身份盗用

通过数字身份验证系统，企业能够防范身份盗用的风险。每个参与方的身份信息都经过加密处理，并记录在不可篡改的区块链上。因此，即使有人试图冒用他人身份，也难以突破系统的加密和验证机制。

3. 防范欺诈行为

数字身份验证系统在防范欺诈行为方面发挥着关键作用。通过确保参与方的真实身份，企业能够有效降低因欺诈行为而导致的财务风险。数字身份的真实性和可信度也为企业建立了更加安全的商业环境，增强了交易的诚信性。

第四节　数字化工具的选择和集成

一、工具选型的原则

（一）业务需求导向

1. 不同业务场景的差异

企业数字化工具的选择必须以业务需求为导向。不同行业、不同企业阶段存在着差异化的业务场景，因此必须深入理解企业具体的业务需求，确保所选工具能够切实解决实际问题，提高工作效率。

2. 个性化的定制需求

考虑到企业的业务特殊性，数字化工具应具备个性化的定制能力。这意味着工具要能够根据企业的特定需求进行调整和定制，以更好地适应企业独特的业务流程和管理模式。

3. 不同阶段的适应性

企业发展阶段的不同会导致对数字化工具的需求发生变化。选择的工具要具备一定的可扩展性，以便在企业发展的不同阶段能够适应新的需求和挑战，保障数字化工具的持续有效性。

（二）整合性和兼容性

1. 避免信息孤岛

数字化工具的整合性至关重要，避免信息孤岛的产生。工具的选择应该考虑与已有系统和软件的兼容性，确保各个部门之间信息流畅、无缝连接，提高工作效率。

2. 协同运作的重要性

工具的集成要追求协同运作，而不是简单地并行使用。数字化工具的协同运作需要深入理解企业的业务流程，通过合理的集成，实现数字化工具与业务流程的无缝衔接，提高整体工作效率。

3. 解决问题而非增加负担

工具的整合和兼容性应该解决问题，而不是增加管理负担。选择工具时，要综合考虑实际操作的复杂性，确保工具的引入不会引起系统不稳定或增加不必要的管理成本。

（三）安全性和合规性

1. 数据隐私的保障

数字化工具涉及企业的敏感数据，安全性是选型的首要考虑因素。所选工具必须具备高级的安全措施，以保障企业数据的隐私和完整性，防范潜在的数据泄露和攻击风险。

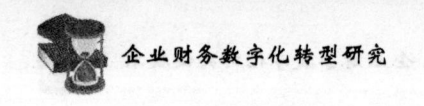

2.符合相关法规和标准

选择的数字化工具应符合行业相关法规和标准，确保企业在数字化转型过程中不会违反法律法规，避免潜在的合规性问题。安全性和合规性的双重保障是数字化工具选型中的基本原则。

3.定期的安全审查

数字化工具的安全性需要定期审查和更新。工具供应商应提供及时的安全更新和补丁，以适应不断演变的网络威胁，确保数字化工具在长期运营中保持安全可靠。

（四）用户友好性和培训成本

1.提高员工上手速度

数字化工具的用户友好性对于员工的上手速度至关重要。选择易于使用的工具可以降低培训成本，提高员工的工作效率。直观的用户界面和简单的操作流程是提高用户友好性的关键。

2.培训和支持服务

除了用户友好性，数字化工具供应商提供的培训和支持服务也是考虑因素之一。工具的选型不仅仅是在功能上满足需求，还要综合考虑供应商是否能够提供有效的培训计划和及时的技术支持。培训计划应当根据企业员工的不同角色和技能水平进行定制，以确保他们能够迅速适应新的数字化工具。

3.用户反馈机制

数字化工具的选择和使用是一个动态过程，应该考虑是否存在用户反馈机制。供应商应该提供途径让用户反馈使用中遇到的问题和提出改进建议，这有助于工具的不断优化和适应企业发展的需求。

（五）成本效益和回报率

1.综合考虑总体成本

在选择数字化工具时，不仅需要关注单纯的购买成本，更应全面考虑总体成本，以确保引入工具是经济实惠的决策。总体成本的考虑范围应该包括工具的购买、部署、培训、运维等各个方面的费用。

首先，购买成本是数字化工具引入过程中最为直观的费用之一。这涉及软件或硬件的采购费用，以及与之相关的许可证和授权费用。企业在选择数字化工具时，应当审慎评估不同供应商提供的解决方案，并比较其购买成本，以找到最符合企业需求的选项。

其次，部署成本是引入数字化工具过程中需要考虑的重要方面。部署成本包括了将工具整合到企业现有系统中所需的人力资源、时间和技术支持等费用。在部署阶段，企业需要确保工具的顺利安装和配置，以最大程度地发挥其功能。

培训成本是在数字化工具引入后必不可少的一环。员工需要适应新工具的使用，掌握其功能和操作流程。培训不仅包括正式的培训课程，还可能涉及由员工腾出时间参与培训所带来的生产力损失。因此，企业在选择数字化工具时应当考虑培训成本，并确保员工迅速熟练掌握新工具，以避免生产效率的长时间下降。

最后，运维成本也是总体成本的一个重要组成部分。数字化工具引入后，需要进行定期维护、更新和技术支持。这包括了硬件或软件的更新费用、定期的维护费用以及可能的技术支持费用。运维的高效管理是确保数字化工具长期稳定运行的关键。

2. 回报率的评估

在考虑成本效益时，回报率成为数字化工具评估的一个关键指标。企业在引入数字化工具时，必须对其预期回报率进行全面评估，这包括但不限于提高工作效率、减少错误率、增加利润等多个方面的影响。这样的评估旨在确保数字化工具的引入不仅仅是一项技术升级，更是对企业经济价值的实际贡献。

第一，提高工作效率是数字化工具引入的一个核心目标。通过自动化流程、优化任务分配和提供实时数据，数字化工具有望显著提升员工的工作效率。企业需要评估引入数字化工具后工作流程的变化，以及相应的工作时间节约。这些节约的时间可以转化为更多的生产力，从而影响企业的整体运营效率。

第二，减少错误率是数字化工具引入的另一个潜在优势。自动化和智能化的工具可以降低人为因素对工作过程的影响，减少操作失误和数据输入错误。企业应当定量评估数字化工具对错误率的影响，从而降低由于错误引起的额外成本，如纠正错误所需的时间和资源。

第三，数字化工具的引入有望对企业的利润产生积极影响。通过提高工作效率和减少错误率，企业可以实现生产成本的降低，从而提升产品或服务的竞争力。此外，数字化工具还可能创造新的商业机会，拓展市场份额，为企业带来更多收益。

3. 考虑未来投资

在数字化工具选择过程中，必须全面考虑未来的投资需求。不同的数字化工具可能涉及额外的费用，包括升级和定期维护，因此企业在做出选择时，应该对未来的投资需求有清晰地认识。这涉及维持数字化工具的长期可用性和经济效益。

一是，企业需要评估数字化工具是否具有升级和扩展的灵活性。技术不断发展，业务需求可能随之变化，因此选择具备升级和扩展能力的数字化工具对未来的投资是至关重要的。工具的可扩展性和升级途径需要符合企业的发展战略，确保在未来业务拓展或技术升级时不会受到限制。

二是，企业需要关注数字化工具的维护成本。不同的工具可能有不同的维护费用，这包括更新软件、解决潜在问题、确保安全性等。定期的维护是数字化工具长期可用性的保障，因此在选择工具时，企业应该对维护成本进行详细的评估，并将其考虑在总体投资成本中。

三是，支付模式也是一个需要综合考虑的因素。一些数字化工具提供灵活的付费模式，例如按需付费或订阅制，而另一些可能采用一次性购买方式。企业需要根据自身的财务状况和预算计划选择适合的支付模式，以确保未来的投资支出可控且合理。

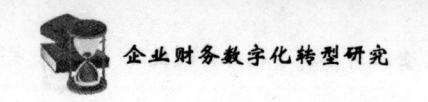

最后，企业还应该考虑数字化工具的生命周期。一些工具可能在市场上存在时间较短，而一些则可能具有较长的生命周期。在选择数字化工具时，了解工具供应商的可靠性和发展计划，以及工具是否符合行业标准，有助于确保工具在未来能够得到充分的支持和更新。

二、工具集成和协同运作

（一）数据流的整合

数字化工具的集成首先需要关注数据流的整合，确保各个工具之间的数据能够无障碍地传递和共享。在实施数据流整合时，企业应采用标准化的数据格式和接口，以确保数据在传递过程中的准确性和一致性。通过建立有效的数据清洗和转换策略，处理不同系统中的数据差异，从而实现数字化工具之间的无缝集成。

数字化工具集成的关键在于建立可靠的数据管道，确保信息能够及时、准确地传递。这可能涉及采用先进的数据集成工具和平台，以提高数据集成的效率和质量。此外，确保数据的安全性也是数字化工具集成中不可忽视的一环，需要采取相应的安全措施，防止敏感信息在集成过程中泄露和篡改。

（二）流程的协同优化

工具集成不仅仅是将各个数字化工具并行使用，更重要的是实现业务流程的协同优化。企业应深入理解业务流程，将数字化工具与业务流程紧密结合，以实现协同作业，提高整体工作效率。这需要对业务流程进行全面分析和优化，以确保数字化工具的使用能够真正服务于业务目标。

在业务流程的协同优化过程中，企业可以采用业务流程管理（BPM）工具，通过建模、分析和优化业务流程，确保数字化工具的集成更加符合实际业务需求。通过引入BPM工具，企业可以更好地监控和管理业务流程，实现数字化工具的协同运作，提升整体业务效率。

（三）用户培训和支持

数字化工具集成后，为了确保员工能够充分利用这些工具，必须进行针对性的用户培训。用户培训应涵盖新工具的基本操作、高级功能的使用方法以及与其他工具的协同操作。培训计划应该根据不同岗位和工作职责制订，以确保每个员工都能够在数字化环境中发挥最大的作用。

同时，企业需要提供及时的技术支持和解决方案，以应对员工在使用数字化工具过程中遇到的问题。建立有效的支持体系，包括在线帮助、热线支持和定期的培训课程，帮助员工更好地适应新的工作方式，减少数字化工具引入带来的操作困难。

（四）监测和优化

数字化工具集成后，必须进行持续的监测和优化，以确保系统的稳定性和性能。引入监测工具是一个有效的手段，可以实时监控数字化工具的运行状态，发现潜在的问题并及时采取措施解决。监测内容可以包括数据传递的实时性、工具的响应时间、系统的稳定性等方面。

此外，定期评估数字化工具的性能，进行优化和升级，以适应业务发展和变化。随着业务需求的变化，数字化工具集成可能需要进行相应的调整和升级，确保其仍然能够有效支持业务流程。这需要建立一个定期的评估和优化机制，由专业团队负责监督和管理数字化工具的运行情况。

通过监测和优化，企业能够不断提升数字化工具的集成效果，确保其能够持续为业务提供支持，并在业务发展中发挥更大的作用。这也为未来数字化工具的更新和升级提供有力的数据支持。

第六章

企业财务数字化转型组织文化和人才培养

第一节 改变组织文化以适应数字化转型

随着技术的快速发展和互联网的兴起,企业面临着数字化转型的压力和挑战。这种转型不仅需要技术和系统的改变,更需要企业内部的组织文化也能够适应和支持数字化时代的需求。企业需要意识到数字化转型是一场全面的变革,不仅仅是技术上的更新,还需要在组织文化上进行相应的调整。

一、重塑组织价值观和行为规范

(一)传统文化到数字化文化的转变

数字化转型要求企业从传统的控制型文化向开放、创新和合作型文化转变。这涉及对组织的价值观和行为规范进行重塑,使其更符合数字化时代的需求。这一变革需要领导层的明确愿景和引领,同时也需要广泛的员工参与和支持。

1. 明确数字化时代的价值观

在迎接数字化时代的挑战和机遇中,企业需明确并塑造适应数字化时代的价值观,其中包括但不限于开放性、灵活性和创新性等核心要素。数字化时代要求企业跳出传统框架,构建一种开放性的价值观,即鼓励信息的流通和分享,倡导透明度和互动性。这种价值观强调团队之间、部门之间的协作与共享,以促进全员的参与和贡献,实现知识的整合和创新的涌现。同时,数字化时代要求企业具备灵活性的价值观,能够适应快速变化的市场环境和技术创新。这体现在对员工工作方式的灵活支持,包括远程办公、弹性工作时间等,以及组织结构的灵活性,使得企业能够更迅速地调整战略、适应市场需求。创新性是数字化时代价值观的另一核心要素,企业需要鼓励员工不断追求创新,推崇实验和不断尝试的文化。这需要建立鼓励创新的激励机制,提供资源和支持,同时为员工创造一个安全的环境,使其敢于冒险、尝试新颖的理念和方法。明确这些数字化时代的价值观可以通过制定企业文化宣言或价值观手册来实现,以清晰、直观的方式传达给员工。这不仅有助于构建企业的文化认同,还能够引导员工在工作中更好地融入数字化文化。这种价值观的明确塑造有助于企业建立起积极向上、创新进取的文化氛围,为迎接数字化时代的挑战提供有力支撑。因此，企业在数字化转型中，通过塑造适应数字化时代的价值观，能够为组织的长期发展奠定坚实的文化基础，推动企业在数字经济时代成功转型。

2.打破部门壁垒，促进信息流通

在数字化转型的浪潮中，传统企业文化中存在的部门壁垒成为制约组织发展的重要障碍。这种壁垒不仅影响着信息的自由流通，也妨碍了部门之间的协作与合作。为了突破这一难题，组织需要通过制定明确的行为规范来引导员工，营造一种鼓励信息共享和流通的文化氛围。这一文化的塑造需要从领导层到基层员工的全面参与，以确保在整个组织中达成共识。

一是，领导层在构建开放文化方面发挥着关键作用。他们需要通过言传和身教，向员工明确传达组织鼓励信息共享的理念，展示跨部门协作的重要性。同时，领导层也要为员工提供实质性的支持，包括制定激励机制、提供资源和培训，以促使员工愿意突破传统的部门界限。

二是，制定明确的行为规范是促进信息流通的有效途径。这包括规定员工在工作中应当遵循的准则，强调信息共享的重要性，并明确制度对于违规行为的处理方式。这一规范应当贯穿于组织的方方面面，确保每个员工都能理解并遵循。

三是，组织还应该建立信息共享的技术平台，通过先进的数字化工具，为员工提供方便、高效的信息交流途径。这可以包括内部社交平台、在线协作工具等，为员工提供一个便捷的交流平台，突破传统的沟通限制。在文化建设方面，组织可以通过定期举办跨部门交流活动、组织跨部门团队项目等方式，培养员工的合作意识和团队协作能力。这有助于加强部门之间的沟通与了解，从而促进信息的共享和流通。

总体而言，打破部门壁垒、促进信息流通是数字化转型中至关重要的一环。通过制定明确的行为规范、领导层的引领作用以及技术平台的建设，组织能够打破传统的组织结构限制，实现信息的畅通流动，为数字化时代的高效工作流程奠定坚实基础。这种文化变革不仅有助于提高组织的创新能力和适应性，也能够增强组织在竞争激烈的市场中的持续发展能力。

（二）培养学习和适应能力

1.重视员工学习能力

在数字化时代，员工学习能力的重要性日益凸显，成为企业在激烈竞争中保持竞争力的关键因素之一。为了应对不断涌现的新知识和技能要求，企业文化需要明确并强调对员工学习能力的重视。

首先，企业应该设立明确的学习计划，为员工提供有序、系统的学习路径。这不仅包括技术方面的培训，还包括与业务相关的领域知识、沟通技巧等方面的培训。通过制订个性化的学习计划，企业能够更好地满足员工的学习需求，使其在数字化时代能够不断提升自身的综合素养。

其次，企业需要为员工提供充足的学习资源。这可以包括在线学习平台、数字化图书馆、行业研究报告等多种形式，建立一个便捷且丰富的学习资源库，使员工能够更轻松地获取所需的知识，提高学习效果。此外，企业还可以提供给员工参与外部培训、学术会议等学习机会，拓宽视野，获取更多实践经验。在文化建设中，企业需要强调学习是一种长期的生态过程，而非一次性的任务。员工应被激励将学习融入日常工作中，形成良好的学习习惯。这需要企业在评价绩效时，更多地关注员工的学习成果和能力提升，而非仅仅关注短期绩效目标的达成。

最后，领导层在文化传递中扮演着关键的角色。他们需要以身作则，展现对学习的重视，并通过激励机制、表扬制度等方式，强调学习对于个体和组织的价值。

总体而言，重视员工学习能力是构建适应数字化时代企业文化的不可或缺的一环。通过制订明确的学习计划、提供充足的学习资源、强调学习的长期性以及领导层的引领作用，企业能够营造一种积极向上、注重学习的文化氛围，为员工在数字化时代不断提升自身素养提供有力支持。这种文化建设不仅有助于提高员工的适应能力，也有助于增强企业的创新和竞争力。

2.鼓励知识共享和团队协作

鼓励知识共享和团队协作是数字化文化建设中至关重要的一环。在现代企业中，由于知识的快速更新和技术的不断演进，组织需要建立一种文化氛围，使得员工之间能够积极分享知识、互相学习，从而促进整体组织的学习水平提高。

首先，建立知识库是促进知识共享的有效途径。通过收集、整理和存储企业内部的知识资源，形成一个便捷的知识库，员工可以随时查阅。这不仅有助于新员工更快地融入团队，还能够避免重复劳动，提高工作效率。知识库的建立需要得到组织领导的支持，并引导员工将自己的经验和知识积累纳入其中。

其次，组织可以通过举办团队培训和研讨会的方式促进团队协作。定期组织专业培训，让员工了解新的技术和工作方法，提高整体团队的专业水平。同时，定期举办研讨会，让员工分享自己的实践经验和见解，从而引起共鸣，促使团队协同学习。这种开放式的交流平台有助于打破部门之间的信息壁垒，提高团队整体的协作效能。

二、培养创新和风险承担意识

（一）鼓励员工提出创新想法

1.创新激励机制

在数字化转型过程中，为了培养创新文化，企业需要建立有效的创新激励机制，以奖励那些提出并实施创新想法的员工。这一机制的设立有助于激发员工的创新动力，推动组织持续进步。

一是，创新激励机制可以包括物质奖励，如奖金。通过设立创新奖金制度，企业可以向那些提出创新点子并成功实施的员工提供经济激励。这不仅鼓励了员工的创新意识，还让员工感受到自己努力的价值，从而更积极地参与到创新活动中。

二是，荣誉称号也是一种激励手段。为那些在创新方面表现出色的员工颁发荣誉称号，如"年度创新者"或"创新团队"，可以提高员工的自豪感和归属感。这种肯定不仅是对个体努力的认可，也是对整个团队协作的奖励，推动着全员共同参与创新文化的建设。

三是，企业可以通过提供专业培训、技能提升等非物质奖励，帮助员工更好地提升自己的创新能力。这种方式不仅关注了员工在创新中的成果，同时也关注了员工个体的职业发展，促使员工在创新过程中不断提升自身素养。

2. 提供资源支持

在培养创新文化的过程中，除了激励机制之外，企业还需要提供足够的资源支持，以确保员工能够将创新想法付诸实践。这种资源支持是创新活动成功实施的重要保障，包括资金、技术支持以及创新实验室等方面。

第一，资金支持是推动创新的关键因素之一。企业可以设立专门的创新基金，用于资助员工的创新项目。这种基金可以覆盖项目启动、研发、试验等不同阶段的经费需求，为员工提供了财务上的支持，降低了创新过程中的经济压力，激发了员工的创新热情。

第二，技术支持在创新实践中同样至关重要。企业可以建立技术支持团队，为员工提供专业的技术咨询和支持。这包括在技术方面的培训、引入先进的研发工具和平台等，帮助员工更好地应用技术手段实现创新目标。通过提供技术支持，企业可以增强员工在创新中的实际操作能力，推动创新活动的顺利进行。

第三，创新实验室的建设也是一项重要的资源支持。企业可以设立创新实验室，为员工提供一个自由、灵活的创新空间。这种实验室可以拥有先进的设备、工具和软硬件资源，为员工提供充分的创新条件。通过实验室建设，企业不仅提供了物质上的支持，同时也为员工创造了一个能够自由尝试、迭代、创造的环境。

（二）尝试失败不怕惩罚的文化

1. 心理安全感

在鼓励员工冒险尝试的过程中，企业文化需要建立一种心理安全感，以确保员工在尝试新事物时不用过度担心惩罚。心理安全感的建设需要依赖领导层的开明态度和支持政策，为员工提供一个积极向前的创新环境。

一是，领导层的开明态度对于心理安全感的建设至关重要。领导应该对员工的创新尝试持开放包容的态度，鼓励他们提出新的想法，甚至在尝试失败时给予理解和支持。开明的领导态度能够为员工创造一种宽松的氛围，让他们更愿意表达自己的看法和尝试新的方法。

二是，支持政策的制定与执行也是心理安全感建设的重要方面。企业可以制定明确的支持政策，例如设立专门的创新团队、奖励创新提案等。这些政策可以为员工提供制度上的支持，使他们更有信心尝试创新，并不用担心因为失败而受到严厉惩罚。

三是，领导层的及时反馈和认可也是心理安全感的构建要素。当员工提出新想法或

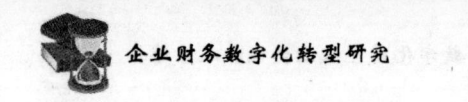

尝试新方法时，领导应该及时给予积极反馈，无论是成功还是失败的尝试，都应该得到认可。这种正向的反馈能够增强员工的信心，使他们更加愿意参与创新活动。

2. 从失败中学习

在数字化时代，变化的速度之快使得企业在前行的过程中难免会面临失败。因此，企业文化应该积极鼓励员工从失败中学习，倡导"Fail Fast, Learn Faster"的理念，使失败成为组织进步的催化剂。

首先，鼓励员工接纳失败是培养创新文化的一项关键举措。在数字化转型过程中，许多尝试都可能面临失败，但失败并不等同于彻底的挫折。企业文化应当强调失败是学习的一部分，而非终结。员工应该被鼓励勇于尝试新思路，即便失败也能从中汲取宝贵的经验教训。

其次，营造一个宽容和支持的环境是培养从失败中学习的关键。员工需要感受到组织对于失败的宽容和理解，而不是因为失败而受到严厉批评。这种宽容环境能够让员工更愿意分享失败的经验，从而为整个组织提供更多的学习机会。

企业文化还应强调及时总结和反思的重要性。从失败中学到的关键在于深度地反思和总结。组织可以设立专门的反思机制，鼓励团队在失败后进行全面分析，找出问题的根本原因，并提出改进方案。这种反思过程有助于将失败转化为宝贵的智慧，促使组织更加敏捷和适应变化。

最后，倡导"Fail Fast, Learn Faster"的理念有助于加速组织学习。这个理念强调在尝试新想法时要尽早发现问题，迅速调整方向，以最小的代价获取最大的教训。通过这种快速迭代的方式，组织能够更加灵活地适应不断变化的市场和技术环境。

三、建立学习型组织

（一）促进员工的终身学习和职业发展

1. 提供培训和发展机会

在构建学习型组织的过程中，提供丰富的培训和发展机会是至关重要的。这旨在满足员工不断提升自身技能的需求，从而促使组织不断发展。为实现这一目标，学习型组织可以通过多种途径提供培训和发展机会，包括内部培训、外部合作和在线学习平台等。

首先，内部培训是建设学习型组织的核心组成部分之一。通过组织内部的专业人员或团队提供的培训，员工可以直接获得组织内部的知识和经验。这种形式的培训有助于构建组织内部的专业化知识体系，提高员工的整体素质。例如，可以设立内部讲座、研讨会或工作坊，邀请组织内专业人员分享经验和技能。

其次，外部合作是拓展学习资源的重要途径之一。通过与行业专业机构、高校等建立合作关系，组织可以获取外部先进的理论知识和实践经验。这不仅有助于填补组织内在知识的不足，还能够引入最新的行业趋势和发展动态。外部合作形式可以包括联合举办培训课程、参与行业研讨会等。

最后，随着数字化时代的到来，在线学习平台成为提供培训和发展机会的便捷途径。通过合作或购买在线学习平台的服务，组织可以为员工提供灵活、个性化的学习资源。这种方式适应了员工分散、多样的学习需求，让学员可以随时随地通过电子设备获取知识。

2. 强调自我提升

在塑造企业文化的过程中，强调员工的自我提升和职业发展是至关重要的方面。这种文化倡导组织与员工共同合作，共同努力实现个体和组织的共同目标。为实现这一目标，企业可以采取多种措施，其中包括制订职业发展计划、提供职业咨询和导师制度等，以帮助员工更好地规划自己的职业路径。

一是，制订职业发展计划是强调自我提升的重要手段之一。通过与员工共同制订明确的职业发展目标和计划，企业可以更好地了解员工的职业期望和发展方向。这种计划可以包括短期和长期的目标，帮助员工在职业生涯中更有针对性地进行提升和发展。

二是，提供职业咨询是帮助员工规划职业路径的有效途径。通过专业的职业咨询服务，员工可以获得关于行业趋势、职业发展方向等方面的信息，有助于做出更为明智的职业决策。企业可以与专业咨询机构合作，为员工提供个性化的职业规划建议。

三是，导师制度也是促进员工自我提升的有效方式。通过为员工分配导师，他们可以获得来自经验丰富的导师的指导和支持。导师可以分享自己的职业经验、提供实际建议，并在员工职业发展的关键时刻提供帮助。这种一对一的指导有助于员工更全面地了解职场，更好地应对职业挑战。

（二）知识共享和团队学习

1. 建立知识共享平台

为了深化团队学习，企业应该积极构建知识共享平台，为员工提供一个便捷地分享和获取知识的空间。这样的平台有助于打破信息孤岛，促进整个团队的学习和进步。

在建立知识共享平台时，首要考虑的是平台的设计和功能。平台应该具备用户友好的界面，方便员工轻松上传、分享和检索各种知识内容。同时，应该支持多种形式的知识呈现，包括文字、图像、视频等，以满足不同学习风格和需求。

其次，企业可以通过设立专门的知识管理团队或委员会来负责平台的维护和更新。这个团队可以监督知识的质量，定期整理和更新平台上的内容，确保信息的时效性和准确性。此外，建议设置专门的知识分享活动，激发员工分享的积极性，例如定期的知识分享会或比赛。

最后，为了促进知识的传播和应用，企业可以设立奖励机制，对于在平台上积极分享和被认可的员工给予相应的奖励，以激励更多的员工参与到知识共享中来。这不仅有助于形成良好的学习氛围，还能够提高整个团队的综合能力。

2. 团队培训和研讨会

为促进组织内部的学习与交流，企业可以定期组织团队培训和研讨会，为员工提供一个共同解决问题、分享经验的平台。这种举措不仅有助于知识的传递，还能够增强团队的

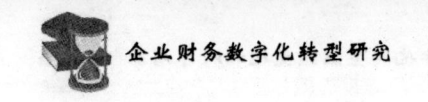

凝聚力和协作能力，推动学习型组织整体发展。

在组织团队培训时，首先需要明确培训的目的和内容。培训内容应与组织的战略目标和员工的发展需求相契合，确保培训的实际效果。培训可以包括专业技能的提升、领导力培养、团队协作等方面，以全面推动员工的综合素质提升。

同时，企业可以借助外部专家或顾问，邀请行业内的专业人士来进行培训，为员工提供更广泛、深入的视野。这有助于引入外部最新的行业动态和前沿知识，提高员工对行业趋势的洞察力。

研讨会是一个开展深度讨论和分享的良好平台。通过定期举办研讨会，员工能够分享自己的工作经验、成功案例和面临的挑战，从而推动组织内部的知识共享和团队建设。这种经验分享有助于提高整个团队的问题解决能力和创新能力。

第二节 培养数字化时代所需的技能和素质

一、数据分析和决策能力

（一）数据分析基础知识和技能

1.统计学和数据挖掘方法的应用

在数字化时代，员工必须具备扎实的统计学基础和数据挖掘方法的应用能力，以更好地理解和处理海量的数字信息。企业在数字化转型过程中发挥着关键作用，通过开展系统的统计学培训和数据挖掘实战项目，有助于培养员工的数据分析技能，提高组织的数据驱动决策水平。

首先，统计学是数字化时代不可或缺的工具之一。员工需要理解统计学的基本原理，包括概率论、推断统计学等，以有效地处理和解释数据。企业可以通过组织专业的统计学培训，帮助员工建立统计思维，使其能够运用统计学方法分析业务数据，为企业决策提供有力支持。

其次，数据挖掘是在大数据环境下挖掘信息和知识的重要手段。企业可以引导员工学习数据挖掘方法，包括但不限于聚类分析、关联规则挖掘、分类算法等。通过参与实际项目，员工能够掌握如何选择和应用适当的数据挖掘技术，从复杂的数据中提取有价值的信息。

在培训过程中，企业可以借助在线学习平台、专业培训机构的资源，以及邀请领域专家进行讲解，确保培训的深度和广度。此外，组织实际的数据挖掘项目也是一种有效的培训方式，让员工将所学知识应用到实际业务场景中，提高他们的实际操作能力。

通过统计学和数据挖掘方法的培训，员工不仅能够更好地理解数字化时代的数据语言，还能够在处理复杂业务问题时运用科学的方法，提高工作效率和决策质量。企业在培养员工数据分析能力的过程中，也将逐步构建起数字文化，推动整个组织更好地适应数字化环境，实现持续创新和发展。

2. 数据分析工具的深入学习

深入学习数据分析工具是提高员工数据分析水平的关键步骤，对于数字化时代企业实现数据驱动决策至关重要。通过深度挖掘数据分析工具的高级功能和应用场景，员工可以更灵活、高效地应对实际业务问题，进而推动组织在数字化转型中取得更显著的成果。

首先，企业可以引入专业的数据分析师进行内训，或邀请外部专家进行培训。专业的培训者能够传授最新的数据分析工具的使用技巧、实际案例经验以及最佳实践，帮助员工全面了解工具的功能和性能。这有助于建立员工对数据分析工具的深入理解，使其能够更好地应用于日常工作中。

其次，深入学习数据分析工具包括了解工具的高级功能。许多数据分析工具具有丰富的高级功能，如复杂的数据可视化、机器学习模型应用等。通过深度学习这些功能，员工能够更全面地发挥工具的潜力，实现更为复杂和深入的数据分析任务。企业可以组织专题研讨会、在线培训课程等形式，引导员工深入学习工具的高级功能。

最后，应用场景的深入学习也是提高员工数据分析水平的重要方面。员工需要了解如何将数据分析工具应用于实际业务场景，解决复杂的业务问题。企业可以组织实际案例分析、项目实践等活动，帮助员工将所学知识与实际工作相结合，提高他们在实际业务中运用数据分析工具的能力。

3. 实际案例分析和模拟项目

实际案例分析和模拟项目在培养员工数据分析技能方面被证明是一种极为有效的方式。通过模拟真实业务场景的项目，企业能够为员工提供一个实践平台，让他们亲身参与解决实际问题，从而提高数据分析的实战能力。这种实践性的培训不仅有助于将理论知识转化为实际操作技能，还能够增强员工在数据分析领域的应用能力，为数字化时代的业务需求提供更好的支持。

第一，实际案例分析使员工能够在真实的业务场景中应用数据分析技能。通过模拟企业实际业务问题，员工可以学习如何选择和应用适当的数据分析方法，从而解决复杂的业务挑战。这种学习方式使员工更好地理解数据在业务中的实际应用，培养了他们面对真实问题时的分析思维和判断力。

第二，模拟项目为员工提供了一个相对安全的实践环境。在模拟项目中，员工可以在不带来实际损失的情况下尝试不同的数据分析方法和工具，勇于创新和尝试新的解决方案。这种试错的过程有助于加深员工对数据分析工具和方法的理解，同时培养他们在实际工作中灵活应对问题的能力。

第三，实际案例分析和模拟项目也促进了团队协作和知识共享。在解决模拟项目时，员工可能需要与团队成员协作，共同分析和解决问题。这种合作有助于打破部门间的壁垒，促进信息流通和跨部门合作，从而形成更具凝聚力的团队。

（二）数据敏感度和理解能力

1. 推动数字文化建设

推动数据文化建设是企业数字化转型中至关重要的一环。企业应该致力于建立一种文化氛围，使员工更深刻地理解数据的价值和意义，从而在组织层面内化数据驱动的思维方式。通过以下手段，企业可以有效推动数据文化的建设。

首先，举办数据分享会。企业可以定期组织数据分享会，让数据专业人员分享成功的数据应用案例、创新的数据分析方法以及从数据中获取洞察力。这有助于将数据的实际应用与业务问题联系起来，激发员工对数据的兴趣，提高他们主动参与数据分析项目的积极性。

其次，建立数据共享平台。通过建立内部的数据共享平台，企业可以实现不同部门间数据的共享与流通。这有助于打破部门之间的信息壁垒，促进跨部门合作，使得数据更加流动，从而更好地支持组织内的决策过程。

再次，企业还可以通过设立数据培训计划，提高员工的数据素养。这包括对基本数据知识的培训，以及对数据分析工具和方法的培训。通过定期的培训活动，员工能够更好地掌握数据分析的基本技能，增强数据分析的能力。

最后，通过设立奖励机制，激发员工运用数据进行决策的积极性。企业可以设立奖励计划，鼓励员工提出基于数据的创新性建议，或者在项目中成功应用数据分析方法。这有助于树立以数据为导向的工作文化，推动员工在决策中更加注重数据的使用。

2. 参与数据分析项目

鼓励员工积极参与实际的数据分析项目是促进其数据理解能力的一种高效途径。通过参与数据分析项目，员工有机会深入参与企业的业务运作，担任数据分析的角色，从而更全面地理解数据的背后蕴含的业务逻辑，提升其对数据的深度理解水平。

企业可以采取一系列措施来支持员工参与。

其一，设立专门的数据分析团队。建立一个专业的数据分析团队，拥有丰富的数据科学和业务经验，为员工提供指导和支持。这个团队可以与各部门合作，共同推动数据驱动的决策文化建设，帮助员工更好地理解和应用数据。

其二，制订项目参与计划。企业可以制订明确的项目参与计划，鼓励员工在其日常工作中参与特定的数据分析项目。这可以通过设立专门的项目参与奖励计划，提供额外的培训资源以及认可个人贡献的方式来激励员工的参与。

其三，开展内部数据分析竞赛。组织内部数据分析竞赛，可以激发员工的竞争意识和学习热情。通过这种方式，员工将有机会通过实际项目来锻炼数据分析技能，同时也能够分享经验、互相学习，推动整个团队的数据素养提升。

其四，建立开放的项目沟通渠道。为了保障项目的顺利进行，企业需要建立开放的沟通渠道，让参与项目的员工能够及时分享信息、解决问题，并从中学到更多的经验。通过定期的项目反馈会议、在线沟通平台等方式，促进项目组内外的交流与合作。

3. 数据质量培训和认证

为了深化员工对数据质量的关注和理解，企业可以实施专门的数据质量培训和认证计划。这一举措有助于提高员工在数据处理和分析中的专业水平，确保数据的高质量，从而更好地支持企业的决策和业务活动。

首先，进行数据质量培训。企业可以通过邀请数据管理和质量专家，组织内外部的培训课程，向员工介绍数据质量的概念、标准和评估方法。培训内容可以包括数据完整性、准确性、一致性、及时性等方面的知识，帮助员工全面理解数据质量的要求和重要性。

其次，建立数据质量认证机制。企业可以设立数据质量认证计划，通过考核和认证的方式，对员工的数据质量能力进行评估。认证可以包括理论知识测试、实际案例分析、项目实战等多个层面，以全面衡量员工在数据质量方面的能力。认证成功的员工可获得相应的证书，为其在数据质量领域的专业水平提供明确支持。

再次，鼓励员工参与实际的数据质量项目。通过参与真实的数据质量项目，员工能够将培训中学到的理论知识应用到实际工作中，提高其在处理和分析数据时的质量意识和水平。这种实际项目的经验积累对于员工的成长和发展至关重要。

最后，建立持续改进的机制。数据质量工作是一个持续改进的过程，企业应建立反馈机制，鼓励员工提出改进建议，并及时调整培训和认证计划，以不断适应业务和技术发展的变化。

二、创新和问题解决能力

（一）批判性思维和创意思维

1. 组织创新培训的开展

为适应数字化时代的要求，企业应该着力培养财务人员具备批判性思维和创意思维，使其能够在面对问题时进行深入分析，并提出富有创意性的解决方案。在这一背景下，组织创新培训成为至关重要的举措，旨在激发员工对问题的深刻洞察和对解决方案的创造性思考。

第一，培训内容应包括案例分析。通过实际案例的深入研究，财务人员能够更好地理解复杂问题的本质，并学习到解决问题的多样化方法。案例分析有助于拓宽员工的思维边界，让他们在面对类似情境时能够灵活运用批判性思维，提高问题分析的深度和广度。

第二，采用头脑风暴等形式的培训方式。通过集体的头脑风暴，财务人员可以在开放的环境中共同探讨问题，汇聚不同的思维和观点。这有助于打破传统思维框架，激发创意思维，从而培养员工在面对挑战时能够迅速提出创新性解决方案。

第三，创新培训应强调问题意识的培养。员工需要培养对业务中潜在问题的敏感度，从而能够在问题出现时及早发现、迅速解决。通过培养问题意识，企业可以建立起一个敏捷、适应性强的团队，更好地应对数字化时代的变革和挑战。

2. 推行创新项目的激励机制

为激励员工提出新颖观点并积极参与创新项目，企业可制定有力的激励机制，以促使员工更加积极投入创意思维和解决问题的活动中。其中，设立创新奖励制度是一种行之有效的手段，可通过奖励来鼓励和认可员工的创新成果。

首先，创新奖励制度可以涵盖多个层面。企业可以设立奖金、股权或其他实质性的奖励，作为对那些提出并成功实施创新方案的员工的认可。这不仅是对员工努力和创意的一种回报，同时也可以为公司引入更多新颖的理念和解决方案。

其次，激励机制可以与员工的绩效考核相结合。通过将创新成果纳入绩效评估体系，企业可以确保创新活动与员工的职业发展紧密关联。这样一来，员工将更加积极地参与创新项目，因为他们知道这不仅有助于公司的发展，还将为他们的职业生涯带来实质性的好处。

最后，激励机制还可以通过公开表彰的形式，让成功创新者获得认可。企业可以在内部和外部宣传中突出创新者的成就，使其在团队和行业中建立良好的声誉。这种公开表彰有助于激发更多员工的创新激情，形成积极的创新文化。

3. 跨行业知识分享和学习活动

为促进批判性思维和创意思维的发展，企业可积极组织跨行业的知识分享和学习活动，以激发员工的创新潜能。这一举措有助于拓宽员工的思维边界，为财务数字化转型提供新的思路和灵感。

第一，企业可以通过邀请外部专家进行行业交流，举办讲座、研讨会或工作坊等形式的活动。外部专家能够分享其所在行业的先进实践和成功经验，帮助员工了解不同领域的发展动向和创新趋势。这不仅拓宽了员工的知识面，也激发了他们对财务数字化转型的新思考。

第二，跨行业的知识分享活动可以包括企业间的经验交流。通过邀请其他行业的企业代表分享数字化转型的实践经验，员工可以更深入地了解各行业的共性和差异，从而找到适合自身企业的创新路径。这种经验分享不仅促进了行业间的合作与共赢，还为企业提供了更全面的思考视角。

第三，引入外部咨询机构进行专业培训也是一种有效的方式。这样的培训可以涵盖财务数字化转型的前沿知识、最佳实践以及其他行业的成功案例，为员工提供系统性的学习体验，加深对数字化时代挑战和机遇的理解。

（二）团队合作和跨界协作能力

1. 跨部门团队的建立

为了应对数字化转型中的财务问题，企业可以积极建立跨部门团队，将来自不同职能领域的专业人才汇聚在一起，形成高效协作的团队结构。这种团队建设旨在推动各部门间的紧密合作，以应对数字化转型所带来的复杂挑战，尤其是财务方面的问题。

首先，跨部门团队的建立有助于促进团队协作。不同职能部门的专业人才汇聚在一个团队中，能够更好地共享信息、资源和经验，减少信息孤岛的存在。这种协作机制有助于团队成员之间建立更紧密的合作关系，推动数字化转型项目的顺利进行。

其次，跨部门团队的组建能够将不同专业背景的员工聚集在一起，形成更全面的解决方案。数字化转型通常涉及多个业务领域，包括财务、营销、人力资源等。通过建立跨部门团队，企业能够充分利用各个部门的专业知识，形成更为全面和有效的应对方案，确保数字化转型的成功实施。

在跨部门团队中，可以设立项目经理或领导者，负责协调各部门的工作，确保项目按时高质量完成。此外，通过制定清晰的目标和任务分工，提高团队的执行效能，确保数字化转型项目的推进。

最后，跨部门团队的建立有助于知识的交流和共享。不同部门的专业人才在团队中共同协作，有机会学习和借鉴其他领域的最佳实践，促使知识的传递和共享。这种知识交流有助于打破部门壁垒，提高员工的综合素养，为数字化转型提供更为全面和多元的视角。

2.组织创新竞赛的开展

企业可以通过组织创新竞赛，有效激发员工的团队合作和跨界协作精神，尤其是在推动财务数字化转型方面。创新竞赛是一种具体问题导向的活动，可以设定与财务数字化转型相关的挑战，要求不同部门的员工组成团队协作解决问题。这种竞赛形式不仅培养了团队协作意识，还能够推动创新的形成，为企业的数字化转型注入新的活力。

在创新竞赛过程中，首先，企业可以明确定义竞赛的目标和主题，确保问题与实际业务挑战密切相关。这有助于激发员工的兴趣和热情，使其更专注于财务数字化转型的实际问题解决。

其次，企业可以跨越不同部门，形成多元化的团队。跨界协作团队有助于汇聚来自不同领域的专业知识和技能，提供更全面、创新的解决方案。这种团队协作能够打破部门壁垒，促进信息共享，为数字化转型提供更多元的视角。

创新竞赛还可以通过设立奖励机制来激励员工积极参与。奖项不仅可以包括荣誉奖励，还可以设立一定的奖金或晋升机会，使员工更加投入到竞赛中。这种激励机制有助于增强员工的创新动力，提高解决问题的效率和质量。

最后，企业还可以通过组织创新竞赛的形式营造一种鼓励试错的文化氛围。员工在竞赛中有机会尝试新的理念和方法，即便失败也能从中学到宝贵的经验。这有助于改变员工对失败的看法，促使他们更加勇于探索未知领域，为数字化转型积累更多创新经验。

3.跨界项目经验的分享

为了培养员工的跨界协作能力，企业可积极鼓励员工参与不同领域的项目，以积累跨界项目经验。在项目完成后，组织分享会或座谈会，让参与项目的员工分享项目经验和教训，促使团队成员之间相互学习，提高跨界协作水平。这一做法有助于推动组织内部的知识分享和团队协作，从而更好地适应数字化时代的挑战。

首先，鼓励员工参与跨界项目有助于打破部门壁垒，促进不同部门之间的合作。通过参与跨领域项目，员工能够更好地了解其他领域的业务需求和工作方式，建立起更为紧密的业务关系。这有助于加强团队之间的沟通和协作，提高整体工作效率。

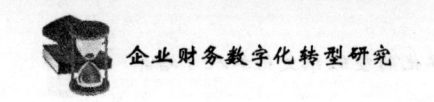

其次，在项目分享会或座谈会上，员工有机会分享项目经验和教训。这种经验分享不仅能够让其他团队成员学习到项目中的成功实践和经验教训，还能够激发其他员工参与跨界项目的兴趣。通过集体智慧的汇聚，团队可以更好地总结经验教训，形成更为成熟的跨界协作机制。

再次，通过跨界项目经验的积累，员工能够拓宽自己的视野，培养更全面的能力。不同领域的项目涉及多方面的知识和技能，员工在跨界协作中可以学到更多专业领域的知识，提高自己的综合素养。这对员工个人的职业发展和组织整体的创新能力都具有积极的影响。

最后，鼓励跨界项目经验的分享是建立开放文化的重要手段。通过分享项目中的成功经验和挑战，员工之间建立了更为开放和透明的沟通渠道，有助于形成鼓励创新和学习的企业文化。这种文化氛围有助于激发员工的创造性思维，推动组织不断适应变化。

三、持续学习和自我发展能力

（一）学习兴趣和学习习惯的培养

1. 学习兴趣的激发

激发员工学习兴趣是培养其持续学习能力的关键因素，尤其在数字化时代，这一能力对个体和组织的发展至关重要。企业可通过多种手段来激发学习兴趣，营造积极的学习氛围，促使员工更加愿意并能够在日常工作中不断学习。

首先，企业可以定期组织专业讲座和内外部学术交流活动。通过邀请行业专家和学者分享最新的行业动态、前沿技术和研究成果，员工可以接触到更广泛的知识领域，激发对新知识的兴趣。这些活动不仅能够提供实用的专业知识，还为员工提供了学术探讨和交流的平台，促使其更加主动地追求学习。

其次，企业可以为员工提供参与行业研究的机会。通过支持员工参与相关行业组织、协会或学术研究项目，他们将有机会深入了解行业的发展趋势、最新研究成果以及前沿技术。这种参与式学习不仅能够增加员工对行业的深度理解，也能够激发他们主动获取新知识的意愿。

最后，企业可以倡导员工在日常工作中分享学习心得。通过鼓励员工分享自己的学习经验、发现的新知识以及解决问题的方法，可以形成一种相互学习的氛围。这种开放式的学习文化有助于员工之间的互相启发，推动整个团队共同进步。

激发学习兴趣不仅有助于提高员工的专业水平，还能够增强其对数字化时代变化的适应能力。企业应当从组织文化和制度建设方面入手，创造有利于学习的环境，培养员工持续学习的心态和能力。这一过程既有助于个体的职业发展，也能够为企业在数字化转型中保持竞争力提供有力支持。

2. 学习习惯的培养

培养良好的学习习惯对于员工在数字化时代保持持续学习的能力至关重要。企业可以通过倡导、培训和监督等手段，帮助员工养成自主学习的良好习惯，提高其学习效果和持续学习的动力。

首先，企业可以倡导员工制订个人学习计划，并设定明确的学习目标。个人学习计划的制订有助于员工有系统地规划自己的学习路径，明确学习方向和目标。设定具体的学习目标有助于员工更有针对性地进行学习，提高学习的效果。企业可以通过内部平台或工具提供学习目标设定的指导，使员工在数字化转型的过程中更好地规划学习路线。

其次，企业可以通过定期跟踪和评估来监督员工的学习进度。建立学习进度的追踪机制，可以帮助员工及时调整学习计划，确保按照预定的目标推进学习。企业可以使用学习管理系统或其他在线工具，为员工提供学习进度的自主查询和管理功能，同时也便于管理层对员工学习情况进行监管和指导。

最后，提供时间管理和学习方法的培训也是培养学习习惯的有效途径。时间管理的培训可以帮助员工更好地合理分配工作和学习时间，提高学习效率。教授科学的学习方法，如阅读技巧、知识点整理等，有助于员工更有目的地进行学习，提高学习成果。这种培训不仅能够提高学习效率，还有助于员工逐渐形成自主学习的良好习惯。

（二）培训和发展机会的提供

1.完善的培训计划

建立完善的培训计划是企业支持员工持续学习和发展的关键步骤。这涵盖了定期的技能培训、职业发展规划辅导以及行业趋势研讨等多个方面。通过这些培训计划，企业可以促使员工保持对新知识的敏感度，使其能够更好地适应数字化时代的快速变化。

其一，定期的技能培训是培养员工专业知识和技能的重要手段。企业可以制订有针对性的培训计划，涵盖财务数字化转型所需的各种技能，例如数据分析、统计学、数据挖掘等。这样的培训可以通过内部培训团队、外部专业机构的合作或者在线学习平台的引入来实现。定期的技能培训有助于员工及时获取最新的业界知识，保持竞争力。

其二，职业发展规划辅导是培训计划的另一个重要组成部分。企业可以通过导师制度或者专业职业规划师的引入，为员工提供个性化的职业发展规划建议。这包括帮助员工识别自己的职业兴趣、强项和发展方向，从而更好地规划自己的职业发展路径。这种个性化的辅导有助于员工更好地理解自己的职业发展需求，提高职业规划的有效性。

其三，行业趋势研讨是培训计划中的一个关键环节。企业可以定期组织行业专家的讲座、研讨会，分享最新的行业趋势、技术创新和市场动态。这种研讨可以帮助员工更好地理解数字化时代的发展方向，把握市场脉搏，从而更好地应对未来的挑战。与行业专家的互动也有助于员工建立广泛的专业网络，促进信息和经验的交流。

2.导入在线学习平台

导入在线学习平台是企业促进员工持续学习的一项重要举措。通过现代科技手段，企业可以为员工提供随时随地的学习资源，极大地提升了学习的灵活性。这种方式不仅仅给予员工更自主的学习时间，还能够根据员工个体差异提供个性化的学习体验，推动数字化

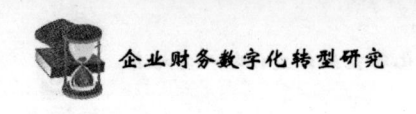

时代的人才培养。

首先,导入在线学习平台能够满足员工的个性化学习需求。企业可以与专业的在线学习平台合作,选择与行业趋势和企业需求相符的课程。这样的定制化课程可以更好地满足员工的学习兴趣和职业发展方向,提高学习的针对性和实用性。

其次,在线学习平台提供了多元化的学习资源。从专业知识到实际操作,从理论学习到实践项目,员工可以通过在线学习平台获取到更为全面的学习资源。这种多元化的学习方式有助于员工更全面地掌握所需技能,提升综合素质,适应数字化时代的多样化学习需求。

最后,在线学习平台还具有灵活的学习时间安排。员工可以根据自身的工作和生活情况,自由选择学习的时间和地点,避免了传统培训中因时间和地点限制而造成的学习障碍。这有助于提高员工学习的主动性和积极性,增加学习的效果。

3. 与专业培训机构合作

与专业培训机构合作是企业提高培训质量和深度的一项行之有效的途径。通过与行业内的培训专家、高校等机构建立紧密的合作关系,企业能够引入更专业的培训资源,从而提供更高水平的知识传递和培训服务。这种合作关系不仅有助于提升培训的实效性,还能够为员工提供更广泛的学术和实践视角,促进其在数字化时代的全面发展。

一是,与专业培训机构合作可以确保培训内容的专业性和前沿性。培训专家通常拥有丰富的实战经验和深厚的学术背景,能够提供最新的行业趋势和实践经验。通过引入这些专业资源,企业能够确保培训内容与行业发展同步,帮助员工更好地适应数字化转型所需的知识和技能。

二是,合作机构的专业背景和教学资源可以丰富员工的学术视野。与高校或研究机构的合作,不仅可以为员工提供系统的理论知识,还能够引导他们在实践中运用所学知识。这样的学术和实践结合,有助于培养员工更深层次的理解和应用能力,提升其在数字化时代的竞争力。

三是,专业培训机构通常拥有多元化的培训形式,如研讨会、工作坊、实践项目等。这些形式可以更好地满足不同员工的学习需求,提供更全面的培训体验。通过与专业培训机构的合作,企业能够为员工打造更具针对性和灵活性的培训计划,提高培训的接受度和效果。

第三节 领导者的角色和影响

一、领导者的数字化素养和视野

（一）深化数字化素养

1. 持续学习的必要性

领导者在数字化时代必须深刻认识到数字化素养的关键性。这不仅仅意味着具备基本的数字技术知识，更需要通过持续学习不断跟进技术的发展，以保持对新兴技术趋势的敏感性和理解深度。为了实现这一目标，参与专业培训成为提高数字化素养的有效途径之一，特别是对领导者而言。领导者可以选择参加行业内先进的数字化培训课程，从而确保其在面对快速发展的数字技术时能够保持竞争力。

第一，领导者通过参与专业培训能够获取最新的数字化知识和技术趋势。随着科技的不断演进，新的数字技术和工具层出不穷。通过参与专业培训，领导者能够及时了解并学习到最新的技术趋势，保持对数字化领域的前沿性认识，为企业在数字化时代保持竞争力提供有力支持。

第二，专业培训可以帮助领导者深化对数字技术的理解和应用。数字化不仅仅是知道某些工具和技术的名称，更需要理解其在业务环境中的实际应用。专业培训课程往往结合实际案例，通过实践操作和案例分析，帮助领导者更深层次地理解数字技术如何支持业务发展，从而更好地指导企业的数字化转型战略。

第三，专业培训还可以拓宽领导者的视野和战略思维。数字化领域的发展往往影响着整个行业的格局和未来发展趋势。通过参与跨领域的数字化培训，领导者能够了解不同行业的数字化实践，拓宽自己的视野，为企业制定更具前瞻性的数字化战略提供更多元的参考。

2. 实践经验的积累

领导者的数字化素养不仅仅是理论知识的积累，更需要在实践中得到验证和应用。鼓励领导者积极参与数字化项目并将所学知识应用于实际业务是培养其数字化素养的重要途径。通过实际操作，领导者不仅能更深刻地理解数字化技术的应用场景和潜在挑战，同时也能更有针对性地引导团队实现数字化转型。

首先，领导者通过亲身参与数字化项目能够更全面地认识数字化转型的复杂性。数字化转型不仅仅是技术的应用，还涉及组织架构、业务流程等多个方面。通过亲身经历数字化项目的全过程，领导者能够更好地理解各个环节的相互关系，更全面地把握数字化转型的战略规划和实施细节。

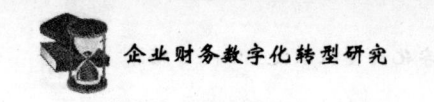

其次，实践经验有助于领导者更深入地理解数字化技术的潜在价值和挑战。数字化技术的广泛应用可能带来业务效率的提升，但同时也可能伴随着新的挑战和风险。通过实际项目的经验，领导者能够更全面地评估数字化技术对业务的影响，为企业的决策提供更具体、可行的建议。

最后，领导者的实践经验也能够为团队树立榜样。通过亲自参与数字化项目，领导者展现了对数字化转型的承诺和深刻理解，激发了团队成员对数字化素养的兴趣和积极性。这种领导者的表率作用有助于推动整个团队更好地融入数字化文化，并更积极地参与数字化转型过程。

3. 与数字化专家的互动

与数字化领域的专家进行积极互动是深化领导者数字化素养的关键环节。这种互动为领导者提供了深入了解最新行业动态和技术趋势的机会，进而使其在数字化转型中更具领导力和决策力。

其一，参加行业会议和座谈会是领导者与数字化专家互动的重要方式。这些专业活动不仅能够让领导者获取最新的行业信息，还能够在会议和座谈中与专家进行深入的交流和讨论。通过聆听专家的分享和经验，领导者可以汲取宝贵的经验，加深对数字化领域的理解。

其二，建立与专家的合作关系是推动数字化素养提升的有效途径。合作关系可以通过参与共同的项目、研究或咨询活动建立起来。与数字化专家的合作不仅能够获得实际应用层面的指导，还有助于领导者在数字化决策时能够更具前瞻性和实操性。

互动过程中，领导者可以向专家请教数字化领域的疑难问题，寻求解决方案，并与专家共同探讨数字化战略的制定与实施。这种深度的互动有助于领导者更全面地了解数字化技术的应用和未来发展方向，从而更好地引领企业朝着数字化转型的目标前进。

（二）开阔数字化视野

1. 参与行业研究

领导者要拓宽数字化视野，首要步骤是积极参与行业研究。这种深入参与行业研究的方式有助于领导者更好地理解数字化时代的挑战和机遇，为企业的数字化转型提供更为有效的战略方向。

其一，定期研读行业报告是领导者获取行业动态信息的有效途径。通过仔细阅读行业相关的报告和分析，领导者可以获取关键的市场趋势、竞争格局以及先进技术的应用情况。这种信息的及时获取有助于领导者在数字化领域保持前瞻性，及时调整企业战略以适应不断变化的市场环境。

其二，关注市场趋势也是领导者深入了解数字化时代的重要途径。市场趋势反映了消费者需求的变化、新兴技术的发展方向等信息，领导者通过密切关注这些趋势，可以更好地把握未来数字化发展的方向。这种前瞻性的洞察有助于领导者在数字化战略制定过程中更具远见和决策力。

其三，建立对行业生态系统的深刻理解也是领导者参与行业研究的关键。领导者需要了解数字化时代各个环节的相互关系，把握整个行业生态的演进和相互依存的关系。这有助于领导者制定更全面、系统的数字化战略，确保企业在数字化转型中能够更好地融入行业生态系统。

2. 参加国际性数字化会议

参加国际性数字化会议是领导者获取全球数字化发展动态的至关重要的途径。参与这样的会议不仅为领导者提供了一个与国际同行交流的平台，还使其能够从全球范围内深入了解不同国家和企业在数字化领域的最新实践与经验。通过与国际专家的交流互动，领导者能够更准确地把握数字化时代的全球趋势，获取宝贵的行业见解和前沿信息。

一是，国际性数字化会议通常聚集了来自世界各地的业界专家、学者和企业领袖。这为领导者提供了与国际同行深入交流的机会，促进了不同国家、不同文化之间的理念碰撞和经验分享。通过聆听国际专家的演讲和参与研讨会，领导者可以深入了解全球数字化领域的最新趋势、技术创新以及业务应用案例，从而拓宽自己的视野。

二是，国际性数字化会议是展示各国数字化实践成果的平台。领导者可以通过参观国际数字化会展、了解不同国家和企业在数字化领域的创新成果，从而获取关于技术应用和业务模式的直观认识。这种实地感受有助于领导者更全面地了解数字化领域的发展状况，并为企业的数字化战略制定提供实际参考。

三是，与国际专家进行深入的交流，领导者可以获得国际化的思维方式和解决问题的新思路。不同国家和地区面临的挑战和机遇各异，通过与国际同行的互动，领导者可以汲取不同文化和背景下的智慧，为企业在数字化时代的发展提供更富创新性的战略方案。

3. 建立国际合作关系

建立国际合作关系是领导者开阔数字化视野的重要而有效的手段。通过与跨国企业、国际组织建立战略伙伴关系，领导者可以实现经验分享、合作创新，从而深化对全球数字化领域的理解并寻找创新的解决方案。这样的跨文化合作关系不仅提供了多元化的视角，同时为领导者在全球范围内获取前沿知识和战略合作提供了契机。

首先，与跨国企业建立战略伙伴关系可以加速领导者对不同国家和地区数字化实践的了解。通过与其他国家企业的合作，领导者能够更好地洞察全球数字化领域的先进经验和最佳实践。共享不同文化下的管理经验、技术创新、市场拓展策略等方面的经验，有助于领导者更全面地了解数字化时代的多样性和复杂性。

其次，与国际组织建立合作关系可以拓展领导者在全球数字化领域的合作网络。国际组织通常聚焦于推动全球性的数字化发展，通过与这些组织的合作，领导者可以获取来自不同国家和地区的政策动态、法规趋势等信息。这种信息的获取有助于领导者更准确地把握全球数字化领域的发展趋势，为企业制定全球化数字化战略提供战略性支持。

最后，跨文化的合作关系有助于领导者寻找创新的解决方案。在国际合作的框架下，领导者可以汇聚全球智慧，解决数字化时代面临的共性问题。从不同文化和背景中融合的

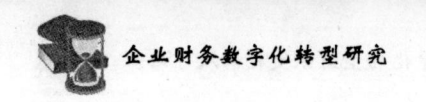

思维方式和创新理念，有助于领导者更具前瞻性地引领企业在数字化领域的发展。

二、鼓励创新和试错文化

（一）创新基金的设立

1. 创新项目资助机制

领导者通过设立创新基金，为员工提供资金支持，构建了一个有力的创新项目资助机制，从而激发员工在数字化转型中积极提出并实施创新项目。这一资助机制的实施在多个方面产生积极影响，涵盖了从新技术应用到产品和服务创新等多个领域，为员工提供了展示创意和实践的广阔平台。

一是，创新基金的设立为员工提供了资金支持，有助于解决创新项目启动阶段的财务压力。在数字化转型中，新兴技术的应用和创新性产品的开发通常需要资金投入，而创新基金的设立为员工提供了灵活的财务支持，降低了项目启动的经济障碍，鼓励员工更加大胆地提出创新构想。

二是，创新基金的资助范围广泛，覆盖了新技术应用、产品和服务创新等多个创新方向。这有助于员工在不同领域展开创新实践，促使数字化转型更加全面和多元。领导者通过设立这一多领域的创新基金，为员工提供了更多的创新选择，有助于推动企业在数字化领域的全面发展。

三是，创新基金作为一个资助机制，不仅仅提供了资金支持，更为员工提供了一个展示创意和实践的平台。员工可以通过创新项目向企业和同事展示其创造力和实践能力，提升了员工的创新积极性。这种展示平台有助于建立创新文化，激发更多员工参与数字化转型的创新活动。

2. 创新基金的有效管理

领导者在设立创新基金时必须建立有效的管理机制，以确保资源的合理分配和项目的顺利推进。通过设立专门的创新基金管理团队，对项目提供指导和支持，可以有效提高创新项目的成功率，使创新基金真正成为数字化转型的有力推动力。

首先，建立专门的创新基金管理团队是确保资金使用和项目进展的有效手段。这个团队应该由具有丰富创新管理经验的专业人士组成，负责资金的监管、项目的评估和指导。通过建立专业的管理团队，能够更好地协调各项资源，提高创新项目的管理水平，确保创新基金的资金得到最大程度地发挥。

其次，对创新项目进行精准的评估和指导是确保创新基金有效使用的关键。管理团队需要制定详细的评估标准，对申请项目进行全面审查，确保其符合企业的数字化转型战略和目标。在项目推进过程中，管理团队应该为项目提供指导和支持，解决可能出现的问题，确保项目能够按计划、高效地推进。

最后，建立创新基金的决策机制也是管理的重要组成部分。明确决策的流程和责任人，确保每一笔资金的使用都经过合理的论证和决策。透明的决策机制有助于提高创新基金的使用效率，防范潜在的风险。

最后，管理团队需要定期进行项目进展的监测和评估，及时发现问题并采取纠正措施。这有助于在项目推进的过程中及时调整战略，确保创新基金的使用始终保持有效性。

3.激励机制的建立

领导者在数字化转型中除了提供资金支持，还应该建立激励机制，以奖励卓越的创新项目，激励员工持续追求卓越。这一激励机制可以采用多种形式，包括金融奖励、晋升机会，以及公开表彰和内部宣传等方式，从而确保创新成果得到充分的认可和回报。

一是，金融奖励是常见的激励手段之一。领导者可以设立奖金池，将优秀的创新项目与具体的奖金挂钩。这种形式的奖励既可以直接激发员工的积极性，又能够为其创新付出提供实质性的回报，推动员工在数字化转型中持续发挥创造力。

二是，提供晋升机会也是一种有效的激励方式。通过将与创新项目相关的职务晋升与升迁机会挂钩，领导者可以激发员工对于个人职业发展的渴望，促使其更加努力地参与创新活动。这种方式还能够在员工中建立一种对创新与晋升的紧密关联，促进整体团队的创新活力。

三是，公开表彰和内部宣传也是重要的激励手段。通过在公司内部广泛传播优秀创新项目的成果，领导者可以提升员工的工作成就感，激发他们的创新潜力。同时，公开表彰还有助于建立积极的工作氛围，促使团队成员之间相互学习，形成共同的创新文化。

（二）鼓励跨部门创新团队

1.促进多领域合作

领导者在推动数字化转型过程中，应当致力于促进多领域合作，通过鼓励跨部门创新团队的形成，让来自不同领域和专业背景的员工共同参与数字化转型的创新项目。多领域合作有助于汇聚各方的专业知识，促使团队从多个维度思考问题，为数字化转型提供更全面、具有创新性的解决方案。

第一，领导者可以倡导并支持跨部门创新团队的建立。通过设立专门的团队，涵盖不同职能领域的专业人才，领导者能够创造一个多元化的工作环境，使得不同背景的员工能够充分发挥各自的专业优势。这种团队结构有助于将不同领域的知识集成在一起，进行全方位的创新。

第二，领导者可以制定相应的激励政策，鼓励员工跨足其他领域参与创新项目。例如，设立奖励机制，对于成功的多领域合作项目给予额外奖励，激发员工积极性。通过这种激励手段，领导者可以强化员工的跨领域协作意识，使其更愿意拓展专业边界，共同推动数字化转型的创新。

第三，领导者还可以提供培训和交流机会，促使员工了解其他领域的知识和技能。定期组织内外部的专业交流活动，邀请跨领域专家举办讲座和培训，让员工有机会深入了解其他领域的前沿信息。这有助于拓宽员工的视野，激发跨领域的兴趣和合作动机。

第四，建立一个开放的沟通平台，鼓励团队成员自由分享和交流各自领域的见解。通过定期的团队会议、项目汇报等形式，领导者可以营造一个积极互动的工作氛围，使团队成员能够更加畅快地交流想法、分享经验，从而促进多领域合作。

2.管理层的支持和引导

在推动跨部门创新团队形成过程中，管理层的支持和引导至关重要。领导者应充当战略引领者的角色，通过明确数字化转型的战略目标，向团队传递明确的期望和目标，为跨部门合作提供有力支持。

一是，管理层应明确数字化转型的战略目标，将其与企业的长远发展目标紧密结合。领导者需向团队传达这一战略愿景，明确数字化转型的重要性以及其对企业未来的战略地位的影响。通过与团队分享企业数字化愿景，领导者能够激发团队成员的使命感和责任感，使其更加积极参与跨部门创新团队。

二是，管理层应提供必要的资源支持，包括人力、物力和财力。数字化转型往往需要跨足多个业务部门，因此需要充足的资源来支持跨部门合作的开展。领导者应确保团队拥有足够的人才和技能，以胜任数字化转型所需的复杂任务。同时，为团队提供必要的财政和物质支持，确保他们能够在数字化转型项目中充分发挥作用。

三是，为了创造良好的工作氛围，管理层应着重打造一种鼓励开放沟通和团队协作的文化。领导者可以通过制定激励政策，奖励团队协作和创新，以激发团队成员的积极性。同时，建立定期的沟通机制，使得各业务部门能够充分交流信息，加强合作，解决潜在问题，推动数字化转型项目的顺利进行。

四是，领导者应在数字化转型过程中不断提供指导和反馈。通过定期的项目评估和反馈会议，领导者可以及时了解项目进展，发现潜在问题，并提供战略性的指导。这有助于调整数字化转型策略，确保团队朝着正确的方向前进。

3.组织跨部门知识分享

领导者在推动数字化转型的过程中，组织跨部门的知识分享会议是一项关键举措。通过这种方式，团队成员能够有机会分享各自领域的专业知识和经验，从而促进不同部门之间的跨界合作，推动数字化转型项目的顺利进行。

首先，知识分享会议为各部门的团队成员提供了一个交流和学习的平台。在这样的会议上，不同领域的专业人员可以分享他们在数字化转型项目中的实际经验和取得的成果。这有助于加深团队成员对其他部门工作的理解，建立起全面的视野，为数字化转型提供更为全面的支持。

其次，跨部门的知识分享有助于激发创新灵感。不同领域的专业知识在交流中碰撞和融合，可能产生新的理念和创新思路。这种跨界的创新灵感可以为数字化转型项目注入新的动力，推动项目朝着更为创新和有效的方向发展。

最后，知识分享会议还可以帮助团队成员更好地了解数字化转型项目中各部门的关键业务流程和需求。这有助于优化项目规划和执行，确保各个部门的利益得到平衡，提高整个团队的合作效率。

为了确保知识分享会议的有效性，领导者可以采取一系列措施，如设立主题鲜明的议程、邀请专业人士进行分享、组织小组讨论等。此外，通过记录和整理分享的知识，可以建立知识库，为整个团队提供长期的学习资源，促进知识的传承和积累。

（三）倡导试错文化

1. 透明的沟通机制

在企业财务数字化转型中，领导者需要建立透明的沟通机制，以有效传达试错的正面意义。透过分享领导者个人的失败经验和从中汲取宝贵经验，有助于改变员工对失败的看法，激励他们勇于尝试新思路和方法。

透明的沟通机制是数字化转型中领导者与员工之间建立信任和共鸣的重要工具。通过开放而透明的对话，领导者能够向员工传达试错的正面意义，强调失败是学习和成长的一部分。分享领导者个人的失败经验，特别是在数字化转型过程中遇到的挑战和困难，有助于打破员工对失败的负面观念，鼓励他们对新的想法和方法保持开放的态度。

透明的沟通机制还可以促进员工与领导层之间的互动和合作。当领导者能够坦诚地谈论数字化转型中的失败和教训时，员工更有可能在面对问题和挑战时积极参与解决方案的探讨。这种共同探讨的氛围有助于团队达成共识，激发创新思维，从而推动数字化转型的顺利进行。

透过沟通机制传达试错的正面意义还有助于建立学习型组织文化。领导者可以强调失败并非终结，而是一个不断改进和迭代的过程。这样的文化鼓励员工不惧失败，勇于创新，并从失败中吸取经验教训，不断提升数字化转型的执行水平。

2. 激发员工创新动力

在企业财务数字化转型中，领导者在倡导试错文化的同时，应该着力激发员工的创新动力。为此，可以采取一系列措施，如定期举办创新分享会、开展员工创新大赛等，以营造一个鼓励员工提出新想法、尝试新方法的氛围。激发创新动力有助于培养团队的创新意识，推动数字化转型的不断进步。

首先，定期举办创新分享会是一种有效的方式。通过组织定期的分享活动，鼓励员工分享他们在数字化转型中的创新经验和成功案例。这不仅可以提升团队的创新意识，还有助于推广成功的实践，促使其他成员思考如何在自己的工作中应用类似的创新方法。

其次，开展员工创新大赛是激发创新动力的另一有效途径。通过设立创新大赛的形式，鼓励员工提出解决数字化转型中面临问题的创新方案。这不仅能够激发员工的积极性和创造力，还为公司寻找到更多可能的创新路径，促使数字化转型更具活力和前进动力。

最后，建立在线创新平台也是推动员工创新的有效手段。通过提供在线平台，员工可以随时随地提交和分享他们的创新点子。这样的平台有助于加速信息流通，促进不同团队之间的跨界合作，推动数字化转型中各个方面的创新。

激发员工创新动力不仅有助于解决实际问题，还能够培养员工的创新思维和团队协作精神。通过建立良好的创新氛围，企业能够更好地应对数字化转型中的挑战，推动整个过

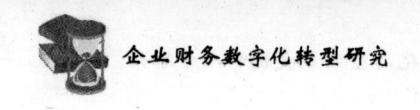

程的顺利进行。

三、建立开放的沟通渠道

（一）发展良好的沟通技巧

1. 较强的表达能力

在企业财务数字化转型中，领导者的清晰表达能力至关重要，这有助于有效传达数字化战略和目标，确保整个团队对转型方向的理解和认同。为提高领导者的表达水平，可以通过参与沟通培训、定期演讲和沟通技巧训练等方式进行培养。

一是，参与沟通培训是提升领导者表达能力的有效途径。这种培训可以涵盖口头表达、非语言沟通等多个方面，帮助领导者更好地组织语言、表达思想，使其在数字化转型的沟通过程中更具说服力。沟通培训还可以加强领导者与团队成员之间的沟通效果，建立更加紧密的合作关系。

二是，定期演讲是提高表达能力的有效实践方式。领导者可以利用不同场合进行演讲，包括团队会议、培训讲座等。通过频繁的演讲锻炼，领导者能够逐渐提高在公共场合表达观点和思想的自信度，使团队更清晰地了解数字化转型的战略方向和目标。

三是，沟通技巧训练也是加强领导者表达能力的重要手段。这包括学习有效的问题提问、倾听和反馈技巧，帮助领导者更好地理解团队成员的需求和反馈，从而更有针对性地进行表达。通过训练，领导者能够在数字化转型中更加敏锐地捕捉团队的期望，有针对性地进行沟通，提高数字化转型计划的执行效果。

2. 善于倾听

在企业财务数字化转型中，领导者的沟通能力不仅包括表达自己的思想和战略，还需要善于倾听员工的意见和反馈。建立开放的反馈机制，鼓励员工分享看法，是实现数字化转型成功的重要策略之一。

领导者的倾听能力对于数字化转型至关重要。首先，通过建立有效的反馈渠道，领导者能够收集到员工在数字化转型过程中的实际体验和感受。这样的信息是宝贵的，能够帮助领导者更好地了解数字化转型的实际影响，及时调整策略和方向。

其次，鼓励员工分享看法可以激发团队的创新活力。员工通常是最了解业务流程和具体问题的人，他们的意见和建议可能会为数字化转型提供独到的见解。领导者通过倾听员工的声音，有助于挖掘团队的潜力，推动数字化转型中的创新和改进。

最后，善于倾听还能够增强员工的参与感和归属感。在数字化转型中，员工可能面临新技术应用、流程变更等多方面的挑战，而领导者通过倾听能够理解员工的困扰，及时提供支持和解决方案，增强团队的凝聚力。

为实现更好地倾听，领导者可以通过组织定期的团队会议、员工座谈会等形式，主动向员工征询建议和反馈。此外，使用在线调查工具、建立匿名反馈通道等方式也有助于员工更自由地表达意见。

3. 及时回应问题

在企业财务数字化转型中，领导者的及时回应问题的能力是确保数字化转型顺利进行的关键因素。员工在数字化转型过程中可能面临各种问题和困惑，而领导者通过建立有效的问题反馈渠道，能够及时回应员工的疑虑，提供支持和解答，从而维护员工的信任，推动数字化转型的顺利进行。

一是，建立问题反馈渠道是保障员工畅通沟通的重要手段。领导者可以通过设立专门的数字化转型问题反馈平台、提供在线支持渠道、组织定期的问题解答会议等方式，让员工随时随地能够提交问题并得到及时回应。

二是，领导者需要建立响应机制，确保问题得到及时处理。这包括设定合理的问题解决时限、指定专人负责问题的跟进和解决，并采用协同工具和技术，使整个回应过程更为高效和透明。

三是，领导者在回应问题的过程中，要注重沟通的质量。清晰的解答、详细的解决方案和友好的沟通方式都能够增加员工对数字化转型的理解和认同。及时回应问题不仅仅是提供答案，更是营造一种良好的沟通氛围，使员工在数字化转型中感受到领导者的关心和支持。

领导者的及时回应问题的能力对于数字化转型的成功至关重要。通过建立有效的问题反馈机制，提供快速而有效的解决方案，领导者能够增强员工的信任感，推动数字化转型更加顺利地进行。

（二）鼓励员工交流和合作

1. 团队建设活动

领导者可以通过组织团队建设活动，提升员工之间的沟通和合作能力。这些活动不仅可以拉近员工关系，还能促使团队更好地理解数字化战略，形成共同的愿景和目标，从而更好地协同推动数字化转型。

2. 跨部门交流机制

建立跨部门交流机制是促进组织内部合作的有效途径。领导者可以通过定期的跨部门会议、工作坊或项目合作，鼓励不同部门的员工共享知识和资源，推动数字化转型中的协同工作。

3. 促进团队凝聚力

领导者应关注团队凝聚力的培养，通过制定团队目标、奖励团队成就等方式，激励员工更加积极地参与合作。强化团队凝聚力有助于形成共同的数字化文化，使员工更具认同感，从而更好地支持数字化转型。

（三）及时回应和解决问题

1. 建立问题反馈渠道

领导者可以建立多样化的问题反馈渠道，包括员工在线平台、定期反馈会议等，以便员工能够随时随地提出问题。通过及时收集问题并进行回应，领导者可以更好地了解数字

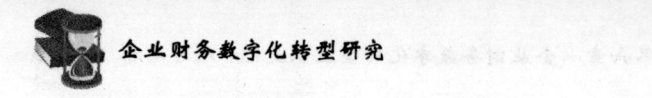

化转型中的困难和挑战。

2. 紧急问题处理小组

为了更迅速地解决数字化转型中的紧急问题，领导者可以设立专门的问题处理小组。该小组可以由各部门的专业人员组成，迅速响应并解决数字化转型中的紧急问题，确保数字化转型的顺利推进。

3. 制订危机管理计划

领导者需要制订完善的危机管理计划，以应对数字化转型中可能发生的各种问题。这包括建立危机管理团队、明确应急流程等，确保在危机发生时能够迅速做出决策并采取有效的应对措施。

第七章

企业财务数字化转型风险管理和合规性

第一节 识别与数字化转型相关的风险

一、技术风险

（一）技术基础设施的脆弱性

1. 网络攻击的风险

在数字化转型过程中，企业技术基础设施所面临的风险之一是网络攻击，这可能对企业的正常运营和数据安全构成严重威胁。网络攻击的形式多种多样，包括但不限于恶意软件、网络钓鱼等手段，这些威胁可能导致数据泄露、服务中断等严重后果。因此，为了有效应对这一风险，企业需要采取一系列措施以确保网络的稳定性和安全性。

首先，企业应该进行全面的网络安全评估。通过评估网络系统的脆弱性和可能的入侵点，企业能够更好地了解潜在的风险来源。这种评估可以定期进行，以适应不断演变的网络威胁。在评估的基础上，企业可以有针对性地制定网络安全策略，以更好地保护其技术基础设施。

其次，采用高效的入侵监测系统和防火墙技术是确保网络安全的重要手段。入侵检测系统可以实时监测网络流量，及时发现和阻止潜在的攻击行为。同时，强大的防火墙技术可以过滤恶意流量，有效减轻网络攻击的影响。通过不断更新和升级这些安全设备，企业可以更好地适应新型网络威胁的挑战。

最后，员工的网络安全意识培训也是至关重要的。企业可以通过定期的培训课程，提高员工对网络安全的认知水平，使其能够辨识潜在的网络威胁，避免成为网络攻击的目标。员工的合作是网络安全的一环，他们的警觉性和积极性对于整体网络安全防御具有不可忽视的作用。

2. 数据泄露的防范

数据泄露是企业在数字化转型中需要高度关注和防范的风险之一。技术基础设施中的数据承载着企业的核心信息，一旦泄露可能导致重大的商业损失和声誉风险。因此，为了有效应对数据泄露的威胁，企业需要采取一系列措施来保障数据的安全性和完整性。

一是，加密技术是防范数据泄露的重要手段之一。通过对敏感数据进行加密，即使数据被非法获取，黑客也难以解读其中的内容。企业可以采用先进的加密算法，确保数据在传输和存储过程中的安全性。同时，定期更新加密算法，以适应不断演变的安全威胁。

二是，访问权限控制是防范数据泄露的另一关键措施。企业应该建立完善的权限管理系统，确保只有授权人员可以访问特定的数据。细粒度的权限控制可以有效减少内部人员滥用权限的可能性，从而提高数据的安全性。

三是，建立完善的数据备份与恢复机制对于降低数据泄露的风险至关重要。及时备份关键数据，并将备份数据存储在安全可靠的地方，可以在数据泄露事件发生时迅速进行数据恢复，减少损失。同时，定期进行备份的测试和验证，以确保备份数据的可靠性。

在实际操作中，企业还应该建立严格的数据管理政策，规范员工对数据的处理流程，包括数据的采集、存储、传输和销毁等各个环节。通过培训员工的数据保护意识，强调数据安全的重要性，可以有效降低人为失误导致的数据泄露风险。

（二）新技术应用的不确定性

1. 新技术适用性的评估

企业在数字化转型中引入新技术时，必须进行全面而深入的适用性评估，以确保新技术的引入能够真正满足企业的需求，并降低可能带来的潜在风险。适用性评估的全面性包括多个方面的考虑，其中一些主要因素如下。

第一，企业需要评估新技术是否符合实际业务需求。这需要对企业的业务流程和目标进行深入了解，以确保新技术能够对业务产生实质性的、积极的影响。适用性评估的关键在于对业务需求的准确把握，以避免引入过多无关紧要的技术，浪费资源和时间。

第二，新技术与现有系统的集成性是一个关键考虑因素。企业通常已经拥有一系列现有系统和应用，新技术的引入应当能够无缝集成，确保整体的数字化平台能够协同工作。集成性评估需要考虑新技术是否支持标准化的接口和协议，以及是否容易与现有系统进行对接。

第三，易维护性是另一个需要评估的关键方面。新技术的引入不仅仅是为了解决当前的问题，更是为了长期的数字化转型。因此，企业需要评估新技术的可维护性，包括是否有成熟的技术支持和社区、是否易于更新和升级，以确保系统的可持续性和稳定性。

第四，安全性也是适用性评估中至关重要的一点。企业在引入新技术时必须确保其满足相关的安全标准和法规，防范潜在的网络攻击和数据泄露风险。对新技术的安全性进行充分评估，可以为企业提供数字化转型中所需的强大安全保障。

第五，企业还需评估新技术的成本效益。这包括投资成本、运营成本以及未来可能的收益。适用性评估需要综合考虑技术的性能、稳定性和成本，以确保引入的新技术对企业是具有实际价值的。

2. 新技术的稳定性测试

在数字化转型中，企业引入新技术时必须重视其稳定性，以确保系统在实际运行中具有可靠性和稳定性。稳定性测试是一种关键的方法，通过设立小范围的试点项目，企业可以对新技术进行全面的实际运行测试，及时发现和解决潜在问题，从而降低在全面推广中面临的风险。

首先，试点项目的设立需要谨慎选择涉及新技术的特定业务流程或项目。通过选择一部分业务进行试点，企业可以在有限的范围内验证新技术的稳定性，减小测试的规模，降低风险。这也有助于集中资源解决可能出现的问题，提高稳定性。

其次，企业在试点过程中需要建立详细的测试计划，明确测试的目标、范围和方法。测试计划应该包括对新技术的各项功能、性能和安全性进行全面检测，以确保在实际运行中的各个方面都能够达到稳定的要求。同时，设定清晰的测试指标，用于评估新技术在试点项目中的表现。

在试点过程中，企业应该密切监控新技术的运行情况，及时收集并分析数据，以发现潜在问题。如果在试点项目中出现了稳定性方面的挑战，企业需要及时采取措施解决，可能需要调整配置、更新软件版本或进行其他必要的优化。

最后，试点项目的结果需要进行全面评估。这不仅包括对新技术的性能和稳定性的评估，还包括对项目成本和效益的分析。通过全面评估试点项目，企业可以更好地了解新技术在实际运行中的表现，为全面推广提供有力的数据支持。

二、组织和文化风险

（一）组织结构调整的阻力

1. 员工抵触情绪的解决

在数字化转型过程中，解决员工抵触情绪是至关重要的任务。数字化转型通常伴随着组织结构的调整，而员工对变革往往存在阻力。为有效解决员工的抵触情绪，企业可以采取以下策略。

一是，建立全员沟通机制。企业需要通过各种渠道，如内部会议、邮件、企业社交平台等，向全体员工充分传达数字化转型的目标和好处。明确阐述变革对企业长期发展的积极影响，以激发员工对变革的积极态度。及时回应员工的疑虑和问题，确保信息的透明度和及时性。

二是，明确员工在变革中的角色和贡献。让员工了解他们在数字化转型中的具体作用，明确新组织结构下的工作职责和期望。为员工提供培训和支持，帮助他们更好地适应新的工作环境，提高工作效率。通过明确角色和贡献，降低员工对变革的不确定感，增强其对变革的理解和支持。

三是，制订渐进的变革计划。数字化转型不宜急功近利，企业应该采取渐进的变革策略，逐步引导员工适应变革。分阶段实施变革计划，给予员工足够的适应时间，减缓组织结构调整的阻力。同时，及时收集员工的反馈意见，对变革计划进行调整和优化，确保其顺利推进。

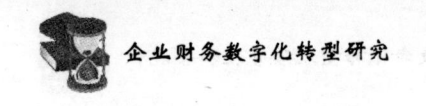

2. 变革领导团队的建设

在企业财务数字化转型中，构建一支具备卓越变革领导力的团队至关重要。这一团队需要拥有出色的沟通、协调和解决冲突的能力，能够引领整个组织顺利实现结构调整。以下是企业建设变革领导团队的关键策略。

为了提升领导团队的变革管理能力，企业可以通过培训的方式加强团队成员的专业知识和技能。培训课程可以包括领导力发展、变革管理理论、沟通技巧等方面，以帮助领导团队更好地理解数字化转型的挑战和机遇，提升其应对变革的能力。此外，企业还可以引入外部专业培训机构或邀请行业专家进行定制化培训，以确保培训内容贴合实际需求，提高变革领导团队的水平。

此外，企业应该通过选拔的方式组建高效的变革领导团队。选拔过程可以包括面试、案例分析、团队协作评估等环节，以确保团队成员具备应对变革挑战的智慧和经验。优秀的变革领导者需要具备前瞻性思维、危机处理能力、团队激励能力等素质，企业在选拔过程中应综合考量这些方面的能力。

在建设变革领导团队的过程中，企业需要强调团队的协同合作能力。领导团队成员之间的紧密协作对于应对复杂的数字化转型挑战至关重要。因此，企业可以通过团队建设活动、项目合作等方式增强团队协同性，提高团队整体的变革应对能力。

（二）文化差异引发的问题

1. 文化调研的深入

深入的文化调研对于数字化转型的成功至关重要。在这个过程中，企业应该采取全面的调查手段，以了解各部门、团队之间存在的文化差异。以下是实现深入文化调研的关键策略。

首先，企业可以通过定期的员工调查、问卷调查等方式，收集员工对于企业文化的看法和体验。这可以包括他们对于组织价值观的理解、对领导风格的感受，以及团队之间的协作情况等。通过定量和定性的数据分析，企业可以得到一个全面的、具体的文化图景。

其次，组织可以组织一系列的焦点小组讨论、座谈会等活动，深入挖掘团队内部的文化特点。这样的互动性活动有助于员工更直观地表达他们对企业文化的看法，揭示出潜在的问题和机遇。

再次，企业可以借助外部专业机构进行文化诊断，通过专业的调查工具和方法，获取更客观、科学的文化数据。外部机构的介入可以提供独立的视角，帮助企业更客观地了解组织内外部文化因素的影响。

深入文化调研的过程中，企业应该关注多维度的文化元素，包括但不限于组织结构、领导风格、员工价值观、沟通方式、学习文化等。这样的多维度分析有助于企业全面理解文化差异，为后续的文化整合提供具体的改进方向。

最后，文化调研应该是一个持续的过程，而非一次性事件。企业可以建立起定期的文化监测机制，以跟踪文化变化的趋势，及时调整数字化转型策略，确保文化的适应性和可持续性。

2.制定统一的文化价值观

制定统一的文化价值观对于企业数字化转型中的文化整合至关重要。以下是一系列的策略和方法，以实现这一目标。

首先，企业领导层应该积极参与制定文化价值观的过程。领导层的支持和投入对于文化整合的成功至关重要。通过领导的参与，可以向员工传达文化价值观的重要性，强调它与数字化转型目标的紧密联系。

其次，企业可以组织广泛的员工参与活动，包括座谈会、工作坊、团队建设等。这样的参与性活动有助于员工分享他们对于企业文化的看法和期望，达成共识。通过多样性的参与，可以确保文化价值观的制定更具代表性和包容性。

在制定文化价值观时，企业应该考虑到多个方面的因素，包括组织的历史、核心业务、员工的价值观等。文化价值观应该是与企业独特性相契合的，既能够激发员工的认同感，又有利于数字化转型目标的实现。

制定文化价值观的过程应该是一个开放和透明的过程。企业可以通过内部沟通平台、在线调查等方式，收集员工对于不同文化价值观的反馈，形成一个共同认可的文化框架。

一旦文化价值观制定完成，企业应该通过培训和内部宣传等手段，确保员工对于这些价值观的理解和认同。这有助于文化价值观的深入融入组织生活，发挥其在数字化转型中的引导作用。

最后，企业需要持续关注文化价值观的实际运用情况，随时进行调整和优化。数字化转型是一个不断变化的过程，文化价值观也需要根据实际情况进行灵活调整，以适应企业发展的需要。

第二节 制定风险管理策略

一、风险评估和分类

（一）技术风险的评估与分类

1.评估现有技术基础设施的脆弱性

在数字化转型过程中，企业的现有技术基础设施可能面临着多方面的威胁，其中包括来自网络攻击、数据泄露等潜在风险。为了有效应对这些威胁，首要任务是进行全面的技术风险评估，以深入了解技术基础设施的脆弱性和可能存在的安全隐患。

其一，对技术基础设施的脆弱性进行评估是至关重要的一步。这需要对企业的网络系统进行详尽的分析，包括但不限于网络架构、防火墙配置、入侵监测系统等。通过审查网络设备和系统，企业可以确定存在的漏洞和潜在的弱点，有针对性地采取措施进行修复和改进。

其二，对数据存储的安全性进行评估也是关键一环。企业在数字化转型中可能涉及大量敏感信息的存储，包括客户数据、商业机密等。评估数据存储的安全性需要关注数据加密、访问控制、备份与恢复机制等方面，以确保数据不受到未授权访问、篡改或泄露的风险。

其三，通信渠道的稳定性也是评估的重要方面。数字化转型通常涉及多个业务系统之间的数据传输和通信，这要求企业评估通信渠道的可靠性和安全性。对于可能的中间人攻击、数据丢失等问题，企业需要采取相应的技术手段进行防范，确保通信渠道的畅通和安全。

通过对脆弱性的全面评估，企业可以更全面地认识到技术基础设施存在的潜在风险，为制定有针对性的防范措施奠定基础。这种系统性的评估不仅有助于保障技术基础设施的稳定性和安全性，也为数字化转型提供了可靠的技术支持，确保企业在面对不断演变的威胁时能够做出及时和有效的反应。

2.新技术应用的评估

在数字化转型过程中，引入新技术是推动企业创新和提升效率的关键步骤。然而，新技术应用的不确定性和潜在风险需要企业进行全面的评估，以确保其适用性、集成性和可维护性，从而有效地推动数字化转型的实施。

一是，企业需要评估新技术的适用性，确保其与企业实际需求相符。这包括对新技术是否能够满足业务目标、提升效率、降低成本等方面的全面评估。企业需要明确新技术引入的目的，以便更好地衡量其在数字化转型中的实际价值。

二是，新技术的集成性是一个关键的考量因素。企业的现有系统和业务流程可能已经形成一套相对完善的架构，新技术应该能够与现有系统集成，确保数字化转型的平稳进行。评估新技术的集成性需要考虑其与已有系统的兼容性、数据交互的便捷性等方面，以避免引入新技术后出现系统瓶颈或冲突。

三是，易于维护也是新技术应用评估的重要方面。企业引入的新技术应该是可持续发展的，而非一时的过渡。评估新技术的可维护性需要考虑其是否容易更新、升级，是否有足够的技术支持和社区支持等。这有助于企业更好地管理和维护数字化转型中引入的新技术，降低因技术陈旧而带来的风险。

（二）组织和文化风险的评估与分类

1.组织结构调整的风险评估

数字化转型涉及组织结构调整，而这一过程可能引发员工抵触情绪和阻力，因此风险评估变得至关重要。企业在进行组织结构调整之前，应通过全员沟通机制积极了解员工对变革的态度，以评估可能面临的风险。

首先，企业需要建立开放的沟通渠道，使员工能够表达他们对组织结构调整的看法和感受。这可以通过员工调查、定期会议、工作坊等形式进行。通过搜集员工的意见和反馈，企业可以更全面地了解员工的期望、顾虑和建议，为组织结构调整提供有益的参考。

其次，企业应当重点关注员工的抵触情绪和阻力。员工可能因为对未来不确定性的担忧、对工作变化的恐惧等原因而产生抵触情绪。通过深入了解这些情绪的来源，企业可以更有针对性地制订变革计划，采取措施缓解员工的担忧，提高组织变革的接受度。

在风险评估的过程中，企业还应考虑到可能出现的组织结构调整对员工产生的潜在影响。这可能包括工作职责的变化、团队关系的调整等。通过对这些方面的评估，企业可以在变革过程中更好地管理和引导员工，减少负面影响。

最后，企业需要根据风险评估的结果制订灵活而有效的变革计划。这个计划应当考虑到员工的需求和期望，通过逐步引导、培训和支持等手段，减缓组织结构调整的阻力，使员工更好地适应变革。

2. 文化差异的风险评估

数字化转型中的文化差异可能成为组织面临的一项重要风险，因此对这种差异进行深入的风险评估显得至关重要。企业在实施文化差异的风险评估时，可以采取一系列方法，以全面了解不同部门、团队之间存在的文化特点。

一是，企业可以通过开展文化调研，深入了解各部门、团队的文化特征。这可能包括价值观、沟通方式、决策模式等方面的内容。通过定期的访谈、问卷调查和观察，企业可以获取员工对于组织文化的看法，揭示存在的差异和潜在的问题。

二是，文化差异的风险评估需要重点关注不同文化可能带来的沟通障碍和协同问题。这可以通过分析过去项目中的沟通状况、团队合作情况以及决策效果等方面的数据。这有助于识别文化差异可能对协同工作和决策效果造成的潜在负面影响。

在评估文化差异的同时，企业还应考虑文化融合可能面临的挑战。这可能包括员工的心理适应过程、团队协同的磨合期等方面。通过了解这些挑战，企业可以有针对性地制定文化整合策略，帮助团队更好地适应新的文化环境。

三是，基于文化差异的风险评估结果，企业需要制定一系列的文化整合策略。这可能包括文化融合的培训计划、跨团队的沟通机制、共享价值观的建立等。通过这些策略的实施，企业可以促进文化融合，提高组织的协同效能，降低文化差异带来的风险。

二、制定应对策略

（一）技术风险的应对策略

1. 全面网络安全策略的制定

为了有效应对技术风险，企业必须制定全面的网络安全策略，以保障数字化转型过程中的技术基础设施的稳定性和安全性。这一网络安全策略的制定可以分为多个关键步骤。

首先，企业需要进行全面的网络安全评估。这一评估旨在全面了解企业现有技术基础设施的弱点和潜在威胁。通过分析网络系统的漏洞、数据存储的安全性以及通信渠道的稳定性等方面，企业能够识别可能的安全漏洞，为后续制定安全防范措施提供有力支持。

其次，企业需要加强网络防护措施。这包括采用高效的入侵检测系统和先进的防火墙技术。通过建立全面的网络防护体系，企业能够提升网络的整体安全性，及时发现并阻止潜在的网络攻击。这还包括对恶意软件、网络钓鱼等常见攻击手段的有针对性应对，以确保企业的技术基础设施在数字化转型过程中不受到威胁。

在制定全面的网络安全策略时，企业还需要考虑定期的安全性演练和应急演练。这有助于提高企业对技术风险的应对能力，使相关人员能够迅速而有效地应对潜在的安全威胁。此外，建立技术监测机制，密切关注数字化领域的新兴技术和风险趋势，有助于及时调整和升级安全防护措施，确保网络安全策略的持续优化。

2.新技术应用的引入机制建立

为了有效引入新技术并减缓数字化转型过程中的技术不确定性，企业需要建立一套有效的引入机制。这一引入机制应该包括多个关键步骤，以确保新技术的顺利融入企业运营体系。

首先，企业在引入新技术之前应进行全面的试点测试。通过选择一部分业务或项目作为试点，企业可以评估新技术在实际运行中的表现，并及时发现潜在的问题。试点测试的结果可以为企业提供有关新技术可行性和适用性的重要信息，有助于制订更为明确的实施计划。

其次，企业需要采用渐进的推广方式引入新技术。避免一次性在整个组织范围内全面推广新技术，而是选择逐步扩大应用范围。这种渐进的引入方式有助于企业及时发现和解决新技术可能存在的问题，降低由于全面推广而带来的潜在风险。渐进推广还可以使员工更好地适应新技术，减少业务中断和不适应的情况。

有效的引入机制还应包括定期的评估和反馈机制。企业可以设立专门的团队或机构，负责监测新技术的应用情况，并收集员工和相关业务部门的反馈意见。通过定期评估，企业可以更好地了解新技术引入的实际效果，及时调整和优化引入机制，确保数字化转型过程中的技术不确定性得到有效管理。

（二）组织和文化风险的应对策略

1.综合变革管理策略的制定

为了综合有效地应对组织和文化风险，企业需要制定一套全面的变革管理策略。这一策略应该囊括多个关键方面，以确保数字化转型过程中组织结构和文化的平稳演变。

一是，针对组织结构调整，企业应建立全员沟通机制。通过及时、清晰地传达变革的目标和好处，企业可以增强员工的理解和认同，为他们提供明确的方向。沟通机制的建立应该是全方位的，包括定期的会议、内部通告、在线平台等多种途径，以确保信息的全面传递。

二是，制订渐进的变革计划是综合变革管理策略的重要组成部分。渐进计划的设计要考虑到员工适应变革的时间和步调，避免突然性的改变引发过大的阻力。通过逐步引导员工适应变革，企业可以减缓可能出现的组织结构调整阻力，确保整体变革的可持续性。

三是，变革管理策略还应包括对文化差异的深入理解和应对。企业可以通过开展深入的文化调研，了解各部门、团队之间存在的文化特点，为文化整合提供有利依据。在文化整合阶段，通过培训和沟通手段促进团队协同合作，减少文化冲突，提高整体组织的协同效能。

2. 文化差异的培训和沟通

在数字化转型中，有效处理文化差异至关重要，因为文化差异可能导致沟通障碍、团队不协调以及员工抵触情绪。为了降低文化风险，企业可以采取文化差异的培训和沟通策略，以促进团队的协同合作。

第一，通过进行文化调研，企业可以深入了解各部门、团队之间存在的文化差异。这可以通过定期的调查、面谈和观察等方式进行，以收集员工对企业文化的认知和理解。文化调研的结果将为后续的培训和沟通活动提供有力支持。

第二，通过文化融合培训，企业可以有针对性地向员工传达企业的统一文化价值观。培训活动可以包括演讲、研讨会、培训课程等形式，通过生动的案例和实践操作，帮助员工理解和接受企业希望强调的文化理念。这有助于增强团队的凝聚力，使员工在数字化转型中更好地共同努力。

第三，建立畅通的沟通渠道也是处理文化差异的关键。企业可以通过定期的沟通会议、内部通告、在线平台等方式，确保信息的及时传递和共享。对于不同文化背景员工，应提供多语言和多媒体的沟通方式，以便更好地理解和尊重彼此之间的差异。

三、风险管理的持续优化

（一）技术风险的持续优化

1. 更新网络安全策略

在财务数字化转型中，技术风险的持续优化对企业至关重要。为了保障财务数据的安全性和完整性，企业需要定期更新网络安全策略，以适应技术的不断发展和网络威胁的变化。

首先，企业应该进行定期的网络安全评估，对现有技术基础设施的脆弱性进行全面评估。这包括分析网络系统的漏洞、数据存储的安全性以及通信渠道的稳定性等方面。通过评估，企业能够识别潜在的网络攻击和数据泄露的风险，为更新安全策略提供翔实的数据支持。

其次，随着新型网络攻击和威胁的不断涌现，企业需要及时调整网络安全策略，以确保其对新威胁的防范措施跟上技术的步伐。这可能涉及采用最新的安全技术和工具，例如先进的入侵检测系统和高效的防火墙技术。此外，企业还应该建立技术监测机制，密切关注数字化领域的新兴技术和网络威胁趋势，从而能够及时调整和升级安全防护措施。

持续优化网络安全策略还包括定期的技术演练和应急演练。通过模拟真实攻击和网络紧急情况，企业能够提高对技术风险的应对能力，及时发现和纠正潜在问题。这种实践性的演练有助于加强团队的紧急响应能力，提高整体安全水平。

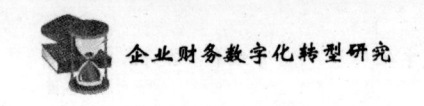

2.定期技术演练和应急演练

为了提高企业对技术风险的应对能力，财务数字化转型中的定期技术演练和应急演练是至关重要的环节。这一过程通过模拟网络攻击和其他技术风险事件，旨在评估企业安全团队的响应能力，及时发现和修复潜在的安全漏洞，确保技术基础设施的稳定性和安全性。

定期的技术演练是一种系统性的方法，旨在提高企业对不同类型网络攻击的防范和应对水平。这可能包括模拟恶意软件的传播、入侵检测和防火墙的应对、对网络漏洞的修复等方面的演练。通过这样的实战模拟，安全团队能够更好地了解应对策略的有效性，发现可能存在的问题，并及时调整和改进防护措施。

应急演练则更专注于模拟在实际技术风险事件发生时的紧急响应过程。团队需要在模拟中迅速采取行动，协同工作，修复受到影响的系统，迅速应对威胁。这有助于锻炼团队的协同合作能力，提高应急响应的效率，降低技术风险事件可能带来的损失。

通过定期进行技术演练和应急演练，企业能够建立一种持续的学习和改进机制。团队成员在实际模拟中积累经验，不断提高技术水平，增强团队的实战能力。这也有助于保持团队的警惕性，及时化解不断演变的技术风险。整个过程是企业在数字化转型中不可或缺的一环，为确保财务数据安全提供了坚实的基础。

3.建立技术监测机制

在数字化领域，企业财务需要紧密关注新兴技术和安全风险趋势，因此，建立一套高效的技术监测机制是至关重要的。这一机制的建立旨在通过多方位的信息获取途径，包括参与技术社区和关注安全研究报告等方式，使企业能够更早地洞察到行业内的最新技术发展和安全风险趋势，从而及时调整和升级安全防护措施，确保数字化转型的安全进行。

首先，积极参与技术社区是获取最新技术信息的有效途径之一。企业财务团队可以指定技术专业人员参与相关领域的技术讨论和知识分享活动。通过与其他技术专家交流，团队成员能够了解到新兴技术的优劣势，以及可能涉及的安全隐患。这种互动有助于企业财务更好地理解技术的实际应用和相关的风险。

其次，关注专业安全研究报告也是企业财务保持对安全风险趋势敏感的途径。财务团队可以定期阅读由安全专业机构或研究机构发布的报告，深入了解当前网络安全领域的最新研究成果、威胁情报和安全趋势。这有助于企业财务及时掌握行业内的安全动态，为资产保护提供及时的决策支持。

除此之外，定期参加行业会议也是获取最新技术和安全趋势信息的有力途径。通过参与会议，企业财务团队能够听取同行的经验分享，了解不同组织在数字化转型中所面临的技术和安全挑战，共同探讨解决方案。

（二）组织和文化风险的持续优化

1.建设专业的变革领导团队

在数字化转型的过程中，为了持续优化组织和文化风险管理，企业财务部门需要着重建设一支具备专业变革领导力的团队。这一团队的构建不仅关乎组织结构的合理调整，还需要确保团队成员具备良好的沟通、协调和解决冲突能力，以应对数字化转型中的各种变革挑战。

首先，领导团队的成员应该具备卓越的沟通技能。在数字化转型过程中，良好的沟通对于推动变革至关重要。领导团队需要能够清晰地传达变革的目标、方向和好处，与组织内的各个层级建立起畅通的信息传递渠道，以确保员工对变革过程有清晰的认知，降低变革可能带来的不确定性和抵触情绪。

其次，协调和解决冲突的能力也是领导团队所必备的素质。数字化转型通常伴随着组织结构的调整和文化变革，这可能引发不同部门、团队之间的利益冲突和文化差异。领导团队需要能够有效协调各方利益，解决可能出现的冲突，确保变革过程的平稳进行。

为了提升领导团队的变革管理水平，企业可以通过培训和选拔的方式进行专业素养的提升。培训可以涵盖变革管理的理论知识、实践经验和沟通技巧等方面，使团队成员具备更为全面和深入的专业知识。选拔则可以通过评估团队成员在实际变革中的表现，选拔出具有出色变革领导力的人才，形成更具实力和效能的领导团队。

2.定期员工满意度调查

为深入了解员工对组织结构调整和文化整合的反馈和感受，企业在数字化转型中应定期进行员工满意度调查。这一调查举措能够有效地反映员工对变革的态度、期望和不满，为企业领导提供重要的决策依据，以确保数字化转型的顺利进行。

员工满意度调查是通过系统的问卷、面谈等方式，收集员工对工作环境、领导风格、工作内容等多个方面的评价和建议。通过这样的调查，企业可以了解员工对组织结构调整的接受程度，是否存在抵触情绪，以及对文化整合的认同度等关键信息。

调查结果的分析有助于企业识别出可能存在的问题和瓶颈。例如，如果员工普遍表达对组织结构调整不满意，企业可以通过进一步的沟通和解释来明确变革的目标和好处，消除员工的担忧。如果调查显示文化整合方面存在问题，企业可以通过针对性地培训和沟通活动加强团队之间的合作，促进文化的融合。

定期进行员工满意度调查还有助于营造开放的沟通氛围。员工感到他们的声音被听到和重视，将更有动力积极参与数字化转型过程。通过及时回应员工的反馈，企业能够调整变革计划，更好地满足员工的需求，从而提高整体组织的凝聚力和执行力。

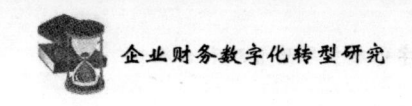

第三节 符合法规合规性要求的措施

一、法规合规性的重要性

（一）法规合规性对数字化转型的意义

1. 法规合规性的法律基础

法规合规性构成企业数字化转型的法律基础，是企业在数字化环境中合法运营和可持续发展的前提。在数字化转型过程中，企业涉及大量的数据收集、处理和存储，因此必须严格遵守相关法律法，以确保数字化活动的合法和合规。

数字化转型所依赖的法律基础主要包括隐私法、数据保护法、网络安全法等相关法规。首先，隐私法规定了个人信息的合法获取和处理方式，企业在数字化转型中必须遵循隐私原则，保护用户的个人隐私权。其次，数据保护法规定了企业对数据的安全保护措施，包括数据存储、传输和处理等方面的规定，以确保数据在数字化过程中的安全性。网络安全法则要求企业建立健全的网络安全体系，保障数字化系统的运行安全，防范网络攻击和数据泄露。

在数字化转型中，企业需遵循以上法规的要求，通过制定相应的合规政策和措施，确保数字化活动符合法律规定。企业应建立完善的隐私保护机制，明确个人信息的收集和使用范围，并经用户同意进行相关操作。同时，建立强有力的数据安全管理体系，采用加密技术、访问权限控制等手段，保障数据的完整性和保密性。网络安全方面，企业需建立网络安全监测和防护系统，及时发现并应对潜在的网络威胁。

此外，企业还应定期进行法规合规性的自查和评估，确保数字化活动一直符合最新的法律法规标准。同时，与法律专业团队合作，及时了解和适应法规的更新和变化，以规避潜在的合规风险。

2. 降低法律风险

遵守法规合规性要求对于降低企业在数字化转型中的法律风险具有重要作用。随着信息技术的快速发展，相关法规不断更新和完善，因此，企业必须密切遵循相关规定，以降低潜在的法律风险。法规合规性的遵循不仅有助于维护企业的声誉，还能在法律层面上提供明确的指导，规避潜在的法律纠纷、诉讼和罚款等不利后果。

首先，遵守法规合规性要求有助于企业及时调整数字化策略。随着法规的变化，企业需要不断审视和更新自己的数字化战略，确保其符合最新的法规要求。法规合规性的遵循可以使企业更具适应性，减少由于法规调整而带来的不确定性，保持数字化转型的顺利推进。

其次，法规合规性的遵循有助于规避法律诉讼。通过严格遵循相关法规，企业能够降低违规行为的发生概率，从而减少法律纠纷的可能性。法规合规性的遵循可以作为企业在法律诉讼中的有力辩护，维护企业的合法权益，减少法律责任的承担。

最后，法规合规性的遵循有助于降低罚款风险。违反法规合规性要求可能导致政府或监管机构对企业进行罚款，从而造成经济损失。通过积极遵守法规，企业可以减少面临罚款的可能性，维护财务健康和稳定性。

3. 提升企业形象

法规合规性的遵守对企业形象具有积极的影响，尤其在数字化转型中，它不仅是一项法律责任，更是企业社会责任的表现。在信息时代，企业的社会责任和合法合规经营已经成为社会关注的焦点之一。通过积极遵守法规，企业展现了对社会的负责态度，从而提升了其在客户、投资者和公众中的形象和声誉。

其一，法规合规性的遵守是企业社会责任的具体体现。数字化转型过程中，企业需要处理大量的数据，法规合规性的遵守意味着企业在数据处理、隐私保护等方面具备了一定的社会责任感。这种责任感不仅仅关乎法规合规，更关系到企业对客户、员工和社会的信任建立，为企业树立了积极负责的形象。

其二，法规合规性的遵守有助于提升企业的可持续发展形象。数字化转型往往涉及信息安全、隐私保护等重要议题，法规合规性的遵守意味着企业在数字化经营中具备了可持续性的考虑。这样的企业形象能够吸引更多的投资者和合作伙伴，为企业未来的发展创造更有利的条件。

其三，法规合规性的遵守是企业建立信任的关键。客户和公众更加注重企业的合法合规经营，而法规合规性的遵守为企业赢得了信任。建立在法律规范基础上的数字化转型使得企业更具透明度和可信度，有助于形成与客户和公众之间良好的信任关系。

（二）法规合规性对企业治理的影响

1. 建立内部管理体系

在企业财务数字化转型过程中，企业应建立健全的内部管理体系，这一体系包括规范的数据管理流程、明确的责任分工和有效的内部控制措施。这一系列措施的实施有助于提高企业的运营效率和管理水平。

首先，健全的内部管理体系有助于规范数据管理流程。数字化转型涉及大量数据的采集、处理和存储，而这些数据往往涉及客户信息、财务数据等敏感信息。通过建立规范的数据管理流程，企业可以确保数据的合法获取、安全传输和有效利用。企业应制定明确的数据管理政策，包括数据收集、存储、共享和销毁等方面的规定，以确保数字化活动的合法和合规。

其次，明确的责任分工是内部管理体系中的关键要素。在数字化转型中，不同部门和岗位可能涉及不同的数字化活动，每个环节的责任明确是保障法规合规性的基础。通过明确责任，企业可以建立起相互协作的工作机制，确保数字化活动在合规的框架内进行。这不仅有助于降低内部操作风险，还能够提高工作效率。

最后，有效的内部控制措施是内部管理体系的重要组成部分。企业需要建立起科学的内部控制机制，包括审计、监测和反馈等环节。通过内部控制，企业可以及时发现潜在的问题和风险，采取相应的纠正措施，确保数字化转型过程中的法规合规性和稳定性。

2. 明确权责关系

在企业财务数字化转型中，企业应明确权责关系，确保每个部门和员工了解其在数字化转型中的责任。这一措施的实施有助于避免"信息孤岛"和责任模糊，提高信息管理的透明度和效果。

一是，明确的权责关系可以防止"信息孤岛"的形成。在数字化转型中，各个部门和岗位可能涉及不同的数字化活动，而如果权责关系不明确，部门之间容易形成"信息孤岛"，导致信息流通受阻。通过明确每个部门和员工在数字化转型中的权责关系，企业可以促进信息的顺畅传递和共享，确保数字化活动得以协同进行。

二是，明确的权责关系有助于避免责任模糊。在数字化转型中，涉及的业务和技术环节较多，如果每个部门和员工的责任不明确，可能导致数字化活动的执行不到位，甚至出现责任推诿的情况。通过清晰地定义每个部门和员工的职责范围，可以明确他们在数字化转型中的具体任务和义务，降低因责任模糊而引发的潜在问题。

三是，明确的权责关系提高了信息管理的透明度和效果。在数字化转型中，信息管理涉及大量的数据流动和处理，明确的权责关系可以使得信息管理更加有序和透明。每个部门和员工清楚自己在信息管理中的职责，从而更加高效地完成相应的工作，提高数字化转型的整体效果。

3. 保障信息的真实性和完整性

在企业财务数字化转型中，法规合规性的遵循要求企业保障信息的真实性和完整性。这是确保数字化转型活动合法合规运营的重要要求，涉及建立可靠的数据采集和处理机制，以确保信息的准确性，防范信息篡改和滥用的风险。

第一，建立可靠的数据采集机制至关重要。企业需要选择适当的数据采集工具和技术，确保从各个业务和部门收集的数据准确无误。这可能涉及使用先进的数据采集设备、传感器和软件系统，以实时、精准地获取各类信息。通过建立可靠的数据采集机制，企业可以确保数字化转型所依赖的数据具有高度的真实性。

第二，强调数据处理的准确性和完整性。数字化转型涉及大量的数据处理工作，包括数据清洗、转换、分析等环节。企业需要建立科学的数据处理流程和算法，以确保数据的准确性和完整性。同时，采用适当的数据质量管理工具，监控和验证数据的质量，及时发现和纠正可能存在的错误，提高数据的可靠性。

第三，实施信息安全措施以防范信息篡改和滥用的风险。数字化转型中涉及的大量信息可能成为攻击目标，因此必须采取有效的信息安全措施。这包括加密技术、访问控制、身份验证等手段，确保信息在采集、传输和存储的过程中不被篡改，防止信息被滥用或恶意攻击。

二、保障数字化转型符合法规的措施

(一) 法务团队的角色

1. 法务团队的组建与职责分工

在企业财务数字化转型中,法务团队的组建与职责分工至关重要。该团队的构建应该涵盖专业的法律顾问和合规专家,以确保企业在数字化转型过程中的各项活动都符合法规,从而降低法律风险。

第一,法务团队的组建需要确保拥有足够的法律专业知识。这可能包括雇用律师、法务专家和合规官员,他们能够深入了解当地和国际法规,以及数字化领域的法律要求。法务团队成员应该具备广泛的法律知识,特别是与数据隐私、知识产权、合同法等相关的领域。

第二,法务团队的职责分工需要清晰明确。法务团队的成员应该负责审查与数字化转型相关的文件、合同和政策,确保其合规性。同时,他们还应该提供法律咨询服务,为其他部门提供法律指导,帮助他们理解并遵守适用的法规。

第三,法务团队还应该参与数字化转型策略的制定。他们需要与其他部门合作,确保制定的策略符合法规,并提出建议以降低法律风险。在数字化转型的早期阶段,法务团队的参与可以帮助企业规避法律问题,防患于未然。

第四,法务团队需要保持对法规变化的敏感性。法律环境可能随时发生变化,因此法务团队需要密切关注新的法规和法律发展,及时调整企业的数字化策略,确保其仍然符合法规要求。

2. 法务团队的监督和指导作用

法务团队在企业财务数字化转型中扮演着关键的监督和指导角色。他们不仅仅是在数字化转型初期参与法规的制定,更需要在整个过程中持续监督和指导,以确保企业在数字化转型中的合法和合规。

首先,法务团队的监督作用体现在对法规变化的敏感性。他们应该时刻关注各个层面的法规变化,包括但不限于数据隐私、网络安全、知识产权等领域的法律要求。通过建立定期的法规更新机制,法务团队可以及时了解到新的法规要求,以便为企业数字化转型提供及时的调整和更新。

其次,法务团队在制定企业的合规政策时需要给予明确的指导。他们应该就数字化转型中可能涉及的法规问题提供详细的政策建议,明确合规的具体要求,为企业各部门提供操作指南。通过与其他部门的紧密合作,法务团队可以确保制定的合规政策不仅是符合法规要求的,而且也是贴近实际操作的。

再次,法务团队还需要参与制定企业的内部控制措施。他们可以为企业建立起规范的数据管理流程、明确的责任分工和有效的内部控制机制,以确保数字化转型过程中的信息管理透明度和效果。通过明确权责关系,法务团队可以防范信息孤岛和责任模糊,降低信息管理的风险。

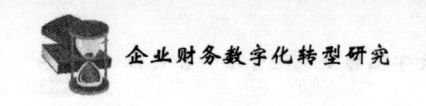

最后，法务团队在数字化转型过程中应该建立与其他部门的有效沟通渠道。他们需要与技术团队、业务团队等密切协作，了解数字化转型中可能存在的法律难题，为他们提供法律指导。通过建立团队间的密切沟通，法务团队可以更好地了解企业内部的实际情况，提供更贴切的法律建议。

（二）合规培训和教育

1.定期的法规合规性培训

企业财务数字化转型需要定期组织法规合规性培训和教育，以确保员工了解相关法规要求，并增强他们的法规意识。这一培训举措对于确保企业在数字化环境中的合法运营和降低法律风险至关重要。

一是，定期的法规合规性培训可以帮助员工了解数字化转型中涉及的各种法规，包括但不限于数据隐私法、网络安全法等。通过对这些法规的详细解读，员工能够更全面地了解数字化转型中可能面临的法律要求和法规限制。培训内容应该贴近企业实际操作，通过案例分析和实际经验分享，使员工更容易理解法规的实际应用场景。

二是，培训应强调数字化转型中的法规责任和义务。员工需要清晰地了解在数字化转型中，他们所在岗位可能涉及的法规责任，以及应该如何履行相关的法规义务。通过明确责任分工，员工可以更好地理解自己在数字化转型中的角色，从而避免违反法规引发的潜在法律风险。

三是，培训应注重实践操作和技能培养。员工不仅需要了解法规的理论知识，还需要具备在具体操作中遵守法规的实际技能。因此，培训可以包括模拟操作、案例演练等实际操作环节，以帮助员工更好地掌握法规合规的实际应用技能。

定期法规合规性培训的另一个关键目标是增强员工的法规意识。员工对于法规的敏感性和主动性对于企业的合规性至关重要。通过培训，员工可以更好地理解法规对企业经营的影响，从而在实际工作中更加主动地遵循法规，减少违规风险。

2.强化合规性培训的实效性

企业财务数字化转型中强化法规合规性培训的实效性至关重要。法规合规性培训不仅仅应该注重知识的传递，更需要通过实践操作、案例分析和模拟演练等方式，使员工能够深入理解法规的实际应用，从而降低因为不了解法规而导致的合规风险。

首先，通过案例分析，培训可以将抽象的法规理论与实际业务场景相结合。通过真实案例的讲解，员工能够更加具体地了解数字化转型中可能涉及的法规问题和解决方法。这有助于提高员工对法规实施的实际操作能力，使其能够在实际工作中更加灵活、准确地应对各种合规挑战。

其次，模拟演练是培训的关键环节之一。通过模拟数字化转型中可能发生的情境，员工可以在相对安全的环境中进行操作实践，增强其应对法规合规性问题的信心。模拟演练可以涵盖不同业务环节，包括数据管理、隐私保护、网络安全等方面，使员工能够全面理解法规合规性要求的实际应用。

再者，培训应当注重员工的参与度和互动性。通过引入互动式教学方法，如小组讨论、角色扮演等，可以激发员工的学习兴趣，提高培训的实效性。员工在参与互动中能够更好地理解、消化法规合规性知识，形成深刻的印象，从而更好地应用于实际工作中。

强化法规合规性培训的实效性还需要不断评估和反馈。培训后的反馈机制可以帮助企业了解培训效果，及时调整培训内容和方式。通过不断优化培训方案，企业可以确保培训的实效性和可持续性，更好地应对数字化转型中的合规挑战。

（三）建立内部合规审查机制

1.定期的内部合规审查

企业财务数字化转型中强化法规合规性培训的实效性至关重要。法规合规性培训不仅仅应该注重知识的传递，更需要通过实践操作、案例分析和模拟演练等方式，使员工能够深入理解法规的实际应用，从而降低因为不了解法规而导致的合规风险。

第一，通过案例分析，培训可以将抽象的法规理论与实际业务场景相结合。通过真实案例讲解，员工能够更加具体地了解数字化转型中可能涉及的法规问题和解决方法。这有助于提高员工对法规实施的实际操作能力，使其能够在实际工作中更加灵活、准确地应对各种合规挑战。

第二，模拟演练是培训的关键环节之一。通过模拟数字化转型中可能发生的情境，员工可以在相对安全的环境中进行操作实践，增强其应对法规合规性问题的信心。模拟演练可以涵盖不同业务环节，包括数据管理、隐私保护、网络安全等方面，使员工能够全面理解合规性要求的实际应用。

第三，培训应当注重员工的参与度和互动性。通过引入互动式教学方法，如小组讨论、角色扮演等，可以激发员工的学习兴趣，提高培训的实效性。员工在参与互动中能够更好地理解、消化法规合规性知识，形成深刻的印象，从而更好地应用于实际工作中。

强化法规合规性培训的实效性还需要不断评估和反馈。培训后的反馈机制可以帮助企业了解培训效果，及时调整培训内容和方式。

2.独立的内审团队

为确保审查的客观性和独立性，企业在数字化转型中可以设立独立的内审团队。这一团队的设立旨在避免与数字化转型团队之间存在过于紧密的关系，从而提供更为客观的评估和建议，确保数字化转型的合规和有效。

独立的内审团队应当由经验丰富、熟悉数字化领域法规和技术的专业人士组成。这些专业人员可以包括法律顾问、信息技术专家、数据管理专家等，以确保审查的全面性和深入性。他们的独立性意味着他们不受数字化转型团队的影响，能够客观地评估数字化转型的各个方面，包括合规性、风险管理、数据隐私等。

在设立独立内审团队时，需要制订明确的审查计划和标准。审查计划应该覆盖数字化转型的各个阶段和环节，确保审查的全面性。审查标准可以基于相关法规、行业最佳实践以及企业内部的合规要求，以确保审查的准确性和有效性。

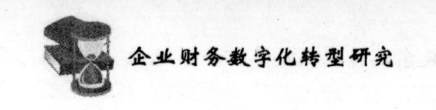

最后，独立内审团队的报告应当直接向公司高层和董事会汇报，以确保审查结果得到高层关注和决策。这有助于在数字化转型过程中及时发现问题、调整策略，并提供改进建议，确保数字化转型的成功推进。

（四）建立合规沟通渠道

1. 畅通的合规咨询渠道

为确保数字化转型中员工对法规合规性问题的及时解答，企业需要建立畅通的合规咨询渠道，使员工能够方便地向法务团队咨询合规相关问题。这一合规咨询渠道的建立有助于解决员工在数字化转型中可能遇到的合规疑虑，提高员工对法规合规性要求的理解和遵守程度。

畅通的合规咨询渠道应当具备以下特点。

（1）易于访问

合规咨询渠道应当为员工提供便捷的访问途径，可以是在线平台、内部网站、邮件等多种方式。这有助于员工随时随地获取法规合规性方面的信息。

（2）专业法务支持

渠道中应当有专业的法务团队成员提供支持，确保对员工提出的合规问题能够得到专业、准确地回答。这可以包括法律顾问、合规专家等。

（3）及时响应

企业需要设定合理的响应时间，确保员工的合规咨询能够得到及时回应。及时解答有助于员工更好地理解合规要求，避免因疑虑而影响数字化转型的推进。

（4）教育和培训

合规咨询渠道不仅仅是解答问题的平台，还可以通过在线培训、信息发布等形式，提供关于法规合规性的教育，增强员工对合规要求的认知。

（5）保密性保障

渠道中应当保障员工提问信息的保密性，鼓励员工放心咨询合规问题，促进法规合规性意识的提升。

通过建立畅通的合规咨询渠道，企业可以更好地支持员工在数字化转型中的法规合规性需求，降低员工可能面临的合规困扰，有助于数字化转型的平稳推进。

2. 及时地合规解答与指导

在企业财务数字化转型过程中，法务团队的角色至关重要，他们应该及时回应员工的合规咨询，提供专业的解答与指导。为了确保有效地沟通与协作，建立高效的合规沟通渠道是必不可少的。

首先，企业可以通过设立专门的合规咨询平台或在线系统，使员工能够方便地提交法规合规性问题。这种平台可以提供在线表单、电子邮件或即时通信等多种途径，以确保员工可以选择最适合他们的方式进行咨询。

其次，法务团队需要设定明确的回应时间目标，以便及时处理员工的合规咨询。这有助于建立员工对法务团队的信任，提高法规合规性问题的解决效率。

在解答合规问题时，法务团队应提供专业、清晰的指导，确保员工能够准确理解合规要求。可以通过定期的合规培训和信息发布，增强员工的合规意识，降低合规风险。

最后，法务团队还可以与其他部门密切合作，特别是与数字化转型团队，以更好地了解数字化转型中可能涉及的法规和合规挑战。这种协作有助于法务团队提供更具体和实际的指导，确保数字化转型过程中的法规合规性。

（五）合规性报告和透明度

1. 定期的合规性报告

企业在数字化转型中应建立定期的合规性报告机制，以向公司高层和相关部门全面报告合规状况。这一机制有助于确保数字化转型过程中的法规遵循和合规工作的透明度。合规性报告的内容应该清晰明了，突出合规工作的亮点和问题，以提供全面的合规状态概览。

在合规性报告中，首先需要明确报告的受众对象，包括公司高层管理层、法务团队、数字化转型团队以及其他相关部门。不同层级的受众可能关注的焦点不同，因此报告应根据不同受众的需求进行定制。

其次，合规性报告应概述数字化转型过程中所涉及的法规和合规要求，并详细说明企业在遵循这些法规方面的整体表现。报告可以突出强调已经实施的合规措施，以及达到的合规目标，从而展示企业在合规性方面的积极努力。

报告还应对数字化转型中可能存在的合规性问题进行全面分析和描述。这包括已经发现的问题、正在进行的解决措施以及未来的改进计划。通过对问题的透明度和及时性的展示，有助于公司高层了解潜在的风险和挑战，从而采取相应的战略性决策。

定期的合规性报告不仅可以为公司提供一个全面的法规合规概览，而且还可以为数字化转型团队和法务团队提供一个指导方向，以调整和优化合规策略。报告的透明性和精准性将有助于建立公司在数字化转型领域的信任和声誉，同时推动合规工作的持续改进。

2. 透明度的提高

通过合规性报告，企业可以有效提高数字化转型中合规工作的透明度。这一透明度的提升对公司高层管理者至关重要，因为它为他们提供了全面的合规状况概览，使其能够更及时地调整和完善合规措施，确保数字化转型在法规框架内稳健推进。

合规性报告的制定和定期提交为公司高层提供了一个重要的信息源，使他们能够深入了解数字化转型过程中的法规遵循情况。报告应该清晰地概述数字化转型所涉及的法规和合规要求，并突出强调公司在这方面的整体表现。通过向高层提供翔实的合规信息，报告有助于建立高层对数字化转型合规性的信心，确保决策者在公司法规遵循方面具有准确的认识。

透明度的提高不仅包括对合规工作的积极成果的呈现，还应该包括对可能存在的合规性问题的全面分析。通过对已发现问题的详细描述以及正在进行的解决措施，公司高层能够更全面地理解数字化转型中可能存在的潜在风险和挑战。这使得管理层能够更加有效地

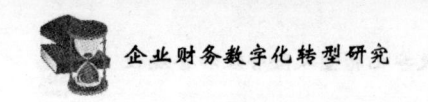

做出决策，及时调整战略方向，以确保数字化转型的顺利进行。

定期的合规性报告还提供了一个评估数字化转型合规性进展的标准。这为公司高层提供了判断合规性工作有效性的依据，同时为数字化转型团队和法务团队提供了指导方向，以调整和优化合规策略。

第四节　数据安全与隐私保护措施

一、建立健全的数据安全管理体系

数据安全是企业数字化转型中至关重要的一环，涉及企业核心资产的保护和风险管理。为了确保数据安全，企业需要建立健全的数据安全管理体系，以应对各种内外部威胁和风险。

（一）数据加密

数据加密是保护数据安全的重要手段，通过加密算法对数据进行转换，使其变得难以被未授权的人解读。在数字化转型中，数据在传输和存储过程中容易受到黑客攻击和窃取，因此加密成为必要的安全措施。

1. 对称加密

相较于非对称加密，对称加密算法具有速度快、效率高的优势，因此在大量数据的加密场景下表现出色。其中，高级加密标准（AES）是目前最流行的对称加密算法之一。AES算法采用固定长度的密钥（128位、192位或256位），通过多轮的替代和置换操作对数据进行加密，从而保证了数据的机密性和完整性。

在企业信息安全领域，对称加密算法被广泛应用于数据传输、存储和加密通信等方面。例如，在数据传输过程中，企业可以使用对称加密算法对敏感数据进行加密，防止数据在传输过程中被窃取或篡改；在数据存储方面，企业可以使用对称加密算法对存储在数据库或文件系统中的数据进行加密保护，防止数据被未经授权的访问；在加密通信方面，企业可以使用对称加密算法对网络通信中的数据进行加密，保障通信内容的机密性和安全性。

然而，尽管对称加密算法具有速度快、效率高的优势，但由于其密钥是对称的，因此在密钥管理和分发方面存在一定的挑战。特别是在分布式系统和网络环境下，如何安全地管理和分发密钥成了企业面临的重要问题。为了解决这一问题，企业可以采用密钥管理系统（KMS）等技术手段，对密钥进行安全地存储、分发和更新，从而提高对称加密算法的安全性和可靠性。

2. 非对称加密

非对称加密是一种重要的加密技术，与对称加密不同，非对称加密算法使用一对密钥，分别称为公钥和私钥，用于加密和解密操作。公钥可以公开传播，而私钥则保密保存。由于公钥和私钥是一对密钥，因此非对称加密算法具有更高的安全性，适合于数据传输中的密钥交换和身份验证等场景。其中，RSA 算法是应用最广泛的非对称加密算法之一，它基于大素数因子分解的数学难题，保证了数据传输过程中的安全性和可靠性。

在企业信息安全领域，非对称加密算法被广泛应用于网络通信、数字签名、身份认证等方面。例如，在网络通信中，企业可以使用非对称加密算法对数据进行加密传输，保障通信内容的机密性和安全性；在数字签名方面，企业可以使用非对称加密算法对文件或消息进行签名，验证文件的完整性和真实性；在身份认证方面，企业可以使用非对称加密算法对用户进行身份验证，确保只有经过授权的用户才能访问系统资源。

然而，尽管非对称加密算法具有高安全性的优势，但由于其计算复杂度较高，导致加密和解密的速度相对较慢，因此在处理大量数据时效率较低。此外，非对称加密算法对密钥长度的要求较高，密钥的生成和管理也较为复杂，需要耗费更多的计算和存储资源。

3.密钥管理系统

在企业信息安全管理中，密钥管理系统是保障数据安全的重要组成部分，其有效运作对于维护数据的机密性、完整性和可用性至关重要。

密钥管理系统的主要功能包括密钥生成、密钥存储、密钥分发、密钥更新和密钥销毁等。首先，密钥管理系统通过随机数生成算法生成高质量的密钥，可保证密钥的随机性和复杂性，提高加密算法的安全性。其次，密钥管理系统将生成的密钥存储在安全的环境中，采用严格的访问控制和身份认证机制，防止密钥被未经授权的访问和使用。同时，密钥管理系统还负责密钥的分发和更新，确保密钥在传输和使用过程中的安全性和时效性。最后，在密钥不再使用或失效时，密钥管理系统还会负责密钥的安全销毁，以防止密钥被滥用或泄露。

为了进一步提高密钥管理系统的安全性和可靠性，企业可以采用硬件安全模块（Hardware Security Module，HSM）等专门的技术手段。HSM 具有高度的安全性和可信度，可以提供安全的密钥存储、密钥生成、密钥管理和密钥操作等功能。通过采用 HSM 技术，企业可以确保密钥的安全存储和管理，防止密钥被泄露、篡改或滥用，从而保障数据的安全性和完整性。

（二）访问控制

访问控制是保证数据安全的关键措施，通过对用户的身份认证和权限管理，限制用户对敏感数据的访问和操作。在数字化转型中，建立完善的访问控制机制可以有效防止数据泄露和滥用。

1.基于角色的访问控制

基于角色的访问控制（Role-Based Access Control，RBAC）是一种广泛应用于企业信息系统中的访问控制模型。RBAC 将用户分配到不同的角色中，并为每个角色分配相应的权限，以实现对用户的精细化管理和数据访问控制。这种模型的设计理念是基于用户的角色和职责来确定其在系统中所能执行的操作，而不是直接管理用户的访问权限。

在企业信息系统中，RBAC 的实现通常涉及三个主要组成部分：角色、权限和用户。首先，企业需要定义不同的角色，如管理员、普通用户、审计员等，并为每个角色分配相应的权限，即确定每个角色可以执行的操作范围。其次，企业需要将用户分配到适当的角色中，根据用户的职责和权限需求，将其分配到与其角色相匹配的用户组中。最后，系统根据用户所属的角色来控制其对系统资源的访问，只有被授权的角色才能执行相应的操作，确保了数据的安全性和可控性。

RBAC 模型的优势在于其简单易用、灵活性强和安全性高。通过 RBAC，企业可以实现对用户权限的精细化控制，降低了数据泄露和滥用的风险。同时，RBAC 还能够有效地简化权限管理流程，提高了系统的管理效率和运行稳定性。

然而，RBAC 模型的设计和实施也面临着一些挑战和限制。例如，RBAC 模型需要合理地定义角色和权限，需要充分考虑企业的组织结构和业务流程，否则可能导致权限分配不合理或过于复杂。此外，RBAC 模型对角色和权限的管理需要及时更新和调整，以适应企业业务的变化和发展。

2. 基于策略的访问控制

基于策略的访问控制（Attribute-Based Access Control，ABAC）是一种灵活且强大的访问控制模型，其核心思想是根据预先定义的访问策略对用户进行访问控制，而这些策略是基于用户的属性和环境因素进行制定的。相较于其他访问控制模型，ABAC 具有更高的灵活性和适用性，特别适用于复杂的访问场景和多变的环境。

在 ABAC 模型中，访问策略基于用户的属性、资源的属性以及环境的上下文信息进行定义和评估。用户的属性可以包括其角色、组织关系、所在位置等，而资源的属性则可以包括其敏感性、所有者等。通过综合考虑用户的属性、资源的属性以及环境的上下文信息，ABAC 模型可以对用户的访问请求进行细致的评估和控制，从而实现对数据访问的精确控制和管理。

企业可以根据自身的业务需求和安全策略，制定相应的访问策略，并在 ABAC 模型中进行配置和管理。例如，企业可以基于用户的职责和权限、资源的敏感性和保密级别，以及访问请求的时间和地点等因素，制定不同的访问策略，实现对数据访问的动态管理和控制。同时，ABAC 模型还支持多级别、多维度的访问控制，可以灵活地应对复杂的访问场景和安全需求。

尽管 ABAC 模型具有诸多优势，但其设计和实施也面临一些挑战和限制。例如，ABAC 模型的策略定义和管理相对复杂，需要充分考虑用户属性、资源属性和环境因素之间的关系，以确保访问策略的准确性和一致性。此外，ABAC 模型对访问策略的评估和执行也需要消耗较大的计算和存储资源，因此在大规模系统中的性能和效率也是需要考虑的问题。

（三）网络安全

网络安全是数据安全管理体系中的重要组成部分，涉及网络设备、通信协议、防火墙、入侵检测系统等多个方面。在数字化转型中，建立安全的网络环境是保障数据安全的关键之一。

1. 建立安全网络架构

安全网络架构的设计需要考虑多个方面，包括网络拓扑结构、安全设备的部署和配置、以及网络流量的监控和管理等。首先，企业可以通过划分网络区域来实现安全网络架构。通过将企业网络划分为不同的安全区域，如内部网络、隔离区（Demilitarized Zone, DMZ）区域和外部网络等，可以限制不同区域之间的访问和通信，减少攻击面，提高网络的安全性。同时，企业可以采用网络隔离和访问控制技术，限制不同区域之间的通信流量，确保敏感数据和系统得到有效保护。其次，企业可以部署防火墙和入侵检测系统等安全设备，加强对网络流量的监控和管理。防火墙作为网络边界的第一道防线，可以通过过滤网络流量、检测和阻止恶意攻击，保护企业网络免受外部威胁的侵害。入侵检测系统则可以实时监测网络中的异常行为和攻击行为，并及时发出警报，帮助企业发现和应对潜在的安全威胁。此外，企业还可以采用加密通信、访问控制和身份认证等技术手段，提升网络的安全性和可信度。加密通信技术，可以保护数据在传输过程中的机密性和完整性，防止数据被窃取或篡改。访问控制和身份认证技术则可以确保只有经过授权的用户才能访问企业网络资源，减少未经授权访问和滥用的风险。

2. 加强对网络设备的管理和监控

网络设备作为企业网络基础设施的核心组成部分，其安全性和稳定性直接关系到整个网络环境的安全和可靠性。为了保障网络设备的安全运行，企业需要采取一系列措施来加强对网络设备的管理和监控。首先，企业应建立完善的网络设备管理制度和流程。这包括规范网络设备的采购、部署、配置和维护流程，明确网络设备管理的责任和权限，确保网络设备的安全性和稳定性。企业可以建立设备台账，记录网络设备的基本信息和配置信息，及时更新和维护设备清单，确保网络设备的及时发现和管理。其次，企业需要加强对网络设备的监控和审计。通过部署网络监控系统和审计系统，实时监测和记录网络设备的运行状态和活动行为，及时发现和响应网络设备的异常情况和安全事件。企业还可以通过日志分析和行为分析等技术手段，识别潜在的安全风险和威胁，及时采取相应的应对措施，提高网络设备的安全性和可靠性。此外，企业还应定期对网络设备进行安全漏洞扫描和安全性评估。通过定期对网络设备进行漏洞扫描和安全性评估，发现和修复潜在的安全漏洞和弱点，提高网络设备的抗攻击能力和安全性水平。企业还可以建立安全补丁管理制度，及时更新和应用网络设备的安全补丁，防止已知漏洞被攻击和利用，确保网络设备的安全运行。

3. 部署入侵检测和防御系统

部署入侵检测和防御系统是企业保护网络安全的重要措施之一，它能够有效地检测和阻止各种网络攻击行为，保护企业的网络和数据资产不受损害。入侵检测系统（IDS）和入侵防御系统（IPS）是两种常见的安全设备，它们在企业网络中发挥着重要作用。

首先，入侵检测系统能够通过监控网络流量和系统日志等方式，及时发现网络中的异常行为和潜在的安全威胁。IDS能够分析网络流量中的异常模式和攻击特征，发现各种网络攻击，如网络扫描、恶意代码传播、拒绝服务攻击等。一旦检测到异常行为，IDS会及时发出警报，通知管理员进行进一步调查和应对。

其次，入侵防御系统能够对检测到的恶意流量和攻击行为进行阻止和防御。IPS能够实时响应检测到的安全事件，采取相应的防御措施，如阻断恶意流量、禁止攻击者的访问、修改防火墙规则等。通过及时阻止攻击行为，IPS能够有效地减轻攻击对企业网络和系统的影响，保护企业的网络安全和数据资产不受损害。

除了IDS和IPS之外，企业还可以部署其他辅助安全设备和技术，如防火墙、反病毒软件、网络行为分析系统等，构建多层次、多维度的安全防护体系。同时，企业还应定期更新安全设备和软件，及时应用最新的安全补丁，提高安全防护的能力和水平。

二、保护用户隐私并遵守相关法规

随着数字化转型的推进，用户隐私保护成为越来越受到关注的问题。为了保护用户的隐私权益，并遵守相关的法律法规，企业需要采取一系列措施来保护用户的个人信息安全。

（一）隐私保护政策

隐私保护政策是保护用户隐私的基础，企业应当制定明确的隐私保护政策，并向用户清晰地说明个人信息的收集、使用、存储和共享行为，以及个人信息处理的目的和方式，确保用户能够充分了解并自主选择是否提供个人信息。

1.明确规定个人信息处理行为

企业的隐私保护政策在保障用户隐私权益方面发挥着至关重要的作用。其中，明确规定个人信息处理行为是隐私保护政策中的核心内容之一。这一方面明确规定了个人信息的收集范围，包括了企业在何种情况下会收集用户的个人信息，比如，在用户注册、订阅服务、参与调查等环节。这样的明确规定可以帮助用户了解企业收集个人信息的情况，避免用户对信息收集过程产生疑虑或误解。

另一方面，明确规定了个人信息的使用目的。企业应当清楚地说明个人信息收集的目的是为了提供更好的服务、改善用户体验、开展营销活动等。明确规定使用目的有助于用户理解其个人信息被使用的合法性和正当性，也能够避免企业将个人信息用于未经用户同意的其他用途。

此外，隐私保护政策还应明确规定个人信息的存储期限。企业在收集个人信息时应明确规定个人信息的存储时间，合理确定存储期限，并在超过存储期限后及时删除或者匿名化个人信息，以降低个人信息被滥用或泄露的风险。

最后，隐私保护政策还应明确规定个人信息的共享对象。企业在与第三方共享个人信息时应明确规定共享对象的范围和目的，并获得用户的明示同意。此外，企业应当与共享对象签订保密协议，约定共享信息的使用范围和保护措施，以确保个人信息的安全和隐私不受侵犯。

2. 获得用户明示同意

在收集、使用和共享个人信息之前，企业应当向用户明确告知个人信息处理的目的、方式和范围，以及用户拒绝提供个人信息可能产生的影响，从而保障用户的知情权和选择权。首先，企业应当在收集个人信息之前向用户明示信息处理的目的。这包括告知用户企业收集个人信息的具体目的，例如，为了提供服务、完善产品功能、开展市场营销等。明确告知信息处理有助于用户理解个人信息被收集的合理性和必要性，增强用户的信任感和满意度。其次，企业应当向用户明确告知个人信息处理的方式和范围。这包括告知用户个人信息的收集方式、使用方式、存储方式以及共享方式等。明确告知信息处理的方式和范围有助于用户了解个人信息被处理的具体流程和方式，从而保障用户的信息安全和隐私权益。最后，企业应当向用户明确告知拒绝提供个人信息可能产生的影响。这包括告知用户如果拒绝提供个人信息可能导致的服务限制、功能受限或者无法享受相关优惠等后果。明确告知拒绝提供个人信息可能产生的影响有助于用户全面权衡利弊，自主决定是否提供个人信息。

（二）合规性审查

为了保障用户隐私权益，企业在收集、使用和处理用户个人信息时必须严格遵守相关的法律法规，进行合规性审查，并制订符合法规要求的数据处理方案和措施，确保个人信息的合法、正当和必要使用。

1. 遵守个人信息保护法规

企业应当严格遵守《个人信息保护法》等相关法规的规定。这是保障用户隐私权益的法律基础。在个人信息的收集、使用和处理过程中，企业应当尊重用户的隐私权益，采取一系列措施保护用户的个人信息不受非法获取、使用或泄露。

第一，企业应当遵守《个人信息保护法》等相关法规的要求，明确规定个人信息的收集、使用和处理行为。《个人信息保护法》明确规定了个人信息的定义、收集范围、使用规则、处理程序等内容，企业在收集、使用和处理个人信息时必须严格按照法律规定的程序和要求进行，确保个人信息的合法性、正当性和必要性。

第二，企业应当加强对个人信息的安全保护措施，防止个人信息被非法获取、使用或泄露。企业可以采取技术手段和管理措施保护个人信息的安全，如加密技术、访问控制、数据备份和恢复等。同时，企业还应加强员工的安全意识培训，提高员工对个人信息保护的重视和认识，加强对个人信息的保护和管理。

第三，企业应当建立健全的个人信息保护管理制度和流程，健全个人信息保护组织机构，明确责任和权限，确保个人信息保护工作的有效开展。企业可以建立个人信息保护委员会或专门部门，负责监督和管理个人信息保护工作，及时发现和解决个人信息保护中存在的问题和风险，使用户的隐私权益得到有效保护。

2. 制定合规性措施

为确保个人信息处理活动的合规性和规范性，企业应当制定一系列合规性措施，以保护用户的隐私权益并遵守相关法律法规。首先，企业应建立完善的个人信息保护管理制度。这一制度应包括个人信息收集、使用、存储、传输和销毁等各个环节的规范和流程，明确责任部门和人员，并制定相应的操作规范和处理程序，以确保个人信息的安全和合规处理。其次，企业应指定专人负责个人信息保护工作。这些专人可以是信息安全专家、法律顾问或者专门的隐私保护官员，负责监督和管理个人信息的收集、使用和处理活动，及时发现和解决个人信息保护中存在的问题和风险，保障用户的隐私权益得到有效保护。此外，企业应定期开展员工培训，提高员工对个人信息保护的认识和意识。培训内容可以包括个人信息保护法律法规的相关知识、个人信息处理的流程和规范、信息安全意识培训等内容，帮助员工加强对个人信息保护的理解和重视，提高个人信息处理活动的合规性和规范性。

除此之外，企业还可以建立个人信息保护委员会或者专门部门，负责监督和管理个人信息保护工作。这样的机构可以负责审查个人信息处理活动是否符合相关法律法规和内部制度要求，及时发现和纠正个人信息处理中存在的问题和风险，保障个人信息的安全和合规处理。

（三）技术手段保护

除了制定政策和遵守法规外，企业还应采取一系列技术手段来保护用户的个人信息安全，包括数据加密、访问控制、数据备份和恢复等，确保用户的个人信息不会被非法获取、篡改或泄露。

1. 数据加密保护

企业应当采用数据加密技术对个人信息进行加密保护，以确保个人信息在传输和存储过程中不被窃取或篡改，从而保障用户的信息安全。在实施数据加密保护措施时，需要考虑以下几个方面：首先，确定加密算法和密钥长度。企业在选择加密算法时应考虑算法的安全性、效率和适用性。常见的加密算法包括对称加密算法和非对称加密算法。对称加密算法速度快、效率高，适合对大量数据进行加密。而非对称加密算法安全性更高，适用于密钥交换和数字签名等场景。此外，应根据安全需求确定密钥的长度，一般来说，密钥越长，加密的安全性越高。其次，建立密钥管理系统。密钥管理系统用于生成、存储和分发加密密钥，是保证加密算法安全性和可靠性的重要组成部分。企业可以采用硬件安全模块等技术，确保密钥的安全存储和管理，防止密钥被泄露或滥用。同时，应制定密钥管理策略，包括密钥的生成、分发、使用、备份和销毁等方面的规定，以确保密钥的安全性和可控性。再次，实施数据加密措施。企业应在个人信息的传输和存储过程中对数据进行加密保护。在数据传输过程中，可以采用传输层安全协议等加密通信协议，确保数据在网络传输过程中的安全性。在数据存储过程中，可以采用数据库加密、文件加密等技术，对数据进行加密存储，确保数据在存储介质上的安全性。最后，加强密钥管理和安全审计。企业应建立密钥的定期轮换和更新机制，定期对密钥进行更换和更新，以防止密钥被破解或泄露。同时，应建立安全审计机制，对数据加密和密钥管理过程进行监控和审计，及时发现和处理安全事件，确保数据加密措施的有效性和稳定性。

2. 访问控制管理

建立严格的访问控制机制可以有效管理和监控个人信息的访问和操作，确保只有经过授权的人员才能够访问和使用个人信息，从而防止信息泄露和滥用。在实施访问控制管理时，需要考虑以下几个方面：首先，确定访问控制策略。企业应该根据业务需求和安全风险评估结果，制定适合自身情况的访问控制策略。访问控制策略应该明确规定哪些人员可以访问哪些信息，以及他们可以进行的操作范围，如读取、修改、删除等。同时，访问控制策略还应该考虑不同用户和角色之间的差异，确保不同权限的用户只能访问其需要的信息。其次，建立身份认证机制。身份认证是访问控制的基础，可以确保用户的真实身份。企业可以采用多种身份认证方式，包括用户名和密码、多因素认证、生物识别技术等。在进行身份认证时，应该采用安全性较高的认证方式，并定期更新密码或者采用动态口令等方式提高认证的安全性。再次，实施访问控制技术。企业可以采用基于角色的访问控制（RBAC）和基于策略的访问控制（ABAC）等技术，对个人信息的访问和操作进行精细化管理。RBAC 将用户分配到不同的角色中，并为每个角色分配相应的权限，实现对用户的精细化管理；而 ABAC 则根据事先设定的访问策略，对用户进行访问控制，灵活性更高，适用于复杂的访问场景。最后，加强访问控制的监控和审计。企业应建立访问控制的监控和审计机制，及时发现和阻止未经授权的访问行为，并记录访问日志和审计轨迹，以便对访问事件进行追溯和调查。同时，定期对访问控制策略和权限进行评估和审查，及时调整和优化访问控制策略，确保访问控制机制的有效性和合规性。

3. 数据备份和恢复

建立完善的数据备份和恢复机制可以有效地应对意外事件和数据丢失风险，确保个人信息不会因意外情况而永久丢失，保障用户的个人信息安全。在实施数据备份和恢复策略时，需要考虑以下几个方面：首先，确定备份策略和周期。企业应根据个人信息的重要性和业务需求，制定合理的备份策略和周期。备份策略应包括全量备份和增量备份，全量备份用于备份所有数据，而增量备份只备份发生变化的数据，可以节省备份存储空间和时间。备份周期可以根据数据更新频率和安全需求确定，一般来说，重要数据建议每日备份，而对于一些不太重要的数据可以更长时间备份一次。其次，选择合适的备份方案和介质。企业可以选择本地备份和远程备份相结合的方式，以确保备份数据的安全性和可靠性。本地备份可以采用磁盘阵列、硬盘等存储介质，而远程备份则可以利用云存储等方式，将备份数据存储在安全可靠的远程服务器上。此外，还可以考虑采用磁带备份等介质，作为长期存储备份数据的手段。再次，建立应急预案和恢复流程。企业应制订完善的应急预案和数据恢复流程，明确各部门和人员的责任和任务，以应对各种意外事件和灾难情况。应急预案应包括数据丢失、硬件故障、网络攻击等各种情况下的应对措施和恢复步骤，以确保在发生突发事件时能够迅速有效地恢复数据。最后，定期测试和评估备份和恢复机制。企业应定期对备份和恢复机制进行测试和评估，验证备份数据的完整性和可用性，以及恢复流程的有效性和可靠性。同时，根据测试结果和评估反馈，及时调整和优化备份和恢复策略，确保备份和恢复机制的持续可靠性。

第八章

企业财务数字化转型实施和监控

第一节 实施数字化转型计划的步骤

在数字化转型计划的早期阶段，项目启动和组织是关键的一步。领导者需要明确数字化转型的愿景和目标，制订详细的计划，并建立一个高效的项目组织结构。此时，应确保项目组成员明确职责和相互配合，为后续的实施工作奠定基础。

一、明确数字化转型目标与愿景

（一）清晰的核心业务目标

数字化转型的核心业务目标是确保明晰、具体，与组织战略方向一致。这涉及对财务流程效率、成本降低、数据分析能力等方面的明确定义，以便为企业创造实质性的价值。

第一，核心业务目标应该以提高财务流程效率为重要方向。数字化转型可通过自动化流程、采用先进的财务工具和系统，以及优化数据管理，提高财务操作的速度和准确性。这有助于加速财务决策和报告的制定，使企业更具敏捷性和竞争力。

第二，数字化转型的目标还可能包括降低成本。通过引入数字技术和智能系统，企业可以简化业务流程、提高工作效率，从而降低运营成本。这有助于提升企业整体盈利能力，使其更具可持续性和抗风险能力。

第三，核心业务目标可能涉及增强数据分析能力。数字化转型可以为企业提供更多、更准确的数据，为决策者提供更好的支持。通过有效的数据分析，企业能够更深入地了解市场趋势、客户需求，从而制订更具前瞻性的战略和业务计划。

（二）期望的成果

数字化转型的期望成果是一个清晰而有针对性的目标，涵盖了多个方面，旨在评估整个转型过程中所取得的实际效果。

首先，期望提升数据精确性。数字化转型通常包括引入先进的数据管理和分析工具，以确保数据的准确性和一致性。这有助于降低错误率，提高数据质量，为组织提供更可靠的基础信息，从而支持更精准的业务决策。

其次，期望加强业务决策的及时性。通过数字化转型，企业可以实现实时或更加及时的数据获取和分析，使决策者能够在迅速变化的市场环境中迅速做出明智的决策。这种敏捷性有助于企业更好地应对市场变化和竞争压力。

最后，期望增进客户满意度。数字化转型可以提供更具个性化、高效的服务，通过数据分析和客户关系管理工具，更好地理解客户需求，提供定制化的解决方案，从而提升客户体验和满意度。

（三）长远影响

在数字化转型计划中，考虑长远影响是至关重要的，因为这不仅关乎当前问题的解决，更涉及对组织文化、员工技能和市场地位的深远影响。数字化转型应当被视为一项战略性的变革，旨在为未来业务发展奠定坚实基础。

一是，数字化转型对组织文化的影响至关重要。随着技术的不断演进，组织文化需要适应新的数字化环境。引入先进的数字技术可能会改变组织内部的工作流程、沟通方式和决策机制。因此，领导者需要引导组织成员接受新的文化价值观，强调创新、灵活性和数据驱动的决策。

二是，数字化转型对员工技能的要求提出了新的挑战。随着数字技术的广泛应用，员工需要具备数字化领域的相关技能，包括但不限于数据分析、人工智能、数字化营销等。因此，组织需要通过培训和发展计划，确保员工具备适应数字化转型的技能和知识，以更好地应对未来工作的挑战。

三是，数字化转型对组织在市场上的地位产生深远的影响。通过提高效率、提升客户体验和提供创新性产品或服务，组织有望在市场上获得竞争优势。数字化转型也可能为企业找到新的市场机会，拓展业务边界，提升市场份额。然而，要实现这些长远影响，必须确保数字化转型的战略与组织的整体战略一致，使其成为业务增长和可持续发展的有力驱动力。

因此，数字化转型应当被视为一项战略性的长期投资，领导者需要审慎规划，并充分考虑其对组织文化、员工技能和市场地位的深远影响，以确保数字化转型的成功和可持续发展。

二、制订详细的数字化转型计划

（一）明确定义各阶段工作内容

1. 系统升级

系统升级是企业财务数字化转型中至关重要的一环，对于确保数字系统的性能、功能和安全性都能跟上业务发展的步伐至关重要。以下是系统升级的一般步骤和考虑因素。

首先，明确升级的目标和期望效果。这需要深入了解当前系统存在的问题和不足之处，确保升级能够解决这些问题并带来更好的性能、功能或安全性。

其次，确定需要升级的系统和软件。这可能涉及操作系统、数据库管理系统、应用软件等多个方面。明确每个系统和软件的升级计划，以确保整体升级过程有序推进。

详细列出升级所需的步骤。这包括系统备份、新版本的安装、数据转移等关键步骤。系统备份是为了防止在升级过程中出现意外情况导致数据丢失，新版本的安装则需要按照厂商提供的步骤进行，确保安装过程的顺利进行。数据转移涉及将现有数据顺利迁移到新版本系统中，需要谨慎规划和测试。

考虑到升级可能对业务产生的影响。在升级过程中，可能会存在一些业务中断或性能下降的情况，因此需要制订应急计划以应对潜在的问题。这可能包括在非工作时间进行升级，提前通知相关人员，备份系统状态，以及建立快速恢复机制等。

与升级相关的还有风险管理。在升级计划中需要识别潜在的风险，并制定相应的风险缓解措施。这有助于在升级过程中及时应对可能出现的问题，保障数字系统的稳定性和安全性。

最后，进行全面的测试和验证。在升级完成后，对系统进行全面测试，确保新版本的系统能够正常运行，并且业务流程没有受到负面影响。这包括功能测试、性能测试、安全性测试等多个方面，以验证升级的有效性。

2. 员工培训

员工培训是企业财务数字化转型中至关重要的一环，能够确保员工具备使用新数字工具和系统所需的技能，提高工作效率和准确性。以下是关于员工培训的详细步骤和策略。

首先，明确培训内容和培训对象。针对不同岗位和职能的员工，制订差异化的培训计划。例如，财务部门的员工可能需要专注于财务数字系统的使用和财务流程的变化，而其他部门的员工可能需要了解整体数字化工具的应用。

其次，根据员工的职能和岗位需求制订不同的培训计划。培训计划应该根据员工的实际需求，确保其在日常工作中能够灵活运用新的数字工具。这可能包括系统操作培训、数据分析技能培训等多个方面。

结合实际业务场景，设计培训课程。培训课程应该贴近实际业务需求，通过实际案例和业务场景，使员工更好地理解和掌握数字化工具的应用。培训课程的设计应该注重实用性和可操作性。

建立培训评估机制，及时调整培训方案以增强培训效果。通过培训评估，企业可以了解培训的实际效果，包括员工的掌握程度、培训的满意度等。根据评估结果，及时调整培训方案，以提高培训的实效性。

培训的方式可以多样化，包括面对面培训、在线培训、培训手册和视频教程等。根据员工的工作特点和实际情况选择合适的培训方式，以提高培训的接受度和效果。

在数字化转型过程中，员工培训是一个长期而持续的过程。随着数字工具和系统的不断更新和升级，员工培训需要与时俱进，保持与业务发展同步。通过系统的员工培训，企业能够更好地适应数字化转型带来的变革，提高整体业务水平。

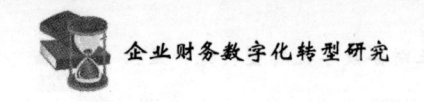

3. 数据迁移

数据迁移是数字化转型中至关重要的步骤，需要制订详细的计划以确保数据在迁移过程中的完整性、安全性和准确性。以下是关于数据迁移的详细计划和步骤。

首先，制订详细的数据迁移计划。该计划应包括清晰的目标和时间表，明确每个阶段的任务和责任人。计划应充分考虑业务需求和系统要求，确保数据迁移的顺利进行。

其次，进行数据清理。在迁移之前，对现有数据进行清理是至关重要的步骤。清理可以包括删除过期或无效的数据、解决数据质量问题以及标准化数据格式等。数据清理可以减少无效数据对迁移过程的干扰，提高数据质量。

进行数据映射是另一个关键步骤。在源系统和目标系统之间建立数据映射关系，确保数据能够正确地从一个系统迁移到另一个系统。这包括字段映射、数据类型匹配等方面的工作，以保证数据的准确性和一致性。

在数据迁移过程中，数据的验证至关重要。通过在迁移后对数据进行验证，企业可以及时发现并纠正任何可能的错误。验证的方式可以包括对比源系统和目标系统的数据、进行抽样验证等。

同时，需要识别可能存在的数据安全风险。在整个迁移过程中，确保数据的保密性和完整性是至关重要的。采取加密、访问控制等措施，防范潜在的数据泄露风险。

建立回滚计划是防范意外情况的有效手段。即使在详细的计划和验证下，意外情况仍可能发生。因此，应建立回滚计划，确保在发生问题时能够迅速回退到原始状态，最大程度地减少潜在的影响。

（二）设定时间节点

1. 项目启动

项目启动是数字化转型过程中的关键阶段，其成功与否直接影响着整个项目的进展和最终成果。为确保项目启动阶段的高效进行，以下是一系列详细的步骤和活动。

首先，明确定义项目启动的具体时间节点。在项目计划中明确标注项目启动的日期，以确保项目团队和相关利益相关方能够充分准备。

其次，安排项目启动会议。项目启动会议是一个汇聚项目团队和相关利益相关方的重要场合。在会议中，应明确项目的愿景、目标、范围和交付物，介绍项目团队成员，并讨论项目计划和时间表。此外，还可以通过项目启动会议明确沟通渠道、决策流程以及风险管理计划。

项目启动会议之后，进行项目团队的组建。确定项目经理、技术专家、业务分析师等关键角色，并明确每个成员的责任和职责。确保项目团队的组建是高效的，使每个成员在项目中发挥最大的作用。

同时，明确项目启动阶段的关键任务。这包括对项目需求的深入了解，对现有业务流程的分析，以及初步的技术评估。通过这些任务，项目团队能够更清晰地了解项目的背景和要求，为后续的系统开发和集成做好充分准备。

在项目启动阶段,还需要制订项目计划和时间表。明确项目的阶段性目标、交付物和关键路径,以便有效地进行项目管理和控制。在计划中设定明确的时间节点,确保整个数字化转型计划有序推进。

最后,项目启动阶段应建立有效的沟通机制。确保信息在项目团队内外畅通流动,团队成员之间能够有效地沟通和合作。这可以通过定期的会议、使用项目管理工具等方式实现。

2. 系统实施

系统实施是数字化转型计划的核心阶段,其成功实施关系到整个项目的成败。在进行系统实施时,需要制订详细的时间计划,以确保各个阶段的质量和效率。

首先,制订系统实施的时间计划需要考虑到项目的整体计划。在项目计划中,明确系统实施的开始和结束时间,以及各个子阶段的时间节点。这包括系统开发、测试、部署等各个关键阶段的时间计划。通过合理安排时间,能够有效控制项目的整体进度,确保项目按时完成。

其次,系统实施的时间计划应充分考虑到各个阶段的特点和任务。在系统开发阶段,需要明确各个模块和功能的开发时间,确保开发团队有足够的时间完成编码和调试工作。在测试阶段,需要安排充足的时间进行系统测试、性能测试和用户验收测试,以保证系统质量。在部署阶段,需要考虑到系统上线的时间和方式,确保顺利切换至新系统。

同时,系统实施的时间计划还应考虑到可能出现的风险和问题。在计划中留出一定的缓冲时间,以处理可能的延期或变更。建立风险管理计划,对可能影响系统实施的风险进行评估和规划,确保在出现问题时能够及时作出调整。

在系统实施的过程中,定期进行进展评估是至关重要的。通过监控项目的实际执行情况,及时发现潜在问题并采取纠正措施,以确保系统实施过程不偏离轨道。这需要建立有效的监控体系,包括数据收集、分析和报告机制,以便项目团队能够及时了解项目的实际情况。

3. 培训阶段

培训阶段在数字化转型计划中占据重要位置,其成功实施关系到员工对新系统和流程的熟练掌握。在设定员工培训的具体时间节点时,需要结合业务的实际情况,精心安排培训时间,以确保员工在最适合的时候接受培训,增强培训效果。

一是,明确培训的时间节点需要考虑到业务的运营周期和高峰期。在制订培训计划时,应该充分了解企业的业务规律,避开可能的业务高峰期,以减少培训对正常业务运营的干扰。合理调整培训计划,确保培训的时间安排与业务的实际情况相协调,提高培训的实施效果。

二是,根据不同员工的职能和岗位需求,制订差异化的培训计划。不同岗位的员工在数字化转型中可能需要掌握不同的技能和知识,因此,培训计划应该因岗位而异。明确每个员工所需的培训内容和程度,有针对性地进行培训,确保培训的精准性和有效性。

三是，采用多样化的培训方式也是培训阶段的关键。除了传统的面对面培训外，还可以借助现代技术手段，如在线培训平台、远程培训工具等，提供灵活多样的培训途径。这有助于满足不同员工学习的习惯和需求，提高培训的覆盖率。

在培训阶段，建立培训评估机制是至关重要的。通过对培训效果进行评估，及时发现问题并调整培训方案，以不断提高培训的质量和效果。培训评估可以包括学员的学习成绩、培训后的工作表现等多个方面，从而全面了解培训的实际效果。

（三）资源需求规划

1. 人力资源

在数字化转型项目中，人力资源的有效配置是项目成功实施的关键因素之一。在确定项目所需的各类人员时，需要全面考虑项目的规模、复杂性以及所涉及的业务领域。主要的项目人员包括项目经理、开发人员、测试人员、培训师等，每个角色在项目中都发挥着关键作用。

项目经理是整个数字化转型团队的核心。项目经理负责项目的整体规划、协调和监督，确保项目按时、按质完成。项目经理需要具备出色的领导力和沟通能力，能够有效地协调各个团队成员，推动整个项目的顺利进行。

开发人员是项目的技术骨干，负责数字化系统的设计和实施。开发人员需要具备深厚的技术功底，熟悉项目所采用的技术平台和开发工具，能够根据业务需求进行系统的开发和定制。

测试人员在数字化转型中扮演着保障质量的重要角色。他们负责对系统进行全面测试，包括功能测试、性能测试、安全测试等，确保系统在上线前达到高质量的标准。测试人员需要具备扎实的测试技能和对系统漏洞的敏感性。

培训师则是数字化转型成功实施的关键因素之一。他们负责为员工提供系统使用培训，确保员工能够迅速上手并熟练使用新的数字工具。培训师需要了解业务流程，能够将复杂的技术内容转化为易于理解的培训材料，以促进员工的学习。

为了确保团队协作的高效性，明确每个角色的职责和贡献是至关重要的。在项目启动阶段，应该明确每个人员的具体任务和目标，并建立有效的沟通机制，确保信息在团队内畅通流动。团队成员之间的紧密协作和有效沟通将有助于项目的成功实施。

2. 财力资源

财力资源在数字化转型项目中起着至关重要的作用，其合理制定和有效管理是项目成功的重要保障。在项目启动前，需要进行详细的财务预算，涵盖硬件、软件、培训和人员成本等各个方面的开支。以下是财力资源管理的一些关键方面。

对硬件和软件成本进行合理估算。在数字化转型中，可能涉及新的硬件设备的采购、现有设备的升级，以及相关软件的购买和定制。这些方面的成本需要在项目预算中详细列明，同时要确保这些硬件和软件的投资是符合项目需求和未来发展方向的。

培训成本也是数字化转型中不可忽视的一部分。培训人员需要专业知识，同时培训计划的设计和实施也需要一定的成本支持。应确保培训计划充分满足员工的需求，提高其对新系统和工具的使用熟练度，从而促进数字化转型的成功。

人员成本是数字化转型项目中的重要开支之一。项目所需的各类人员，包括项目经理、开发人员、测试人员、培训师等，需要明确其薪酬和相关福利。同时，要根据项目的不同阶段和需求，灵活调整人员的配置，以确保项目运作的高效性和成本的控制。

在预算制定后，需要建立有效的成本控制机制。定期审查实际支出与预算的差异，及时调整预算和成本计划。同时，建立财务报告和审计机制，确保项目的财务状况能够透明、准确地呈现，为项目的决策提供可靠的数据支持。

最后，项目执行过程中可能会遇到一些紧急情况或变更，需要灵活应对。在预算中设立一定的应急资金，并制定变更管理策略，以应对不可预见的情况，确保项目的正常推进。

3.技术设备

在企业财务数字化转型中，技术设备的选择和配置是确保项目成功实施的重要环节。合理确定所需的技术设备，包括服务器、计算机、网络设备等，对于数字化转型的性能和安全要求至关重要。

第一，对服务器进行明确定义。根据项目规模和需求，确定所需的服务器数量和配置。服务器的性能要能够支撑数字化系统的稳定运行，确保能够处理大量的数据和用户请求。同时，要考虑服务器的可扩展性，以适应未来业务规模的增长。

第二，计算机作为员工的工作终端，其性能和配置也是数字化转型中需要重点考虑的方面。确保员工使用的计算机能够流畅运行数字化系统，提高工作效率。同时，保障计算机的安全性，采取必要的措施防范潜在的安全风险。

第三，网络设备是数字化转型中数据传输和通信的基础。合理选择网络设备，确保网络的稳定性和安全性。考虑到数字化系统可能涉及大量的数据传输，特别是在云计算环境下，要保障网络的带宽和可靠性。

确保技术设备的选用符合相关的标准和规范。与供应商合作，了解技术设备的最新发展趋势，确保选用的设备具备较长的使用寿命，并能够适应未来的技术变化。

在确定技术设备后，还需要制订相应的维护计划和监控机制。定期检查和维护技术设备，确保其稳定性和安全性。建立监控体系，实时监测技术设备的运行状态，及时发现和解决潜在问题。

三、建立高效的项目组织结构

（一）明确项目组成员的角色和职责

1.项目经理的角色和职责

项目经理在企业财务数字化转型中扮演着至关重要的角色，其职责涵盖了项目的方方面面，需要具备全面的管理和领导能力。

其一，项目经理负责项目的规划。这包括与利益相关方沟通，明确项目的目标和范围。项目经理需要制订详细的项目计划，明确项目的阶段性目标、时间节点和资源需求。在规划阶段，项目经理还需要评估项目的可行性，确保项目的目标与组织的战略目标一致。

其二，项目经理在项目执行阶段负责资源的分配和团队的管理。这包括招募和培训项目团队成员，确保团队具备完成项目所需任务的技能和知识。项目经理需要根据项目计划合理分配资源，监督团队的工作进度，解决团队成员之间的协作问题，确保项目按照计划有序推进。

在项目执行的同时，项目经理需要对项目进行监控。这涉及对项目进度、质量、成本等方面进行实时的监测和控制。如果发现项目偏离计划，项目经理需要及时采取纠正措施，确保项目不会受到严重影响。

项目经理还负责与各利益相关方进行沟通和协调。这包括与高层管理层、业务部门、技术团队等进行沟通，确保他们对项目的期望和需求得到满足。项目经理需要及时向利益相关方报告项目的进展情况，并征求他们的意见和建议。

在数字化转型项目中，项目经理需要具备一定的技术背景，能够理解数字化技术的应用和影响。与此同时，项目经理还需要具备团队领导力，能够有效激发团队成员的积极性和创造力，推动数字化转型项目的成功实施。

2.技术专家的角色和职责

在企业财务数字化转型中，技术专家是保障数字化系统顺利开发和集成的重要成员。其职责涉及多个方面，需要在技术领域具备深厚的专业知识和实践经验。

首先，技术专家需要在系统开发和集成过程中提供专业的技术支持。这包括对系统架构、数据库设计、编程语言等方面的深入了解，确保数字化系统的技术框架能够满足业务需求并具备良好的扩展性和可维护性。

其次，技术专家需要负责评估和选择合适的技术工具和平台，以支持数字化系统的开发和集成。这可能涉及对不同技术方案的比较和权衡，确保选用的技术能够最大程度地满足项目的技术要求和目标。

在数字化转型过程中，技术专家还需要密切关注技术趋势和创新，为项目团队提供关于新技术应用的建议和指导。这有助于保持数字化系统的先进性，并为未来的发展提供技术储备。

最后，技术专家需要与项目经理和其他团队成员密切协作，确保技术方案与项目计划保持一致。技术专家在项目中的角色不仅仅是技术领域的专业人士，还需要具备良好的沟通和协调能力，以确保技术决策与整体项目目标相一致。

在数字化系统的开发过程中，技术专家还要负责解决可能出现的技术难题和挑战，保障系统的稳定性、安全性和性能优越性。他们需要定期进行技术审查，确保代码质量和技术实现符合最佳实践和行业标准。

3. 业务分析师的角色和职责

在企业财务数字化转型中,业务分析师扮演着关键角色,负责深入了解和分析业务需求,协助项目团队设计出符合业务流程的数字化解决方案。业务分析师在数字化转型项目中的职责和角色主要包括以下几个方面。

一是,业务分析师需要进行全面的业务调研,深入了解企业的运营模式、业务流程和相关业务规则。通过与业务相关人员的沟通和现场观察,收集业务需求和问题,确保对业务的全面理解。

二是,业务分析师负责进行需求分析,将业务需求转化为系统功能和特性的详细描述。这包括对业务流程的建模、用例分析、数据模型设计等,以确保系统能够满足业务的实际需求,并且能够为业务提供有效支持。

业务分析师还需要协助项目团队与业务相关方进行沟通和协调,确保项目团队对业务需求的理解与业务方的期望保持一致。这需要业务分析师具备良好的沟通和协调能力,能够有效地传递信息并解决潜在的沟通障碍。

在数字化转型项目中,用户培训是一个重要的环节。业务分析师需要制订培训计划,为用户提供系统的培训,使其能够熟练使用新的数字化工具。培训计划应考虑到用户的不同层次和需求,确保培训效果最大化。

三是,业务分析师还需要参与系统的测试和验证阶段,确保系统的功能符合业务需求,同时协助解决在测试中发现的问题。这有助于保障数字化系统在实际运行中的稳定性和可靠性。

(二)确保信息畅通

1. 定期召开会议

在项目管理中,定期召开会议是确保团队协作、项目进展顺利的重要手段。设定固定的会议时间,例如每周例行会议,有助于团队成员分享项目进展、遇到的问题和解决方案,从而保持团队的整体协同效能。以下是关于定期召开会议的一些要点。

第一,固定的会议时间应该在项目启动阶段明确规划。选择一个适合所有团队成员的时间,以确保每个人都能参与其中。此外,会议的频率也需要根据项目的复杂性和紧急程度进行灵活调整,以满足团队的实际需求。

第二,会议的目的和议程应该明确。在每次会议之前,制定好会议议程,包括项目进展汇报、问题讨论、解决方案提出等内容。这有助于确保会议的高效性和针对性,使每位成员都能够充分准备并有效地参与讨论。

会议的内容应涵盖项目的各个方面,包括但不限于项目进度、资源分配、风险管理、问题解决等。通过全面地汇报和讨论,团队成员能够更好地了解项目的整体状况,及时发现和解决潜在问题。

在会议中,应该鼓励团队成员分享彼此的见解和经验。这有助于促进团队协作,让每个成员都感到自己的意见受到重视。此外,建立一个良好的沟通氛围,使团队成员能够畅

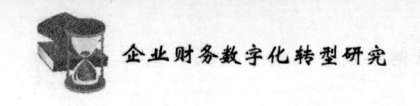

所欲言，提出建设性的意见和建议。

定期召开会议还有助于建立项目管理的透明度。通过公开透明地讨论项目的进展和问题，可以避免信息不对称，让每个团队成员都能够清晰地了解项目的整体情况。

最后，及时记录会议的讨论内容和决策结果。这些记录可以作为项目的重要文档，供团队成员参考，也有助于跟踪问题的解决进展。

2. 使用项目管理工具

在企业财务数字化转型过程中，使用项目管理工具是一项关键的策略，它可以提高团队的协同效率、确保项目按计划推进，并增强项目数据的透明度。引入诸如 Jira、Trello 等的项目管理工具，对于数字化转型项目的成功实施起到了重要的支持作用。

首先，项目管理工具为团队提供了一个集中管理和追踪任务的平台。通过这些工具，团队成员可以清晰地了解任务的分配情况、任务状态以及各项工作的进展。任务的细化和可视化有助于提高团队成员的工作效率，减少信息交流的误差，从而加快项目的执行速度。

其次，项目管理工具支持问题追踪和记录。在数字化转型项目中，问题可能随时发生，需要及时记录并得到解决。这些工具提供了一个结构化的问题追踪系统，使团队成员能够快速报告问题、分析原因，并采取相应的纠正措施。通过追踪问题的过程，团队能够更好地了解项目中存在的潜在障碍，及时制定解决方案，确保项目推进的顺利进行。

再次，项目管理工具提供了高效的团队沟通平台。在数字化转型项目中，团队成员可能分布在不同地理位置，或者需要协同处理大量的信息。这些工具通过提供实时的在线协作环境，使团队成员能够方便地交流意见、分享信息，并及时解决沟通问题。这种即时沟通的特性有助于减少信息传递的滞后，提高团队的整体协作效率。

最后，项目管理工具提供了直观的信息展示和报告功能。通过这些工具生成的图表、报告等可视化数据，使管理层和团队成员能够更清晰地了解项目的整体状况，识别潜在的风险和机遇。这样的透明度有助于项目决策的科学性和及时性，为项目的成功实施提供了有力支持。

3. 建立项目文档体系

在企业财务数字化转型项目中，建立一个完善的项目文档体系是确保项目顺利进行和成功实施的关键步骤。通过制定清晰的文档管理规范，可以有效管理和利用项目文档，为团队成员提供有序的信息共享和参考，从而最大程度地避免信息遗漏，促进团队协同合作。

一是，建立项目文档体系需要定义文档的种类和格式。在数字化转型项目中，可能涉及项目计划、需求文档、设计文档、测试文档、培训材料等多种文档。通过规范化这些文档的种类和格式，可以确保团队成员在查阅文档时能够迅速定位所需信息，提高工作效率。

二是，明确文档的存储和更新流程。制定详细的文档存储规范，确定文档存储的位置、命名规则和权限管理等，以确保文档的安全性和可追溯性。同时，建立文档更新的流程，确保团队成员及时更新相关文档，保持文档的实时性和准确性。

三是，建立文档共享和协作平台。通过使用专业的文档管理工具或协作平台，团队成员可以方便地查阅、编辑和共享项目文档。这种平台可以支持团队实时协同工作，促进信息的及时传递和沟通，提高团队整体的协同效率。

四是，建立文档的版本控制机制也是项目文档体系的重要组成部分。版本控制可以追踪文档的修改历史，防止误操作导致的文档丢失或混淆。通过版本控制，可以方便地回溯到先前的文档状态，确保文档的可控性和完整性。

（三）紧密协作

1.开放的沟通氛围

在数字化转型项目中，建立开放、包容的沟通氛围对于团队的协同合作和项目的成功实施至关重要。领导者在这一过程中扮演着关键的角色，需要展现出开明的领导风格，激励团队成员敢于分享各自的看法和经验，提出问题和建议。

一是，领导者可以通过言行一致地强调开放沟通的重要性，表达对团队成员不同观点的欢迎态度。这种态度应该贯穿于项目的始终，使团队成员感到在项目中发表自己的观点是被鼓励和尊重的。

二是，领导者可以积极地倾听团队成员的意见和建议。通过定期的沟通会议、一对一的谈话或其他形式的交流，了解团队成员对于项目的看法、对数字化转型过程中问题的认知以及他们的改进建议。重视团队成员的反馈，将其视为项目优化和改进的重要资源。

三是，领导者还可以倡导开放性的团队文化，鼓励团队成员相互之间的沟通和合作。通过团队建设活动、知识分享会等形式，加强团队内部的交流，培养团队合作精神，使团队成员更加愿意分享和倾听。

在开放的沟通氛围中，团队成员更容易表达对数字化转型过程中的挑战和机遇的看法，提出创新性的解决方案。这有助于快速发现和解决问题，推动项目不断向前发展。通过建立积极的沟通氛围，团队将更加协同一致地应对数字化转型项目中的各种挑战，取得更为显著的成果。

2.鼓励团队合作

在数字化转型项目中，鼓励团队合作是实现项目成功的重要因素之一。通过强调团队合作的重要性，领导者可以通过各种方式推动团队成员之间的协同合作，拉近彼此的关系，提高整体协同效率。

首先，领导者可以通过团队建设活动来促进成员之间的交流与合作。定期组织团队活动，如团队培训、团队拓展、工作坊等，为团队提供一个开放的交流平台，让成员更好地了解彼此，增进团队凝聚力。

其次，分享会是另一个有效的形式，通过分享团队成员的经验、知识和专业技能，促进团队内部的学习与成长。这有助于打破团队成员之间的沟通壁垒，提高信息流通效率，

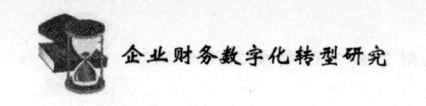

同时激发团队创新和解决问题的能力。

建立团队合作的文化也是至关重要的。领导者可以通过设定团队目标，强调整体利益，营造共同奋斗的氛围，让团队成员共同感受到协同合作的价值。此外，奖励机制也可以作为激励手段，鼓励团队成员在协同工作中取得优异的业绩。

四、系统开发和集成

（一）系统开发

1.需求分析和设计

在数字化转型项目的系统开发早期阶段，需求分析和设计是确保项目成功实施的关键步骤。在这个阶段，开发团队与业务部门之间需要建立密切的合作关系，以确保对业务流程和系统功能的准确理解。

需求分析阶段是系统开发的起点。通过与业务部门的深入沟通，开发团队需要充分了解业务流程、用户需求和相关业务规则。这包括对业务流程的详细了解，对用户需求的准确捕捉，以及对可能存在的问题和挑战的全面分析。通过有效的需求收集和分析，可以为后续的系统设计提供清晰的方向。

在需求分析的基础上，设计阶段起到了桥梁作用。在设计阶段，开发团队需要明确系统的架构、模块划分以及数据库设计。系统架构的设计应当考虑到系统的可扩展性、稳定性和性能等因素，确保系统能够满足未来的业务需求。模块划分则是将系统功能划分成独立的模块，每个模块负责特定的功能，便于团队分工协作。数据库设计则需要考虑到数据的存储结构、关系和安全性，以保障系统对数据的高效管理和使用。

需求分析和设计的阶段性工作为后续的编码和测试提供了坚实的基础。明确的需求和设计方案有助于降低项目的风险，避免在后期开发过程中频繁修改，提高了整个数字化转型项目的开发效率。因此，对需求分析和设计过程的重视是确保数字化转型项目成功的不可或缺的一环。

2.编码和开发

在数字化转型项目的编码和开发阶段，开发团队根据需求和设计文档展开实际的编码工作。这一阶段的关键目标是根据项目的要求和设计方案，创建出高质量、可维护且符合标准的源代码。

一是，开发人员需要仔细研读需求文档和设计文档，确保对项目的理解与业务需求一致。基于这些文档，他们将开始编写源代码，采用事先规定的编码规范。编码规范是一套标准化的规则和指南，旨在确保代码的一致性、可读性和易维护性。通过遵循这些规范，开发人员能够创建出结构良好、易于理解和扩展的代码。

在编码过程中，开发团队应当注重采用适当的开发方法和工具。敏捷开发、迭代开发等方法可帮助团队更灵活地应对变化，及时适应用户反馈。同时，使用版本控制系统（如Git）有助于团队协作、代码管理和追踪变更。这些工具和方法的合理运用有助于确保项目进度的可控性，降低潜在风险。

二是，在整个编码和开发过程中，质量保证也是一个至关重要的方面。开发团队应当进行代码审查，通过同行评审等方式发现和纠正潜在的问题。同时，可以采用自动化测试工具进行单元测试和集成测试，确保代码的功能性和稳定性。这有助于提高代码质量，减少在后期测试和维护阶段的成本和风险。

3. 系统测试

系统测试在数字化转型项目中扮演着至关重要的角色，其目标是确保开发的系统能够符合预期并且达到高质量标准。在这一阶段，专门的测试团队负责验证系统的各项功能、性能和安全性，通过一系列的测试手段来发现潜在的问题和缺陷。

系统测试涵盖了多个层次的测试，其中包括单元测试、集成测试和系统测试。单元测试主要关注各个独立单元或模块的功能是否正常，而集成测试则验证这些单元在组合起来后是否协同工作良好。系统测试则将整个系统作为一个整体进行测试，以确保系统在不同组件之间以及与外部系统之间的交互正常无误。

在进行系统测试时，测试团队需要根据项目需求和设计文档制订详细的测试计划。测试计划应包括测试的范围、测试的目标、测试所涵盖的功能点、测试数据的准备等方面的内容。这有助于确保测试的全面性和有效性。

测试团队应当设计和执行各种测试用例，覆盖系统的不同方面，包括正常操作、边界条件、异常情况等。通过使用自动化测试工具，可以提高测试效率，减少人为错误的发生，并加速测试过程。

除了功能性测试，系统测试还包括性能测试和安全性测试。性能测试旨在评估系统在不同负载下的性能表现，而安全性测试则关注系统在各种威胁下的安全性能。这些测试有助于确保系统在实际运行中能够稳定、高效且安全地执行各项任务。

4. 修复和优化

在数字化转型项目的测试阶段，可能会揭示出系统中存在的一些问题和缺陷。这时，开发团队需要迅速而有效地采取修复和优化措施，以确保系统能够在实际运行中达到预期的稳定性和性能水平。

首先，对于在测试中发现的问题，开发团队需要进行详细地分析，确定问题的根本原因。这包括考虑问题的来源、可能影响的范围，以及如何在最短的时间内进行修复。通过迅速而精准的问题分析，可以更有效地指导后续的修复工作。

其次，修复问题的过程需要遵循一定的流程和规范。开发团队应该建立起快速响应的机制，确保问题能够在最短的时间内得到修复。在进行修复时，要充分考虑问题的紧急程度和影响范围，有选择性地进行修复工作。

同时，出了问题的修复，还需要对系统进行优化。通过性能优化、代码优化等手段，提高系统的整体效率和响应速度。优化不仅仅是对已知问题的处理，更是对系统架构和设计的不断完善，以适应业务的发展和变化。

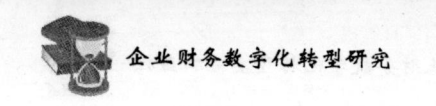

为了确保修复和优化的质量，开发团队应该建立起完善的测试流程。修复后的代码需要经过严格的单元测试和集成测试，以验证修复的效果，并防止引入新的问题。此外，为了更好地追踪问题和优化的进展，建议使用版本控制系统，确保代码的可追溯性和可管理性。

修复和优化工作是数字化转型项目中一个持续进行的过程，需要开发团队的高效协作和不断改进的意识。通过及时修复问题、持续优化系统，可以提高系统的可靠性、性能和用户体验，为项目的成功实施打下坚实基础。

（二）系统集成

1. 整合各模块和组件

系统集成是数字化转型项目中至关重要的一步，它涉及将各个模块和组件有机地整合成一个协同工作的完整系统。这一过程不仅要确保各个模块内部的协同工作，还需要考虑与现有系统的集成，以确保数字化转型系统能够无缝衔接，并顺利投入实际运行。

首要任务是对各个模块和组件进行深入的整合分析。通过全面了解各个模块的功能、数据流动以及彼此之间的依赖关系，确保它们能够协同工作，实现系统整体的预期功能。这包括对接口的规范定义、数据格式的统一、协同处理的机制等方面的工作。

在进行系统整合的同时，必须考虑与现有系统的兼容性和集成。这意味着数字化转型系统要与已有的系统进行衔接，确保数据能够无缝地流通，并且不会对现有系统造成冲突或故障。这一过程需要详细的计划和测试，以保障整个系统集成的平稳进行。

为了有效地管理系统集成的复杂性，建议采用成熟的集成工具和技术。这包括但不限于企业服务总线（ESB）、应用程序接口（API）管理工具等，以提高集成的效率和可维护性。

此外，为了确保系统集成的质量，还需要建立全面的测试计划。在集成测试阶段，通过模拟真实运行环境，验证各个模块的协同工作，检测潜在的问题并进行及时修复。只有通过充分的测试，才能确保整合后的系统能够在实际运行中稳定可靠。

2. 数据迁移和转换

数据迁移和转换是数字化转型项目中至关重要的一环，涉及将现有系统的数据有序地迁移到新系统中。这一过程需要经过仔细地规划和执行，以确保数据在迁移过程中能够保持完整性和准确性。同时，由于新系统可能对数据格式有特定的要求，因此可能需要进行数据格式的转换，以适应新系统的需求。

首先，对数据进行全面审查和分析是不可或缺的。项目团队需要深入了解现有系统中的数据结构、关系和格式，以确保对数据的准确理解。这包括数据的类型、字段定义、数据关系等方面的细致考察。通过对数据的全面审查，可以为后续的迁移和转换工作提供清晰的指导。

在明确了数据的基本情况后，制订详细的数据迁移计划是确保迁移过程成功的关键。计划中需要包括数据迁移的时间表、责任人、迁移方法和工具等细节。合理的计划可以有效降低数据迁移过程中的风险，并保证整个项目的进度。

数据迁移过程中，可能需要进行数据格式的转换，以确保数据能够在新系统中正常运作。这包括对数据字段的映射、数据值的转换等工作。在进行数据格式转换时，要特别注意确保数据的一致性和准确性，避免因转换而引入错误或数据丢失。

此外，制订完备的数据迁移测试计划也是确保迁移过程成功的关键步骤。通过模拟真实的迁移过程，验证数据的准确性、完整性和一致性，及时发现并解决潜在的问题。只有在经过充分的测试验证后，才能确保新系统中的数据能够满足业务需求。

3. 接口和互通性

在数字化转型的系统集成阶段，特别需要关注系统之间的接口和互通性，以确保各系统之间能够高效地交换信息，避免信息孤岛的产生。这一过程涉及接口的设计、协议的规范化和数据的无缝传递。

首先，对系统接口进行明确定义和设计是确保系统互通性的基础。在此阶段，开发团队需要详细了解每个系统的功能和数据需求，确保设计的接口满足业务流程的要求。接口的设计应当考虑到系统的扩展性和灵活性，以应对未来可能的变化。

标准化接口和协议是确保系统互通性的关键。通过采用行业标准或通用协议，可以降低系统集成的复杂性，提高系统之间信息交换的一致性。这包括数据格式、通信协议、安全机制等方面的标准化，以确保系统之间的通信顺畅而稳定。

在设计接口和协议时，考虑到系统的异构性是至关重要的。不同系统可能采用不同的技术和平台，因此要确保设计的接口能够适应各种技术环境，实现跨平台的互通性。这可能涉及数据格式的转换、接口适配器的设计等工作。

最后，系统集成阶段需要进行全面的测试，以验证系统之间的接口和互通性。通过模拟真实的业务场景，检测接口的可靠性和稳定性，及时发现潜在的问题并进行修复。只有在通过充分的测试验证后，才能确保系统在实际运行中能够无障碍地进行信息交换。

4. 性能测试和调优

在系统集成完成后，性能测试是确保系统在实际运行中能够稳定运行的必要步骤。性能测试旨在评估系统在不同负荷下的表现，并通过调优措施确保系统能够满足用户的性能期望。

性能测试需要模拟真实的使用场景，包括用户访问量的高峰期和低谷期。通过模拟这些不同负荷情况，可以全面评估系统在各种工作负荷下的性能表现，包括响应时间、吞吐量、并发性等指标。

性能测试的一个重要方面是压力测试，通过模拟大量并发用户或高频次的请求，评估系统在负载峰值时的表现。这有助于确定系统的承载能力，并发现系统在高负荷下可能出现的性能瓶颈或问题。

此外，性能测试还包括负载测试，通过逐渐增加系统的负载，观察系统的性能变化。这可以帮助识别系统在逐渐增加负载时的性能极限，为系统的容量规划提供参考。

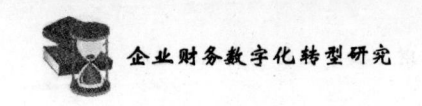

性能测试的结果可能会揭示系统的性能瓶颈或不足之处。在发现问题后，开发团队需要进行性能调优，采取一系列优化措施以提高系统的性能。这可能包括代码优化、数据库索引优化、缓存机制的引入等手段，以确保系统在高负荷下仍然能够稳定运行。

第二节　监控和评估数字化转型的进展

一、制定监控指标

数字化转型过程需要建立有效的监控机制，以确保项目按计划顺利进行。在这一阶段，制定合适的监控指标是至关重要的。

（一）选择关键绩效指标（KPI）

1. 项目进度指标

确定关键的项目进度指标，如每个阶段的完成时间、里程碑的达成情况等。通过监控项目进度，可以及时发现延误或提前完成的情况，有助于调整计划。

2. 资源利用率

关注资源利用率，包括人力资源、技术设备等。监控资源的使用情况，确保它们得到充分利用，同时避免过度分配或浪费。

3. 用户满意度

设定用户满意度指标，通过用户反馈、调查或其他方式收集数据。用户满意度直接关系到数字化转型的接受程度，持续监测可以及时调整项目方向，提升用户体验。

4. 数据精确性

对于涉及数据处理的数字化转型项目，监控数据的精确性和完整性是关键指标。建立数据质量评估机制，确保数字化系统中的数据是准确可靠的。

（二）建立监控体系

1. 数据收集机制

建立数据收集机制，确保从各个阶段和模块收集到关键数据。这可能涉及使用项目管理工具、数据分析软件等，以确保数据的及时性和准确性。

2. 数据分析和报告

设计有效的数据分析和报告机制，将收集到的数据转化为可视化的信息。通过仪表板、报表等方式呈现项目的整体状态和各项指标的变化趋势，帮助决策者更好地了解项目进展。

3. 实时监控

引入实时监控机制，能够随时追踪项目的状态。通过警报系统或实时通知，团队可以在出现问题时迅速做出反应，降低潜在风险。

二、定期评估和调整计划

在数字化转型过程中，定期评估计划的执行情况并进行必要的调整是至关重要的。灵活应对变化和挑战，是确保数字化转型成功的重要策略。

（一）定期评估进展

1. 项目进展评估

定期对数字化转型项目的进展进行评估，确保项目按计划推进。关注项目各个阶段的完成情况，对比实际进展和计划进展，及时发现偏差并采取纠正措施。

2. 资源利用评估

对人力、财力、技术设备等资源的利用情况进行评估。确保资源得到充分利用，同时防范潜在的资源短缺或浪费问题。

3. 风险管理评估

定期评估项目风险，包括已知和潜在的风险。通过风险评估，及时发现可能影响项目进展的问题，并采取相应的风险缓解策略。

（二）调整计划

1. 重新分配资源

根据评估结果，如果发现某个阶段或任务需要更多的支持，可以重新分配人力或财力资源，以确保项目的平衡推进。

2. 调整项目优先级

针对新的业务需求或市场变化，可能需要调整数字化转型计划的优先级。确保项目的目标与组织的战略方向保持一致。

3. 修改计划中的特定任务

如果评估结果表明某些任务存在执行困难或不符合预期效果，可以考虑修改计划中的特定任务，以提高执行效果。

第三节　不断改进和优化数字化系统和流程

一、反馈机制的建立

数字化系统和流程的不断改进需要建立有效的反馈机制，以收集用户和相关利益方的意见和建议。

（一）用户反馈

1. 建立用户反馈渠道

建立用户反馈渠道是数字化转型中至关重要的一环。为了确保用户的参与和满意度，

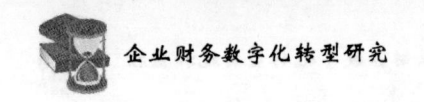

企业应该采取一系列措施来建立多样化的用户反馈渠道。

首先，企业可以通过在线调查系统来收集用户的意见和建议。设计有针对性的问卷调查，涵盖用户体验、系统功能、界面设计等方面，以获取全面的反馈信息。在线调查可以定期进行，帮助企业了解用户的需求变化和对数字化系统的期望。

其次，举办用户体验会议是另一种促进用户反馈的方式。通过组织面对面的会议，企业能够直接听取用户的意见，深入了解用户在实际操作中遇到的问题和期望的改进。这种形式的交流能够增进企业与用户之间的沟通，建立更加紧密的合作关系。

同时，建立问题报告系统也是推动用户反馈的重要手段。用户在使用数字化系统时遇到的问题可以通过报告系统进行记录和提交，企业可以及时响应并解决这些问题。这种系统有助于建立一个开放的沟通渠道，使用户感到他们的反馈是被认真关注的。

为了更好地吸引用户的参与，企业还可以采用其他创新的形式，比如社交媒体平台上的互动、用户论坛等。这些平台为用户提供了一个分享和讨论的空间，使他们能够更加直接地表达对数字化系统的看法和建议。

2.定期用户调查

定期进行用户调查是企业财务数字化转型中的一项重要措施。这一举措旨在深入了解用户对数字化系统的实际使用体验，主动发现问题，以及收集用户的改进建议，为数字化系统的持续优化提供有力支持。

通过定期的用户调查，企业能够直接了解用户对数字化系统的感受和反馈。调查的内容可以包括系统的易用性、性能表现、功能满足度等方面。这有助于企业全面了解用户的需求和期望，从而更有针对性地进行数字化系统的改进。

关键在于分析用户调查的结果，从中识别数字化系统的强项和改进的空间。确定系统的优势有助于企业更好地保持并加强这些方面，提高系统的核心竞争力。同时，通过发现问题和空白，企业可以有针对性地制订改进计划，优化数字化系统的性能和用户体验。

在进行用户调查时，企业可以选择多种调研方法，包括在线问卷、面对面访谈、焦点小组讨论等。多样化的调研手段有助于获取更全面、真实的用户反馈，提高调查的可信度。

除了收集用户对数字化系统的实际使用体验外，用户调查还可以关注用户对新功能的期望和对已有功能的满意度。这种信息有助于企业更好地规划系统的升级和改进方向，使数字化转型能够更好地满足企业和用户的共同需求。

3.用户会议和工作坊

企业财务数字化转型过程中，定期组织用户会议和工作坊是一项关键的举措。这种互动方式为数字化转型团队和最终用户之间建立了直接的沟通渠道，提供了一个平台，使用户能够深入参与数字化系统的发展和优化过程。

用户会议和工作坊的定期召开有助于促进数字化转型团队与用户之间的密切互动。在会议中，用户可以直接提出他们的需求、疑虑和建议，数字化转型团队也能够及时了解用户在实际使用过程中遇到的问题。这种及时的双向沟通有助于建立起数字化转型的共同理解，有效缩短了用户反馈到团队实际行动的时间。

通过工作坊，数字化转型团队还能够与用户一同深入讨论系统功能、界面设计、流程优化等具体方面。这种深入交流有助于数字化转型团队更全面地了解用户的需求，同时也帮助用户更好地理解数字化系统的优势和特点。工作坊可以包括实际操作演示、用户体验测试等环节，使用户更直观地感受数字化系统的特性。

此外，用户会议和工作坊也是解决问题的有效平台。在这些场合，用户能够直接表达对系统的不满或建议改进的地方，数字化转型团队可以当场回应并提供解决方案。这种快速反馈和解决问题的机制有助于维护用户的满意度，提高数字化系统的实际效果。

(二) 利益相关方反馈

1. 建立利益相关方反馈渠道

在企业财务数字化转型中，建立利益相关方反馈渠道是确保数字化系统和流程符合整体利益和战略目标的关键一环。除了直接受益于数字化系统的用户之外，其他利益相关方，如管理层和业务部门，也在数字化转型中发挥着重要的作用。因此，确保各方的声音能够被充分听取，是保障数字化转型成功实施的必要手段。

其一，针对管理层，建立了有效的反馈渠道可以使数字化转型团队及时了解管理层对数字化战略的期望和反馈。这可以通过定期的战略会议、报告机制等形式实现。管理层通常关注数字化转型对企业整体战略目标的贡献，以及数字化系统对决策的支持程度。通过建立直接的反馈渠道，数字化转型团队能够更好地理解管理层的战略重点，有针对性地进行系统优化和升级。

其二，业务部门作为数字化系统的最终用户之一，其需求和反馈同样至关重要。建立业务部门的反馈渠道可以通过定期的业务需求调研、工作坊等方式。通过深入了解业务部门的实际运作情况和需求，数字化转型团队可以更好地优化系统，确保数字化系统能够贴合业务流程，提高工作效率。

其三，建立一个开放的利益相关方反馈平台，鼓励各方直接表达意见和建议，也是一项重要措施。这可以通过在线平台、定期的反馈会议等形式实现。这样的平台能够激发利益相关方的参与热情，促使他们分享实际使用中的问题、体验和期望，为数字化转型提供更多元化的反馈来源。

2. 定期会议与报告

定期会议与报告是数字化转型过程中关键的沟通和反馈环节。通过在定期会议中向各利益相关方详细报告数字化转型的进展，数字化转型团队能够及时分享项目的最新动态，同时征求各方的看法和建议。这种开放的沟通渠道不仅有助于确保各方对数字化转型的了解一致，也能够及时发现潜在问题并进行调整。

在定期会议中，数字化转型团队可以全面地介绍项目的当前状态、完成的阶段性工作，以及接下来的计划。这包括数字化系统的功能更新、性能优化，以及对用户反馈的整

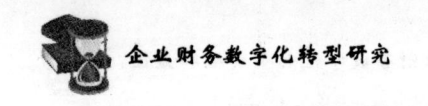

体处理情况。通过详细的报告，数字化转型团队向利益相关方展示了项目的透明度，让各方更清晰地了解数字化转型的整体方向和进展。

与此同时，定期会议也提供了一个互动的平台，各利益相关方可以就数字化转型中的问题、挑战或改进建议提出自己的看法。这种开放的反馈机制有助于集思广益，将各方的智慧和经验融入数字化转型的决策和实施中。通过及时了解各方的需求和关切，数字化转型团队能够更灵活地调整计划，更好地满足不同利益相关方的期望。

定期会议不仅是数字化转型团队与利益相关方沟通的场所，还是项目管理和风险控制的有力工具。通过定期的会议和报告，数字化转型团队能够建立起持续的合作与信任关系，确保数字化转型在整个过程中能够顺利进行。

3. 利益相关方参与

企业数字化转型的成功实施需要鼓励并确保利益相关方的积极参与决策过程。利益相关方包括公司内部的管理层、员工，以及外部的客户、供应商等各方。通过他们的参与，可以更全面、准确地了解业务需求，从而更好地满足各方的期望，提高数字化转型的成功概率。

利益相关方的参与不仅仅是在数字化转型过程中的早期阶段，更是一个贯穿整个项目生命周期的过程。首先，利益相关方的参与应该始于项目规划和定义阶段。在这个阶段，数字化转型团队应该主动与各利益相关方进行沟通，了解他们的期望、需求和关切。这有助于确保数字化转型的目标与各方的期望保持一致，并能够更好地制定相应的数字化战略。

在数字化转型的决策过程中，特别是在制订详细的数字化转型计划时，应该设立合适的反馈机制，鼓励利益相关方提出建议和意见。这不仅包括公司内部的各个部门，还应该涵盖外部的客户和供应商。通过积极收集和综合各方的反馈，数字化转型团队能够更好地调整计划，使之更符合各方的期望。

在数字化转型的执行阶段，利益相关方的参与也是至关重要的。他们的实际使用经验和反馈可以为数字化系统的改进提供宝贵的信息。因此，在系统开发和集成过程中，数字化转型团队应该积极地与利益相关方合作，进行有效的沟通和协作，确保数字化系统能够真正满足业务需求。

除了在数字化转型的各个阶段鼓励利益相关方的参与外，还需要建立长期的合作与沟通机制。这包括定期的会议、报告和反馈渠道，以保持数字化转型团队与各利益相关方之间的紧密联系。通过共享信息、解决问题，数字化转型团队能够更好地理解各方的需求，提高数字化系统的质量和适应性。

二、持续改进的文化培养

建立一个鼓励持续改进的文化，使团队成员习惯性地寻求提高数字化系统和流程的方法。

（一）奖励制度

1. 奖励创新性改进建议

在企业财务数字化转型中，为鼓励团队成员提出创新性的改进建议，建立奖励制度是一项关键举措。这种制度旨在激发员工的积极性，推动数字化转型过程中的持续改进和创新。为了有效实施这一制度，可以采取多种手段和机制。

首先，企业可以设立专门的改进建议箱，为团队成员提供一个匿名或非匿名提交改进建议的渠道。这种方式有助于营造一个开放、包容的氛围，使员工更加愿意分享他们的创新思路。改进建议箱可以定期审核，并对采纳的建议进行奖励。

其次，可以成立专门的改进奖励委员会或小组，负责评估和筛选团队成员提出的改进建议。该委员会可以由跨部门的专业人员组成，确保对各种领域的建议都能够得到充分地评估。这个委员会的评审过程应该透明公正，为员工提供一个公平竞争的平台。

奖励形式可以多样化，包括实物奖励、员工表彰、提升机会等。这样的奖励制度不仅能够激发员工的创新激情，还有助于建立一种积极的企业文化，鼓励员工在数字化转型中展现出更高水平的工作表现。

通过奖励创新性改进建议，企业还可以建立一种学习型组织文化，促使团队成员更加主动地学习和探索新的数字化技术和方法。这有助于提升整个团队的数字素养和适应力，推动数字化转型的深入实施。

2. 显著成效的奖励

在企业财务数字化转型中，为鼓励团队成员提出的改进方案，强调奖励的依据应该建立在改进所带来的实际成效的基础上。这种奖励机制旨在突显改进对业务的积极影响，以激励员工提出更多富有创造性的改进提案。当某项改进在实施后取得显著的、可量化的成效时，应予以相应的奖励，这有助于推动数字化转型中的创新和改进。

首先，奖励的依据应建立在实际成效的可量化数据基础上。团队成员提出的改进方案应该经过一段时间的实施和执行，以确保其在业务运营中产生了实际的、可预测的成果。这可以通过业绩指标、效率提升、成本削减等方面的数据来进行评估。只有在实际成效显著的情况下，才予以相应的奖励，以确保奖励制度的公正性和有效性。

其次，奖励机制应该明确、透明，让团队成员充分了解奖励的标准和依据。这有助于建立一个公正的评价体系，防止主观因素对奖励结果的影响。透明的奖励标准还能够激发更多员工的积极性，使他们更加努力地寻求创新性的改进。

奖励形式可以多样化，包括但不限于实物奖励、财务奖励、员工表彰、晋升机会等。这样的多元化奖励形式可以更好地满足不同员工的需求和期望，提高奖励的吸引力和激励效果。

通过强调奖励的依据是改进的实际成效，企业不仅能够激发团队成员的创新激情，还能够在数字化转型中取得更加显著的成果。这种基于实际成效的奖励机制将数字化转型与业务绩效紧密结合，为企业在竞争激烈的市场中保持竞争力提供有力支持。

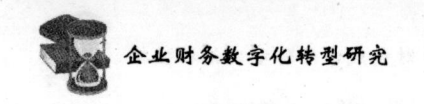

（二）培训和分享

1.定期培训

在企业财务数字化转型中，定期进行培训是提高团队成员技能水平、促使其具备更好地改进数字化系统和流程能力的重要手段。培训内容的广泛涵盖可以包括最新的数字化技术、行业趋势、改进方法等，旨在不断强化团队的专业竞争力。

其一，定期培训是为了确保团队成员紧跟最新的数字化技术和工具的发展。数字化领域的技术日新月异，通过定期培训，团队成员能够学习到最新的工具、平台和解决方案，提高其在数字化转型中的操作和应用水平。这有助于确保团队始终具备应对快速变化的数字化环境的能力。

其二，培训内容还应涵盖行业趋势和最佳实践。了解当前行业的数字化趋势，以及其他企业在数字化转型中取得成功的经验，可以为团队提供宝贵的参考和借鉴。通过学习行业最佳实践，团队成员能够更好地指导数字化系统和流程的改进，避免走弯路，提高实施的效率和成功率。

其三，培训内容还应关注改进方法和策略。团队成员需要了解如何有效地分析数字化系统和流程的问题，提出切实可行的改进方案，并推动其实施。培训可以涵盖改进的方法学、工具和案例分析，使团队成员在实践中更具有指导性和创新性。

2.知识分享会

企业在进行财务数字化转型时，定期组织知识分享会是一项重要的举措。这种分享机制通过提供一个平台，让团队成员有机会分享他们的经验和成功案例，从而促进团队内部的学习与协作。这种举措不仅有助于传递成功的改进实践，还能够激发其他成员的学习兴趣和改进动力。

第一，知识分享会为团队成员提供了一个开放的交流平台。在这种会议中，团队成员可以分享他们在数字化转型过程中所积累的实际经验，包括遇到的问题、解决方案，以及取得的成功。这种经验分享不仅能够帮助其他成员更好地理解数字化转型的复杂性，还能够提供实用的指导和建议。

第二，知识分享会有助于建立团队的共同理解和共识。通过分享经验和案例，团队成员可以更深入地了解数字化转型的目标、策略和方法。这有助于在团队内部形成一致的认知，加强团队协同工作的效果。共同的理解还可以减少团队成员之间的沟通障碍，提高工作效率。

第三，知识分享会也是一个激发学习兴趣和改进动力的有效途径。通过了解他人的成功经验，团队成员可能会受到启发，激发对数字化转型更深入研究的兴趣。这种积极的学习氛围有助于推动团队成员不断进步，更好地应对数字化转型中的挑战。

三、第一次优化数字化系统和流程

数字化系统和流程的首次优化是在实施后的一段时间内进行的关键步骤。这需要对已经运行一段时间的系统进行全面审查和改进。

（一）系统性能评估

1. 全面审查系统稳定性

在数字化系统的性能评估中，系统稳定性的全面审查是至关重要的一环。这阶段的首要任务是对数字化系统的稳定性进行深入审查，以确保系统在运行过程中能够保持高度的可靠性和稳定性。系统稳定性的审查涵盖多个方面，其中包括系统的崩溃频率、错误处理的效率以及对异常情况的应对能力。

首先，系统的崩溃频率是一个关键的指标。通过分析系统在一定时间内的运行情况，可以了解系统是否存在频繁崩溃的问题。频繁的系统崩溃会对业务操作和用户体验造成严重影响，因此必须通过全面审查来确定崩溃的原因，并采取相应的纠正措施。

其次，系统的错误处理效率是另一个重要的方面。在数字化转型中，系统可能会面临各种异常状况，如数据错误、网络问题等。系统应该能够有效地捕获和处理这些错误，防止它们对系统的正常运行产生负面影响。通过审查系统的错误处理机制，可以确保系统在面对异常情况时能够迅速做出合理的应对。

最后，对异常情况的应对能力也是系统稳定性审查的重点。数字化系统在运行过程中可能面临各种突发情况，如数据异常、用户操作异常等。系统应该具备强大的容错能力和应急响应机制，能够在最短的时间内从异常状态中恢复过来。通过全面审查系统对异常情况的应对能力，可以确保系统具备足够的稳定性，不易受到外部变数的干扰。

2. 安全性评估与优化

在数字化转型过程中，对系统的安全性进行全面评估并进行相应的优化是至关重要的步骤。这一过程旨在确保数字化系统能够有效地保护敏感信息，防范潜在的安全风险。以下是安全性评估与优化的关键方面。

一是，安全策略的审查是安全性评估的重要一环。审查系统的安全策略包括访问控制、身份验证、授权等方面，以确保只有授权用户能够访问敏感数据和关键功能。安全策略的不足可能导致未经授权的访问，从而带来潜在的风险。

二是，数据加密机制的评估同样至关重要。数字化系统中存储着大量的敏感信息，如财务数据、客户信息等。对这些信息进行有效的加密可以有效降低信息泄露的风险。评估系统的数据加密机制，确保其符合最新的安全标准，并进行必要的优化，以提高信息安全性。

三是，网络安全是数字化系统安全性评估的一个重要方面。通过审查系统的网络架构、防火墙设置和入侵监测系统等，可以发现潜在的网络威胁。对网络安全进行全面评估，并根据评估结果采取相应的优化措施，以确保系统免受网络攻击的影响。

最后，对系统进行漏洞扫描和安全漏洞修复是安全性评估的关键步骤之一。定期进行漏洞扫描，发现系统可能存在的漏洞，并及时修复，有助于降低潜在的攻击风险。通过建立漏洞修复机制，确保系统的安全性得到持续提升。

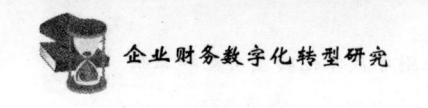

3. 响应时间优化

数字化系统的响应时间是评估系统性能和用户体验的重要指标。通过对响应时间进行全面评估并采取相应的优化措施，可以有效提高用户体验，确保数字化系统能够在高效的时间内完成用户请求。

其一，进行响应时间的全面评估。这包括用户在系统中执行各种操作时，系统对请求的处理时间以及数据加载时间等方面的综合考量。通过全面了解系统的响应时间状况，可以确定需要优化的具体方面。

其二，采取技术手段对响应时间进行优化。这可能涉及对系统架构的优化、数据库查询的优化、代码性能的优化等。使用缓存技术、采用异步处理等方式，可以有效减少响应时间，提高系统的实时性。

其三，定期进行性能监测和分析是保持系统响应时间优化的关键。通过实时监测系统性能，及时发现潜在的性能问题，并采取针对性地优化措施，以确保系统的响应时间始终保持在用户可接受的范围内。

最后，用户体验的优化也包括了系统的可用性。在考虑响应时间优化时，要确保系统的稳定性和可靠性。避免系统出现频繁的故障和错误，以确保用户在使用系统时能够获得一致的良好体验。

（二）流程效率分析

1. 识别瓶颈和低效环节

数字化流程的效率分析是企业财务数字化转型中至关重要的一环。通过对数字化流程进行全面审查，旨在识别可能存在的瓶颈和低效环节，以找出导致效率低下的原因，并为后续的优化提供明确的方向。

一是，对整个数字化流程进行全面梳理。了解每个环节的操作步骤、涉及的人员以及数据流动情况。通过全面了解数字化流程的执行情况，可以确定可能存在的问题点。

二是，利用流程效率工具和方法，对数字化流程进行定量分析。通过数据收集和分析，识别出执行时间较长的环节、频繁发生错误的步骤以及可能存在的资源浪费情况。这有助于准确定位瓶颈和低效环节。

三是，深入挖掘潜在的原因。分析导致瓶颈和低效环节的根本原因，可能涉及流程设计不合理、系统缺陷、人员培训不足等多方面的因素。通过深入挖掘潜在原因，能够为后续的优化提供有针对性地解决方案。

在明确了问题点和潜在原因的基础上，制定优化方案。这包括重新设计数字化流程、引入智能化技术、加强员工培训等方面。优化方案应该根据具体情况制定，确保能够有效解决识别出的瓶颈和低效环节。

四是，实施优化方案并监测效果。将制定的优化方案付诸实践，监测实施后的数字化流程效果。通过实时监控和数据分析，评估优化效果，并在必要时进行调整和改进。

2.流程的优化与工作效率提升

在进行企业财务数字化转型过程中，对数字化流程进行优化是为了解决潜在问题、提高工作效率以及降低操作成本的重要步骤。通过分析中发现的问题，可以有针对性地进行流程优化，涉及流程步骤的简化、自动化工具的引入、团队协作机制的调整等方面，从而为企业创造更大的价值。

首先，对数字化流程的问题进行全面梳理和归类。这可能包括识别出的瓶颈、低效环节、频繁发生错误的步骤等。通过全面了解数字化流程的问题，能够有针对性地展开后续的优化工作。

其次，针对不同类型的问题，制定相应的优化策略。例如，对于流程中存在的瓶颈，可以考虑重新设计流程、引入并行处理，以提高处理效率；对于频繁发生错误的步骤，可以考虑引入自动化验证机制，降低错误率；对于低效环节，可以通过优化团队协作机制，提高工作效率。

再次，考虑引入数字化工具和技术。通过引入智能化的数字化工具，如人工智能、机器学习等，可以进一步提高流程的自动化程度和智能化水平。这有助于减少人工干预，提高数字化流程的效率和准确性。

在优化过程中，要注重团队成员的培训和技能提升。优化数字化流程不仅仅依赖于技术手段，团队成员的熟练程度和协作能力同样至关重要。因此，通过定期的培训和技能提升，可以保证团队具备更好地适应数字化流程的能力。

最后，实施优化方案并持续监测效果。将制定的优化方案付诸实践，并通过实时监控和数据分析评估其效果。在实施后，及时收集用户反馈，进行调整和改进，确保数字化流程的不断优化和提升。

第四节 员工培训与支持措施

一、制订有效的员工培训计划

在企业财务数字化转型过程中，员工培训是至关重要的一环。通过有效的培训计划，可以提升员工对数字化系统和流程的理解和应用能力，从而顺利推进数字化转型，实现企业的长远发展目标。

（一）培训需求分析

1.调查问卷设计

在设计调查问卷时，遵循一些设计原则至关重要。首先，问卷的简洁明了是至关重要的，过多的问题会使员工填写时感到疲劳和反感，从而降低问卷的有效性。因此，应该精选核心问题，确保问卷的简洁性和易填写性。其次，问卷内容应该全面覆盖数字化转型的各个方面，包括但不限于系统功能、操作流程、技术需求等。通过细致地设计问卷内容，可以全面了解员工对数字化转型的认知水平、技能掌握情况以及对培训需求的反馈意见。这有助于企业更准确地把握员工的需求和期望，为后续的培训计划提供有力支持。另外，针对不同部门和岗位的员工，应设计针对性的问题。不同部门和岗位的员工在数字化转型方面的需求和关注点可能存在差异，因此，针对性问题的设置可以更好地捕捉不同群体的需求特点，为制订培训计划提供参考依据。

2. 面谈和访谈

（1）交流方式与沟通途径

除了调查问卷，面谈和访谈也是获取员工培训需求的重要途径，在数字化转型的过程中扮演着至关重要的角色。通过面谈和访谈，企业可以与员工进行直接的沟通和交流，从而更深入地了解他们的需求和意见。这种交流方式具有以下几个重要优势，使其成为了不可或缺的沟通途径：首先，面谈和访谈能够实现双向沟通。与调查问卷相比，面谈和访谈更能够建立一种良好的互动氛围，使员工更加愿意分享自己的看法和想法。在面对面的交流中，员工可以更加直接地表达自己的需求和期望，从而使企业更准确地了解员工的真实想法。其次，面谈和访谈能够提供更加详细和全面的信息。在面对面的交流中，企业可以就特定问题进行追问和探讨，从而获取更加详细和全面的信息。这些信息可以帮助企业更好地理解员工的需求和意见，为后续的培训计划提供更为精准的指导。此外，面谈和访谈还能够实现实时反馈和调整。通过面谈和访谈获取的信息具有即时性，企业可以根据员工的反馈意见及时调整培训计划和内容，以确保培训的有效性和实用性。这种实时反馈和调整能够使企业更加灵活地应对员工的需求变化，从而提高培训的针对性和适应性。

（2）隐私保护与信任建立

在进行面谈和访谈时，企业应当高度重视员工的隐私保护，并致力于建立一个开放、信任的沟通环境。这样的环境不仅有助于员工更加自由地表达他们的真实需求和想法，也能够为后续培训计划的制订提供更可靠的依据，从而提高培训的有效性和实用性。首先，保护员工的隐私是企业应尽的责任。在进行面谈和访谈之前，企业应当明确告知员工面谈的目的和内容，并获得他们的明示同意。企业应当尊重员工的个人隐私，保护他们的个人信息不被泄露或滥用。在面谈和访谈过程中，企业应当避免涉及敏感的个人信息，只集中在与培训需求相关的问题上，以确保员工的隐私得到充分尊重和保护。其次，企业应当努力营造一个开放、信任的沟通环境。在面谈和访谈过程中，企业应当采取一些措施，如提供私密的谈话场所、保证面谈的机密性等，以使员工感到自由和舒适。同时，企业还可以通过积极倾听员工的意见和建议、及时回应他们的反馈等方式，增强员工对企业的信任感，促进沟通的畅通和深入。此外，企业还可以通过建立员工信任的长期机制，进一步加强沟通环境的建设。例如，可以定期组织员工座谈会或反馈会，让员工有机会就企业发展、工作环境、福利待遇等方面提出意见和建议，增强员工的参与感和归属感，从而建立一种良好的企业文化和氛围。

3.数据分析和综合评估

(1)数据收集与处理

在收集调查问卷和面谈数据后,企业需要进行系统的数据收集与处理,以确保对员工的培训需求进行全面、准确的分析和评估。这一过程包括多个步骤,涉及数据整理、分类、统计分析等方面,以便更好地了解员工的培训需求和优先级,为后续培训计划的制订提供可靠依据。首先,企业需要对收集到的数据进行整理和清洗。这包括对数据进行归档、去除重复项、填补缺失值等处理,以确保数据的完整性和准确性。通过数据整理,可以使数据更加规范化和易于管理,为后续的分析和评估奠定基础。其次,企业需要对数据进行分类和归纳。根据调查问卷和面谈的内容,将数据按照不同的主题或类别进行分类,以便更好地理清员工的培训需求。例如,可以将数据按照岗位、部门、培训内容等因素进行分类,从而形成清晰的数据结构,为后续的分析提供便利。接着,企业需要对数据进行统计分析。通过统计方法,对各个类别的数据进行汇总和分析,了解员工培训需求的整体情况和特点。这包括对数据的频次分布、均值、标准差等统计指标进行计算和分析,以便发现数据中的规律和趋势,为后续的决策提供参考。

在进行数据分析的过程中,企业还可以采用数据可视化的方式,将分析结果以图表、统计图等形式直观地展示,从而更加直观地了解员工的培训需求和优先级。例如,可以利用柱状图、折线图、饼图等形式将数据呈现,使分析结果更加清晰易懂,为管理决策提供直接的参考依据。

(2)需求归纳与计划制订

通过数据分析,企业可以将收集到的员工培训需求进行归纳和总结,从而制订有效的培训计划,确保培训内容和方式更贴近实际需求,提高培训的有效性和实用性。首先,企业需要对数据分析结果进行归纳和总结。根据不同部门、岗位和个体的需求差异,将员工提出的培训需求进行分类和归纳,形成清晰的需求概况。这包括确定员工对数字化转型各个方面的需求和关注点,以及员工对培训内容和方式的期望和建议。其次,企业需要制订针对性的培训计划。根据归纳总结的培训需求,制定具体的培训目标、内容和方式。培训内容应涵盖数字化系统的基础知识、操作技能以及相关业务流程等方面,与员工的实际工作密切相关。培训方式可以包括课堂培训、在线培训、实践操作等多种形式,以满足不同员工的学习需求。同时,应根据员工的岗位和职责差异,制订个性化的培训计划,确保培训的针对性和实效性。

(3)企业应及时调整和优化培训方案

在制订培训计划的过程中,应充分考虑员工的反馈意见和建议,及时调整和优化培训方案。企业可以通过定期的反馈调查、评估和沟通会议等方式,收集员工对培训的反馈和意见,发现问题并及时解决。

（二）制定培训内容和方法

1. 确定培训内容范围

（1）培训需求分析结果的依据

培训需求分析是一个系统性的过程，通过多种方式收集员工的培训需求和反馈意见，以获取关于数字化系统的知识水平、操作技能、数据分析需求等方面的信息。这些数据不仅为制定培训内容提供了重要依据，还确保了培训内容贴近实际需求，提高了培训的针对性和实用性。

调查问卷是获取员工培训需求的一种常用方式。通过设计合理的调查问卷，可以向员工提出针对性问题，涵盖数字化系统的各个方面，如系统功能、操作流程、技术需求等。员工可以通过填写问卷来表达自己对培训内容的期待和需求，从而为后续培训计划的制订提供重要参考。

除了调查问卷，面谈和访谈也是获取培训需求的重要途径之一。通过与员工进行面对面的交流和沟通，可以更深入地了解他们的培训需求和反馈意见。面谈和访谈的优势在于可以实时了解员工的想法和意见，从而更加准确地把握培训的关键点和重点内容。通过与员工一对一的交流，还可以建立更加紧密的信任关系，鼓励员工积极参与培训活动，提高培训效果。

在收集调查问卷和面谈数据后，需要进行系统的数据分析和综合评估。通过对数据的整理、分类和统计分析，可以量化和归纳员工的培训需求，确定培训的主要内容和重点方向。这样一来，企业就可以有针对性地制订培训计划，确保培训内容和方式更贴近实际需求，提高培训的效果和实效性。

（2）确定培训内容的范围和重点

基于培训需求分析的结果，确定培训内容的范围和重点是数字化转型过程中至关重要的一环。这一过程旨在确保培训内容与员工需求紧密契合，以便提升其对数字化系统的理解和应用能力，从而有效推动数字化转型并提升企业的整体绩效。首先，培训内容应涵盖数字化系统的基础知识。这包括对数字化系统的整体架构、功能模块、数据流程等方面的了解。通过系统性的培训，员工可以建立起对数字化系统的整体认知，为深入学习和应用打下基础。其次，培训应重点关注操作技能的培养。这包括数字化系统的操作流程、常用功能的使用方法、数据输入和处理等方面的培训。通过针对性的操作培训，员工可以掌握数字化系统的操作技巧，提高工作效率和准确性。此外，数据分析方法也应成为培训内容的重要组成部分。随着数字化转型的推进，数据分析已成为企业决策和业务发展的重要支撑。因此，员工需要掌握基本的数据分析方法，包括数据收集、处理、分析和呈现等技能，以应对日益复杂的业务需求。另外，财务管理流程也是培训内容的重点之一。财务管理在企业运营中起着至关重要的作用，数字化系统的应用也对财务管理提出了新的要求。因此，员工需要了解数字化系统在财务管理方面的应用场景和功能，以更好地支持企业的财务决策和管理工作。最后，针对不同部门和岗位的员工需求，还应结合实际工作情况，量身定制针对性的培训内容。这样可以确保培训内容更加贴近员工的工作需求和实际情况，提升培训的实效性和针对性。

2. 灵活选择培训方法

（1）不同培训方法的优劣势

在选择培训方法时，企业需要充分考虑不同方法的优劣势，以便更好地满足员工的学习需求和工作时间安排。

课堂培训是一种传统的培训方法，其优势在于能够提供系统的学习环境和面对面的互动交流。这种培训方式适用于需要集中学习和交流的场景，能够促进员工之间的沟通和协作，提供即时解答问题的机会。此外，课堂培训通常由专业讲师授课，内容更加系统和全面，能够有效地传授知识和技能。

相比之下，在线培训更加灵活便捷，适用于需要自主学习和灵活安排时间的员工。在线培训可以随时随地进行，无需受限于时间和地点，员工可以根据自己的时间安排进行学习，提高学习的灵活性和效率。此外，在线培训通常采用多媒体教学，内容生动有趣，能够吸引员工的注意力，提升学习的积极性和主动性。

实践操作是培训过程中至关重要的一环，能够将理论知识转化为实际操作能力，提高员工的应用水平和技能熟练度。通过实际操作，员工可以更加直观地理解培训内容，并将所学知识应用到实际工作中，加深理解和记忆。实践操作还能够帮助员工建立自信心，增强其工作的执行力和应对能力。

（2）灵活选择培训方式

不同的员工可能具有不同的学习习惯、时间安排和工作需求，因此，采用多种培训方法可以更好地满足员工的学习需求，提高培训效果。首先，课堂培训是一种传统的培训方式，适用于需要系统学习和面对面交流的场景。对于一些需要集中学习和交流的知识和技能，课堂培训提供了良好的学习环境和互动机会，员工可以在专业讲师的指导下学习，并与其他同事进行交流和讨论。其次，在线培训是一种灵活便捷的培训方式，适用于需要自主学习和灵活安排时间的员工。在线培训可以随时随地进行，无需受限于时间和地点，员工可以根据自己的时间安排进行学习，提高学习的灵活性和效率。在线培训通常采用多媒体教学，内容生动有趣，能够吸引员工的注意力，提升学习的积极性和主动性。另外，实践操作是培训过程中不可或缺的一部分，能够将理论知识转化为实际操作能力，提高员工的应用水平和技能熟练度。通过实际操作，员工可以更加直观地理解培训内容，并将所学知识应用到实际工作中，加深理解和记忆。因此，针对需要实践操作的员工，企业可以安排相应的培训课程，提供实践操作的机会和场景。

3. 结合实际案例和场景

（1）提升培训的实用性和可操作性

在制定培训内容时，结合实际案例和场景进行讲解和演示是提升培训的实用性和可操作性的有效途径。通过实际案例，员工可以更直观地理解培训知识，并将其应用到实际工

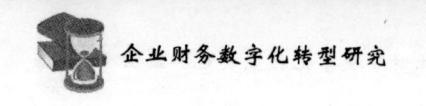

作中，从而提高学习的积极性和参与度。

实际案例和场景的引入能够使抽象的理论知识更具体化，更容易被员工所理解和接受。例如，对于财务管理流程的培训，可以结合企业的真实财务数据和实际操作流程进行案例分析，让员工通过实际操作来学习财务报表的编制、资金管理和成本控制等内容。通过参与实际案例分析，员工可以更深入地了解财务管理的具体操作方法，掌握解决实际问题的技能。

此外，实际案例和场景的引入还能够激发员工的学习兴趣和动力。相比于枯燥的理论知识，生动的案例和场景更能吸引员工的注意力，提高他们的学习积极性。通过实际操作和案例分析，员工可以更加深入地思考和探索问题，从而更好地理解和应用培训知识。

因此，结合实际案例和场景进行培训是一种有效的方法，能够提升培训的实用性和可操作性，增强员工的学习效果和实际应用能力。企业在制定培训内容时，应充分考虑员工的实际需求和工作场景，结合实际案例和场景，设计具有针对性和实用性的培训课程，从而更好地促进员工的学习和发展。

（2）提高培训效果和学习质量

结合实际案例和场景进行培训不仅能够提高培训的实用性和有效性，还能够显著提高培训效果和学习质量。这种培训方式能够将抽象的理论知识转化为具体的实践操作，使员工能够更直观地理解培训内容，并在实际操作中加深对知识的理解和掌握。

举例来说，假设一家企业正在进行财务管理培训，培训内容涉及财务报表的编制和解读。在课堂上，讲师可以通过展示真实的财务报表，结合企业实际的财务数据进行解析，让员工亲身体验财务报表的编制过程和其中蕴含的财务信息。通过实际操作，员工可以更好地理解财务报表中各项数据的含义，提高对财务报表的解读能力。

此外，实际案例和场景的引入还能够增强员工的学习兴趣和动力。相比于枯燥的理论知识，生动的案例和场景更能吸引员工的注意力，激发他们的学习热情。例如，在培训中引入企业实际遇到的挑战和问题，让员工通过实际案例分析找到解决问题的方法，能够激发员工的学习兴趣，提高学习效果。

（三）设计培训课程和材料

1. 系统设计培训课程

（1）培训课程组织与逻辑顺序

在设计培训课程时，合理的组织和逻辑顺序是确保培训内容连贯性和系统性的关键。首先，确定培训课程的整体框架至关重要。这包括对培训内容进行整体规划，明确各个模块的内容和顺序。在确定整体框架时，需要考虑培训的总体目标和员工的学习需求，确保培训内容能够全面覆盖相关知识点，从而达到培训的预期效果。

其次，将培训内容细化为不同的单元或主题是组织课程的关键步骤之一。每个单元应包含相对独立但又相互关联的知识点，以便员工能够逐步深入理解和掌握培训内容。这种细化的设计有助于避免信息过载和学习混乱，使员工能够更加系统地学习和消化知识。

在组织培训课程时，还应注意将相关的知识点进行合理组合和安排，确保内容之间的内在逻辑和关联性。通过合理的组织和安排，使培训课程内容呈现一种连贯的线索，便于员工理解和吸收。例如，可以按照知识的逻辑顺序或者从简单到复杂的方式来组织培训内容，帮助员工建立知识体系，并逐步加深其对知识的理解。

总体来说，设计培训课程时需要注重整体框架的规划、内容单元的细化以及知识点之间的合理组合和安排。通过这些步骤的合理设计，可以确保培训课程具有清晰的逻辑顺序和系统性，提高员工的学习效果和培训的实用性。

（2）设计多层次和难度的培训课程

在设计多层次和难度的培训课程时，需要考虑员工的不同学习水平和需求，以便满足他们的学习需求和提升空间。首先，可以设立初级、中级和高级的培训课程，以便员工根据自身的水平和需求选择适合的课程。每个层次的培训课程都应该有明确的预备知识要求和学习目标，以确保员工在学习过程中能够逐步提升自己的能力和水平。

在初级培训课程中，可以涵盖数字化系统的基础知识和操作技能，适合那些对数字化转型了解较少或者技能水平较低的员工。这些课程内容应该简单易懂，重点在于帮助员工建立基本的概念和操作技能，为后续学习打下坚实的基础。

中级培训课程可以进一步深化员工对数字化系统的理解，涉及更加复杂和深入的知识点和操作技巧。这些课程适用于那些已经具备一定基础知识和技能的员工，帮助他们进一步提升自己的水平，适应企业的数字化转型需求。

高级培训课程则针对具有较强学习能力和较高技术水平的员工，涉及数字化系统的高级应用和技术领域。这些课程内容更加深入和专业，旨在培养员工的创新能力和解决问题的能力，为企业的数字化转型提供有力支持。

2. 多样化培训材料

（1）开发多种形式的培训材料

除了传统的课堂教学外，开发多种形式的培训材料可以极大地丰富培训的方式和手段，提高员工对培训内容的理解和掌握程度。这些多样化的培训材料包括培训视频、PPT、手册、案例分析等，每种材料都具有独特的优势和作用，能够满足不同学习风格和需求的员工。首先，培训视频是一种生动形象的讲解和演示方式，能够通过图像和声音更直观地传达培训内容。视频中可以展示具体的操作过程和实例，让员工在视听的双重刺激下更容易理解和吸收知识。例如，可以通过视频演示数字化系统的操作流程和应用场景，让员工对系统的使用有更清晰的认识。其次，PPT是一种常用的培训工具，能够清晰地展示培训内容的逻辑结构和重点内容。通过精心设计的PPT，可以将培训内容分解成易于理解和记忆的模块，帮助员工更好地掌握知识点。PPT还可以通过插入图片、图表等来丰富内容，增强视觉效果，提升学习的吸引力和效果。此外，提供手册作为学习的参考资料也是一种常见的培训方式。手册可以将培训内容系统地总结和归纳，供员工在培训结束后进行复习和查阅。良好的手册应该清晰明了、内容准确全面，具有很强的实用性和参考价值，能够帮助员工在工作中随时解决遇到的问题。最后，案例分析是一种非常有效的培训方式，通过真实的案例来演示培训知识的应用和实践。通过分析真实的工作场景和案例，员工可以将理论知识与实际工作相结合，更好地理解和掌握培训内容。案例分析还能够培养员工的分析和解决问题的能力，提高他们的工作效率和质量。

（2）注意培训材料的准确性和可靠性

在制作培训材料时，确保内容的准确性和可靠性至关重要，因为这直接影响培训效果的达成和员工的学习成果。因此，需要严格审查和审定培训材料，以确保其与培训课程内容一致，并且能够满足实际工作的需求。以下是一些关键点，以确保培训材料的准确性和可靠性：首先，内容审查。在制作培训材料之前，应该进行严格的内容审查，确保材料中所包含的信息准确无误、权威可靠。这包括对资料来源的核实、数据的验证以及专业术语的使用等方面。只有经过认真审核的内容才能被纳入培训材料，以避免传递错误或误导员工。其次，与培训课程内容一致。培训材料应该与培训课程内容保持一致，即所呈现的信息和知识点应与培训课程中讲解的内容相符合。这有助于确保员工在学习过程中能够得到一致的信息，避免混淆和误解，从而提高学习的效果和质量。另外，注重实用性和可操作性。培训材料不仅应该提供理论知识，还应该结合具体的案例和场景，增强其实用性和可操作性。通过实际案例的分析和演示，员工能够更好地理解和应用培训知识，从而提高学习的积极性和参与度。同时，培训材料中的示例应该与员工日常工作密切相关，有助于员工将学到的知识直接应用到实际工作中，提升工作效率和质量。

二、提供持续的技术支持

除了培训计划外，提供持续的技术支持也是员工适应数字化转型的重要措施。通过及时响应员工的技术问题和困惑，来帮助员工解决实际工作中遇到的困难，提高数字化系统的使用效率和员工的工作满意度。

（一）设立技术支持团队

为了提供持续的技术支持，企业可以设立专门的技术支持团队。这个团队应该由具有丰富技术经验和专业知识的人员组成，他们能够快速、准确地解决员工在数字化转型过程中遇到的各种技术问题。这个团队的主要职责包括：

1.解答员工的技术问题

技术支持团队应该能够及时响应员工的各种技术问题，并提供有效的解决方案，以确保数字化系统的顺利运行，避免因技术问题而影响员工的工作效率和满意度。这一过程需要技术支持团队具备广博的技术知识和解决问题的能力，能够迅速而准确地解决各种技术难题。

（1）及时响应员工的技术问题

在数字化转型的背景下，企业依赖数字化系统来支持日常的运营和业务活动。然而，数字化系统可能会出现各种各样的问题，包括操作困难、功能异常、技术故障等。这些问题如果得不到及时解决，可能会严重影响员工的工作效率和工作质量，甚至会对企业的正常运营产生不利影响。因此，技术支持团队的重要任务之一就是迅速响应员工提出的技术问题。无论问题的复杂程度如何，技术支持团队都应该以积极的态度和专业的知识为员工提供解决方案。首先，他们需要建立有效的沟通渠道，确保员工可以方便地向技术支持团队提出问题。这可以通过电话热线、在线聊天、电子邮件等方式实现，以便员工能够在遇到问题时及时寻求帮助。其次，技术支持团队需要具备广泛的技术知识和解决问题的能力。他们需要深入了解数字化系统的运作机制和技术原理，以便能够快速定位问题的根源，并提出有效的解决方案。这可能涉及各种不同的技术领域，包括软件开发、网络管理、数据库管理等，因此技术支持团队的成员需要具备多方面的技术技能和经验。此外，技术支持团队还需要保持高度的责任心和敬业精神。他们需要明确自己的工作职责和任务目标，确保能够及时有效地解决员工提出的问题，以保障数字化系统的正常运行。在面对问题时，技术支持团队应该保持良好的沟通和协作，及时向相关部门汇报问题的处理情况，并与其他团队密切合作，共同解决技术难题。

（2）提供有效的解决方案

解决员工的技术问题需要技术支持团队具备深入的技术理解和问题解决能力，以便能够提供有效的解决方案。首先，技术支持团队需要对数字化系统的运作机制和技术原理有着全面深入的了解。这意味着他们需要对系统的架构、功能模块、数据流程等方面有清晰的认识，从而能够快速准确地定位问题的根源。

在面对技术问题时，技术支持团队需要采取系统性的方法来分析和解决问题。他们可能需要通过查看系统日志、调试代码、检查数据库等方式来确定问题的具体原因。一旦问题的根源被确定，团队成员就需要提出可行的解决方案。这可能涉及修改系统配置、更新软件版本、修复程序代码等操作，需要技术支持团队成员具备扎实的技术功底和丰富的经验。另外，技术支持团队还需要与其他部门和团队保持密切的沟通和合作。有些技术问题可能涉及多个部门或团队之间的协作才能解决，例如，网络问题可能需要与网络团队合作解决，软件故障可能需要与开发团队合作修复。因此，技术支持团队需要具备良好的协作能力和团队合作精神，以便能够在最短的时间内找到最佳的解决方案。此外，技术支持团队还需要注重对员工的指导和培训。解决技术问题不仅是提供临时性的解决方案，更重要的是帮助员工理解问题的原因和解决方法，以便在将来遇到类似问题时能够自行解决。因此，技术支持团队需要耐心地向员工解释问题的原因和解决方案，并提供相关的培训和指导，以提升员工的技术水平和问题解决能力。

（3）广博的技术知识和解决问题的能力

为了有效解答员工的技术问题，技术支持团队必须具备广博的技术知识和解决问题的能力。首先，他们需要了解各种类型的数字化系统，包括但不限于软件应用、网络架构、数据库管理等。这涉及对不同系统的功能、特性、架构和运行原理有着全面的了解，以便能够准确分析和解决问题。除了对数字化系统的了解，技术支持团队还需要掌握各种技术工具和方法。这可能涉及编程语言、数据库管理工具、网络监控软件等方面的技术工具的熟练运用，以便能够有效地进行故障诊断并解决问题。此外，技术支持团队还需要深入理解企业的业务流程和需求。他们需要了解企业的业务模式、产品和服务，以及数字化系统在其中扮演的角色和作用。这样才能更好地理解员工遇到的问题，并提供与业务实际需求相符合的解决方案。

2.提供相关支持

除了解答技术问题外，技术支持团队还应该向员工提供相关的技术支持和指导，以帮助他们更好地理解和应用数字化系统，从而提高工作效率和质量。

（1）针对特定问题的培训是技术支持团队提供的一项重要支持

在日常工作中，员工可能会遇到一些频繁出现的技术问题，或者需要进一步了解某一特定功能或技术。为了帮助员工更好地应对这些问题，技术支持团队可以组织专门的培训课程，以针对性地介绍和解决这些问题。

这些专门的培训课程通常会针对特定的功能或技术展开，内容涵盖了员工在日常工作中经常遇到的具体问题。通过这些课程，技术支持团队可以向员工深入讲解相关的知识点和操作技巧，帮助员工对其更好地理解和掌握。而且，针对特定问题的培训课程通常会结合实际案例和场景进行讲解，使员工能够更加直观地理解问题的本质和解决方法。

除了提供操作技巧和解决问题的方法外，这些培训课程还可以为员工提供实践操作的机会。通过实践操作，员工可以加深对技术问题的理解，并提高解决问题的能力。这种针对特定问题的培训方式，不仅有助于员工更加熟练地应用数字化系统，还可以提高工作效率和准确性，从而为企业的数字化转型提供有力支持。

（2）技术支持团队还可以提供操作指南等相关支持材料

技术支持团队还可以提供操作指南等相关支持材料。这些资料对于员工掌握数字化系统的操作方法和解决常见问题至关重要。操作指南通常包括系统的基本操作步骤、常见问题的解决方法、注意事项等内容。这些指南的编写需要技术支持团队深入了解系统的各项功能和操作流程，并结合员工的实际使用需求进行详细说明。通过提供这些操作指南，技术支持团队可以帮助员工更好地理解系统的操作逻辑，以快速解决遇到的问题，提高工作效率。

在实际工作中，员工经常会遇到各种各样的技术问题，有时可能需要等待技术支持团队的回复才能得到解决。而提供操作指南可以有效缩短问题解决的时间，员工可以根据指南自行查找解决方案，不再需要长时间等待。这样不仅提高了问题解决的效率，也减少了员工因等待而产生的工作中断和不满情绪。

此外，操作指南还可以作为员工的学习参考资料，帮助他们更好地掌握系统的使用方法。通过仔细阅读和理解操作指南，员工可以在日常工作中更加熟练地应用系统，提高工作效率。操作指南的编写应该简明扼要、结构清晰、内容准确全面，以确保员工能够轻松地理解和使用。通过不断更新和完善操作指南，技术支持团队可以为员工提供持续的学习支持，帮助他们不断提升技能水平，适应数字化转型的需求。

（3）提升员工数字化系统运用能力的重要性

随着企业数字化转型的深入推进，数字化系统已经成为企业日常运营的重要工具，涉及生产、销售、客户服务、数据管理等诸多方面。在这种背景下，员工对数字化系统的熟练运用不仅是一种技能，更是企业提高工作效率、降低成本、提升竞争力的重要保障。首先，提升员工数字化系统运用能力可以显著提高工作效率。数字化系统的广泛运用使得诸多业务流程实现了自动化和智能化，大大简化了员工的工作流程。然而，要想充分发挥数字化系统的效能，需要员工掌握系统的各种功能和操作技巧，能够灵活运用系统完成各项任务。只有员工熟练掌握数字化系统，才能够提高工作效率。其次，提升员工数字化系统运用能力有助于降低出错率。数字化系统的普及和应用，在一定程度上降低了人为因素对工作的影响，提高了工作的准确性和一致性。然而，数字化系统的正确使用需要员工对系统有深入了解，并且具备良好的操作技巧。只有员工能够熟练掌握系统的各项功能和操作流程，才能够避免因操作失误而导致的错误和问题，确保工作的质量和准确性。此外，提升员工数字化系统运用能力还可以促进企业数字化转型的顺利进行。作为企业数字化转型的重要支撑，员工对数字化系统的熟练运用直接关系数字化转型的成效和效率。只有员工具备了数字化系统的深入理解和熟练运用能力，企业的数字化转型才能够实现真正的落地和持续发展，从而提升企业的竞争力和市场影响力。

3.确保数字化系统的正常运行

（1）密切关注系统运行情况

技术支持团队应该定期监控数字化系统的运行情况，包括系统的性能、稳定性以及安全性等方面。通过使用监控工具和系统日志，他们可以及时发现系统中的异常情况和潜在问题。及时发现并解决问题是确保数字化系统正常运行的关键。技术支持团队应该建立有效的故障诊断和排除机制，以便在出现问题时能够迅速做出反应，并采取相应的措施予以解决。除了定期的系统监控外，技术支持团队还应该根据业务需求和系统运行情况进行定期的性能评估和优化。他们可以分析系统的瓶颈和性能瓶颈，并提出相应的优化建议，以提高系统的性能和稳定性。

（2）与其他部门紧密合作

数字化系统通常涉及多个部门和业务流程，因此技术支持团队需要与其他部门紧密合作，共同维护系统的正常运行。他们应该与业务部门和系统开发团队保持良好的沟通，了解业务需求和系统设计，以便及时响应和解决问题。技术支持团队还应该与信息安全团队紧密合作，共同确保数字化系统的安全性。他们可以定期进行安全审查和漏洞扫描，及时修补系统中的安全漏洞，防止黑客攻击和数据泄露等安全问题的发生。除了与其他部门的合作外，技术支持团队还应该与外部供应商和服务提供商保持良好的合作关系。他们可以及时获取厂商提供的更新和补丁，以确保系统能够及时升级和更新，提高系统的稳定性和可靠性。

（3）持续改进和优化

技术支持团队应该不断改进和优化自己的工作流程和服务水平，以提高工作效率和服务质量。他们可以定期开展团队内部的技术培训和知识分享，提升团队成员的技术水平和解决问题的能力。技术支持团队还应该根据用户反馈和系统运行情况，及时调整和优化系统的配置和设置。他们可以定期收集用户的意见和建议，分析用户的需求和问题，并提出相应的改进措施，以提高系统的用户体验和满意度。持续改进和优化是确保数字化系统正常运行的重要保障。技术支持团队应该积极倡导并践行持续改进的理念，不断优化工作流程和服务质量，为企业的数字化转型提供更加稳定和可靠的技术支持。

（二）提供在线技术支持平台

除了设立技术支持团队外，企业还可以建立在线技术支持平台，为员工提供24小时的在线技术支持。这个平台可以通过多种方式提供技术支持，包括电话、邮件、在线聊天等，以满足员工在不同时间和场景下的需求。具体而言，这个平台应该具备以下特点：

1. 多样化的联系方式

（1）电话热线

电话热线是在线技术支持平台的重要组成部分之一。这种联系方式直接、及时，为员工提供了一种便捷的沟通渠道，使他们能够通过直接拨打电话的方式与技术支持团队进行交流和沟通。在面对一些紧急情况或需要即时解决的技术问题时，电话热线能够快速建立起沟通联系，确保员工在最短的时间内获得必要的帮助和支持。

电话热线的设立不仅有助于解决技术问题，还能够提高员工的工作效率和满意度。相比于其他沟通方式，如电子邮件或在线聊天，电话热线能够实现实时交流，及时获取技术支持团队的反馈和指导。这种直接的交流方式能够更好地理解员工所遇到的问题，从而提供更加精准和有效的解决方案。

此外，电话热线还能够提升员工对技术支持团队的信任和满意度。通过电话交流，员工能够感受到技术支持团队的专业和责任心，增强对他们的信任感。而且，在处理一些涉及个人隐私或敏感信息的问题时，电话热线可以提供更加私密和安全的沟通环境，增强员工的信心和满意度。

总的来说，电话热线作为在线技术支持平台的一项服务，不仅有助于解决员工的技术问题，还能够提高工作效率、满足员工的需求，并增强员工对技术支持团队的信任和满意度。

（2）电子邮件

员工可以通过发送电子邮件的方式，向技术支持团队提出各种技术问题、寻求帮助或者请求解决方案。这种联系方式不受时间和地域的限制，使得员工可以随时随地向技术支持团队发送邮件，无需受到工作时间或地点的约束。

与口头交流相比，电子邮件的形式更有利于记录问题的详细信息，并保留沟通的记录。员工可以在邮件中详细描述遇到的问题、现象，以及相关的环境和操作步骤，从而使技术支持团队更好地理解问题的全貌和背景。这样的详细描述有助于技术支持团队准确把握问题的本质，提供更为有效的解决方案。

此外，电子邮件的使用也方便了技术支持团队的工作安排和问题跟踪。技术支持团队可以根据员工发送的邮件内容，对问题进行分类、记录和跟踪，以确保问题能够及时得到解决。邮件的记录还可以作为未来参考，帮助技术支持团队分析和总结常见问题，并不断改进服务质量和提升工作效率。

（3）在线聊天

在线聊天作为在线技术支持平台的一项重要功能，为员工提供了便捷和即时的沟通渠道，使他们能够与技术支持团队实时交流和解决技术问题。这种联系方式具有以下几个显著的优点。首先，在线聊天具有便捷快速的特点。员工可以直接在网页或应用程序上与技术支持团队进行实时的文字交流，无需等待或拨打电话等待接通，节省了沟通的时间和成本。尤其是在面对一些简单的技术问题或需要即时解答的情况下，在线聊天是一种非常高效的沟通方式。其次，在线聊天能够提供即时的反馈和解决方案。技术支持团队可以立即回复员工的消息，针对问题进行及时的解答和指导。这种即时性使得员工在遇到技术问题时能够迅速得到帮助，及时解决困扰，不会影响工作效率和业务进展。再次，通过在线聊天，员工还可以更方便地记录沟通内容。与电话沟通相比，聊天记录更容易保存和查看，员工可以随时回顾以前的对话内容，避免信息遗漏或误解。这对于后续问题的跟踪和解决过程的审查都非常有帮助。最后，在线聊天也有助于建立更为密切的沟通联系。员工可以通过聊天窗口直接向技术支持团队提出疑问、反馈意见或建议，促进双方之间的交流和互动。这种互动有助于建立良好的合作关系，提高技术支持团队的服务质量和员工满意度。

2. 及时响应和解决问题

（1）响应时间

设定合理的响应时间目标对于在线技术支持平台至关重要。这些目标旨在确保员工在遇到技术问题时能够及时得到帮助，从而不会影响他们的工作效率和业务进展。合理的响应时间目标应该考虑以下几个方面。首先，响应时间应该尽量缩短。员工在遇到问题时往往希望能够尽快得到解决方案，因此，技术支持团队应该设定尽可能短的响应时间目标，以满足员工的需求和期望。在大多数情况下，响应时间应该在几分钟到几小时，以确保员工在短时间内获得反馈和帮助。其次，响应时间目标应该根据问题的严重程度和紧急程度进行调整。对于一些紧急情况或重要问题，技术支持团队应该设定更短的响应时间目标，以保证员工能够在最短的时间内得到帮助。而对于一些一般性的问题，则可以设定相对较长的响应时间目标，以确保资源的有效分配和管理。此外，响应时间目标还应该考虑技术支持团队的工作负荷和人力资源情况。如果技术支持团队的人手不足或工作压力较大，可能需要适当延长响应时间目标，以避免因过度压力而影响服务质量和员工满意度。最后，响应时间目标应该定期评估和调整。随着业务规模的扩大和技术支持团队的不断发展，可能需要不断调整响应时间目标，以适应新的业务需求和服务水平。因此，技术支持团队应

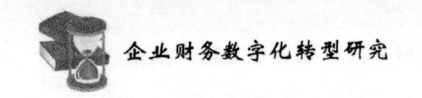

该定期审查和评估响应时间目标,并根据实际情况进行调整和优化。

(2)问题解决

在数字化系统日益复杂的环境下,员工可能会面临各种各样的技术挑战,从简单的操作问题到复杂的系统故障。因此,技术支持团队需要具备广泛的技术知识和解决问题的能力,以确保能够有效地解决各种技术难题。首先,技术支持团队需要拥有丰富的技术知识。这包括对数字化系统的全面了解,以及对相关技术领域的深入研究和掌握。他们需要了解系统的架构和组成部分,熟悉各种技术工具和平台,以及掌握常见问题的解决方法。只有具备这些广泛的技术知识,技术支持团队才能够在面对各种技术挑战时游刃有余。其次,技术支持团队需要具备解决问题的能力。这包括快速准确地定位问题的原因,分析并诊断技术故障,并提供有效的解决方案。他们需要具备良好的逻辑思维能力和问题解决能力,能够从问题的表象中找出潜在的根本原因,并采取相应的措施加以解决。最后,他们还需要具备良好的沟通能力,能够与员工建立良好的沟通和合作关系,共同解决技术问题。

(3)跨时区支持

在线技术支持平台应该能够在全天候提供服务,以满足不同地区员工的需求,确保他们在任何时间、任何地点都能够得到及时的帮助和支持。跨时区支持意味着技术支持团队需要随时待命,以应对不同时区的员工所提出的问题。这需要技术支持团队具备灵活的工作安排和分工机制,确保至少有一部分团队成员在任何时候都能够提供技术支持。团队成员可能需要轮班或交替值班,以覆盖不同的工作时间段,确保持续的技术支持服务。另外,跨时区支持还需要技术支持团队与不同地区的员工建立良好的沟通和协作机制。这可能涉及跨地区的培训和沟通,以确保所有员工了解如何获取并使用在线技术支持平台。同时,技术支持团队可能需要考虑语言和文化差异,以确保有效的沟通和理解。为了提供跨时区的技术支持服务,技术支持团队可能还需要采用一些技术工具和平台,以便实现实时沟通和远程协作。这可能包括在线聊天工具、远程桌面控制软件、视频会议等,以确保团队成员之间能够快速高效地交流和合作,解决员工提出的技术问题。

3. 提供帮助文档和指南

(1)帮助文档

在线技术支持平台的帮助文档是员工学习和使用数字化系统的重要资源之一。这些文档的设计和编写应该考虑员工的实际需求和使用习惯,以帮助他们更好地理解和应用系统。帮助文档可以包括用户手册、操作指南、常见问题解答(FAQ)等内容,涵盖系统的各个方面,从基础操作到高级功能,以及解决常见问题的方法。首先,帮助文档应该简明扼要,语言通俗易懂,避免使用过多的专业术语和复杂的技术名词,以便员工能够快速理解和掌握内容。文档的结构应该清晰明了,内容应该分门别类,便于员工根据自己的需求和问题查阅。其次,帮助文档应该覆盖系统的各个方面,包括系统的基本介绍、操作流程、常见功能、高级功能等内容。对于新员工或初学者来说,帮助文档可以提供系统的入门指南和基础操作说明；对于有一定经验的员工，可以提供更深入的操作技巧和高级功能的介绍。同时，针对常见问题和故障，帮助文档应该提供详细的解决方案和操作步骤。最后，帮助文档应该不断更新和完善，随着系统功能的更新和员工的反馈意见进行及时修订和调整。在编写文档时，应该考虑员工的反馈和实际问题，及时更新文档内容，确保文档的准确性和实用性。

（2）操作指南和视频教程

操作指南通常以图文并茂的方式展示系统的操作步骤和技巧，通过清晰的文字说明和示意图，帮助员工更直观地理解系统的使用方法。操作指南可以针对系统的各个功能模块，从基础操作到高级功能，提供详细的操作说明和实用的技巧，使员工能够更快地掌握系统的使用技巧，提高工作效率。另外，视频教程是一种生动形象的学习方式，通过图像和语音结合的方式，向员工展示系统的操作过程和技巧。视频教程可以更生动地展示系统界面的操作流程，让员工能够更直观地理解系统的使用方法。同时，视频教程还可以通过演示和实例，为员工提供一种模拟实战的学习体验，帮助他们更好地掌握系统的使用技巧，提高工作效率。

操作指南和视频教程的制作需要技术支持团队具备良好的技术和教育能力，能够将复杂的系统操作过程简化成易于理解的步骤，并通过图文并茂或视频演示的方式向员工传达。同时，操作指南和视频教程也需要不断更新和完善，随着系统功能的更新和员工反馈意见进行及时修订和调整，以保持其准确性和实用性。

通过提供操作指南和视频教程等形式的指导，技术支持团队可以帮助员工更直观地理解系统的使用方法，提高工作效率，为企业的数字化转型提供有力支持。

（三）不断改进和优化技术支持服务

企业在提供技术支持服务时，应该不断改进和优化服务质量，以满足员工不断变化的需求。具体而言，可以采取以下措施：

1. 定期收集员工反馈意见

（1）制订调查计划

企业在制订调查计划时，需考虑多方面因素，以确保收集的反馈意见具有一定的规律性和系统性。首先，调查的时间安排至关重要。企业应该根据业务的性质和周期性，合理安排调查时间。例如，对于季节性销售的企业，可以选择在销售旺季结束后进行调查，以获取最准确的反馈。其次，调查的频率也需要谨慎考虑。频繁的调查可能会使参与者感到疲倦和厌烦，从而影响反馈质量。因此，企业可以根据实际情况决定调查的频率，例如每季度、半年或一年进行一次调查。此外，调查对象的选择也是关键。企业可以针对不同的利益相关者制定不同的调查对象，包括员工、客户、供应商等，以确保获得全面的反馈。在确定调查对象时，还应考虑其代表性和可行性，避免出现样本偏差或调查范围过于广泛而难以管理的情况。最后，调查计划的制订还应该考虑调查方法和工具的选择。企业可以结合传统的问卷调查、面对面访谈、焦点小组讨论等方法，以及现代的在线调查、社交媒

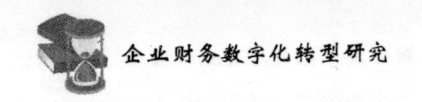

体监测等工具，构建多样化的调查体系，提高反馈的全面性和准确性。

（2）设计合适的调查问卷

针对技术支持服务的调查问卷设计应该是一项精心策划的任务，旨在全面评估服务质量、响应速度和问题解决能力等方面。问卷设计的简洁明了是确保数据客观性和可比性的关键所在。首先，问卷应该以开放性问题为基础，允许受访者自由表达对技术支持服务的感受和体验。这样可以获取更为丰富和具体的反馈，有助于发现潜在问题和改进空间。其次，问卷中应包含一些定量评价指标，例如，通过量表评价服务质量的满意度，评估响应速度的快慢等。这些指标可以为数据的分析提供定量依据，使评估更为客观和系统化。另外，问卷中也可以包括一些特定场景或情境下的案例分析，以了解技术支持团队在实际工作中的表现和应对能力。这种情景化的问题设计有助于更深入地了解技术支持服务的真实情况。此外，为了避免主观性强的问题，问卷设计应尽量客观公正，避免使用带有强烈情感色彩或主观判断的词语。最后，在问卷设计完成后，应进行预测试和修订，以确保问题的准确性、清晰度和逻辑性。预测试可以通过小规模的试调查来进行，根据受访者的反馈进行必要的修改和调整。

（3）进行个别访谈

除了定期调查外，企业还可以通过个别访谈的方式深入了解员工的反馈意见。这种方式可以更深入地了解员工的具体需求和问题，为技术支持服务的改进提供更为具体的参考。

2. 及时调整和优化服务

（1）分析反馈数据

除了定期调查外，企业可以采用个别访谈的方式，以更深入的方式了解员工对技术支持服务的反馈意见。个别访谈是一种贴近实际的、针对性强的调研方法，通过与员工进行一对一的交流，可以更充分地了解其具体需求、体验和问题。在个别访谈中，调研人员可以根据员工的工作岗位、工作内容和使用情况等因素有针对性地提出问题，深入探讨员工在实际工作中遇到的技术支持问题以及对服务质量的感受。这种方式不仅可以获取更为具体和详细的反馈意见，还可以帮助企业更好地理解员工的工作环境和需求背景，为技术支持服务的改进提供更有针对性的建议。此外，个别访谈还可以帮助企业建立良好的沟通渠道，加强与员工之间的信任和合作关系，提高员工对企业的归属感和满意度。在进行个别访谈时，企业需要注意保护员工的隐私和个人信息，以确保调研过程的公正性和透明度，避免造成员工的不适和压力。同时，调研人员应具备良好的沟通能力和倾听技巧，积极倾听员工的意见和建议，尊重他们的想法和感受，建立良好的互动关系，从而更好地实现调研的目的。

（2）制订改进计划

在制订改进计划时，企业需要深入分析员工的反馈意见，以确保提出的措施和方法能够有效解决问题并优化服务。首先，企业可以针对不同类别的问题制订相应的解决方案，具体措施应该因问题的性质而异。例如，如果员工反映在线技术支持平台的响应速度较慢，那么企业可以考虑增加技术支持团队的人手或者引入智能化系统来提高响应速度。此外，针对常见的技术问题，企业可以建立更加完善的知识库，提供员工自助解决问题的平台，以减轻技术支持团队的压力，提高解决问题的效率。其次，企业可以优化服务的流程。通过简化操作流程、优化服务流程，提升服务的便捷性和效率。例如，可以采用自动化工具来处理常见问题，减少人工干预的时间和成本，同时提高问题处理的准确性和一致性。另外，企业还可以建立更加完善的服务指南和操作手册，帮助员工更好地理解和应用数字化系统，减少因操作不当而引发的技术问题。此外，企业还应该加强对技术支持团队的培训和管理，提升其解决问题的能力和服务意识。例如，可以定期组织技术培训课程，提升技术支持团队的专业水平和技术能力。同时，企业还应该建立有效的绩效评估机制，激励技术支持团队提供更加优质的服务，确保服务质量的持续提升。

（3）实施改进措施

在实施改进措施时，企业应该注重以下几个方面：

第一，确保改进计划的有效实施。企业需要制订详细的实施计划，明确责任人和时间节点，并将计划落实到实际操作中。例如，对于提高在线技术支持平台响应速度的改进计划，企业可以确定具体的技术团队成员负责处理不同类别的问题，设定响应时间目标，并使用项目管理工具进行跟踪和监控。同时，企业还应该建立相应的考核机制，对实施效果进行评估，及时发现问题并采取纠正措施。

第二，与员工保持沟通和反馈。在实施改进措施的过程中，企业应该与员工保持密切沟通，及时了解他们的反馈和意见。这可以通过定期组织反馈会议、开展问卷调查、设立意见箱等方式进行。例如，企业可以定期邀请员工参加反馈会议，就改进措施的实施效果进行评估，并征求员工的建议和意见，以便及时调整和优化。

第三，企业还可以利用现代化的沟通工具，如企业内部社交平台或在线调查工具，收集员工的意见和反馈。通过多种渠道获取员工的反馈，可以全面了解员工对改进措施的感受和期望，有针对性地调整和优化服务。

第四，持续监控和评估改进效果。企业应该建立完善的监控机制，定期对改进措施的实施效果进行评估和分析。这可以通过收集数据、进行统计分析、开展满意度调查等方式进行。例如，企业可以比较改进前后的服务响应时间、问题解决效率等指标，评估改进效果的显著性和持续性。同时，企业还应该关注员工的满意度和工作效率等方面的变化，以综合评价改进措施的成效。

（四）建立反馈机制

1.建立多样化的反馈渠道

在建立反馈机制时，企业应该着重建立多样化的反馈渠道，以确保员工能够便捷地表达他们的意见和建议。这些渠道可以包括：

（1）在线调查问卷

通过在线调查问卷，企业能够有效地收集员工对培训内容、质量以及数字化工具和系统的使用体验等方面的意见和反馈。这种反馈渠道具有很强的灵活性和便利性，员工可以根据自己的时间和地点自由填写问卷，而且可以匿名，使得员工更愿意分享真实的想法和感受。问卷设计应该简洁明了，避免使用复杂的语言和术语，以确保员工能够轻松理解问题并提供真实的反馈。此外，问卷中的问题应该覆盖培训的各个方面，包括培训内容的实用性、培训方式的有效性、培训师的教学水平等，以及数字化工具和系统的易用性和功能完善程度。通过综合分析员工的反馈意见，企业可以更好地了解员工的需求和期望，及时调整和优化培训计划，提高培训的针对性和有效性，从而推动财务数字化转型取得更大的成功。

（2）定期组织反馈会议

定期组织反馈会议是企业促进员工参与和反馈的重要方式之一。在这些会议上，员工有机会与管理层和培训负责人面对面地交流意见和建议，从而促进深入讨论和交流。与在线调查问卷相比，反馈会议更加直接和实时，能够让员工直接表达他们的看法、感受和建议，提供更加具体和实质性的反馈信息。这种形式不仅能够加强员工的参与感和归属感，还能够建立管理层与员工之间的信任和沟通渠道。此外，反馈会议还可以促进员工之间的交流和互动，分享彼此的经验和观点，进一步丰富和完善反馈信息。通过定期组织反馈会议，企业可以更加全面地了解员工的需求和期望，及时调整和优化培训计划，提高培训的针对性和有效性，推动财务数字化转型取得更大的成功。

（3）匿名反馈邮箱

设立匿名反馈邮箱是一种有效的机制，可以让员工在不暴露个人身份的情况下提供意见和建议。这种方式旨在充分保障员工的隐私权和自由表达意见的权利，使他们感到更加自由和舒适地分享对企业培训和数字化转型的看法。通过匿名反馈邮箱，员工可以放心地提出各种问题、疑虑或改进建议，而无需担心受到任何负面影响。这种机制消除了员工可能面临的担忧和压力，鼓励他们提供真实、坦诚的反馈信息，从而帮助企业更好地了解员工的需求和期望。同时，匿名反馈邮箱还可以作为一个有效的沟通渠道，为员工提供了一个不受时间和空间限制的平台，使他们可以随时随地向企业提供反馈。通过这种方式，企业可以收集更加全面和真实的反馈信息，为优化培训计划和数字化转型提供有益的参考和支持。

2. 定期收集员工反馈意见

（1）定期举行全员反馈会议

定期举行全员反馈会议是企业管理中一种高效的沟通方式，能够直接听取员工的意见和建议，从而促进员工参与和团队合作。这种形式的会议通常安排在每季度或每半年举行一次，旨在为全体员工提供一个集体讨论和分享的平台。在这样的会议上，所有员工都有机会就培训内容、培训方式、数字化工具等方面发表意见和提出建议。通过开放式的讨论和交流，员工可以充分表达自己的看法，分享自己的经验和观点，同时可以倾听和学习他人的见解。这种互动和交流有助于增进员工之间的相互理解和信任，促进团队的凝聚力和合作精神。此外，全员反馈会议还能够让员工感受到自己被重视，增强其对企业的归属感和认同感。通过及时回应员工的反馈和建议，企业可以更好地调整和优化培训计划，提升数字化转型的效果和成功率。因此，定期举行全员反馈会议对于企业促进员工参与、增强团队凝聚力、提升数字化转型的效果具有重要意义。

（2）定期发放反馈问卷

除了全员反馈会议外，企业还可以通过定期发放反馈问卷的方式来收集员工的意见和建议，以全面了解培训的效果和员工的需求。这些反馈问卷可以涵盖多个方面，如培训课程的内容与质量、培训师的表现、数字化工具和系统的使用体验等。问卷设计应当简洁明了，涵盖的内容要全面且具体，以确保员工能够清晰地表达自己的看法和建议。通过反馈问卷，企业可以收集大量的反馈信息，了解员工对培训的满意度和不满意度，以及对培训内容和方式的评价和改进建议。这些反馈信息将为企业提供宝贵的参考，帮助企业及时调整和改进培训计划，提升培训的针对性和有效性。同时，问卷调查为员工提供了一个表达意见和建议的渠道，增强了员工的参与感和归属感。因此，定期发放反馈问卷是企业收集员工意见和建议的一种重要方式，对于改进培训效果、提升员工满意度具有重要意义。

（3）鼓励个人反馈和建议

除了定期的会议和问卷调查，企业还应该积极鼓励员工随时提出个人反馈和建议。为此，企业可以设立专门的反馈渠道，例如，反馈邮箱或在线平台可让员工随时向管理层和培训负责人提出问题和建议。这种开放的反馈机制能够让员工在工作中及时发现问题、提出改进建议，并感受到自己被重视。同时，企业应该确保员工的反馈渠道畅通，并及时回复和处理员工提出的问题和建议。及时的回复和处理不仅可以解决员工遇到的问题，还能够增强员工的信任感和归属感，从而提升员工的工作积极性和满意度。通过鼓励个人反馈和建议，企业可以建立一种良好的沟通氛围，促进员工与管理层之间的互动和交流，进而推动企业的持续改进和发展。

3. 及时调整和优化

（1）分析反馈信息并总结

收集员工的反馈意见是企业改进和优化培训及支持措施的关键步骤之一。一旦收集这些反馈信息，企业就应该进行仔细分析和总结，以便更好地理解员工的需求和关注点。首先，对反馈信息进行分类和整理是至关重要的。这样可以将反馈内容按照特定的主题或类别进行归类，如培训内容、培训方式、数字化工具和系统的使用体验等。通过分类和整理，企业可以更清晰地了解员工的反馈内容，把握主要问题和关注重点。其次，针对每一类反馈问题，企业需要进行深入分析，探究其背后的原因。这种分析应该包括对问题产生的根本原因的探讨，以及问题可能对业务运营和员工工作效率产生的影响。通过深入分析，企业可以更准确地把握问题的实质，从而确定需要采取的具体调整和优化措施。例如，如果员工反馈培训内容不够实用或不够贴近实际工作，企业可以深入了解员工的具体需求，调整培训内容的设计和编排，确保培训内容更贴近员工的实际工作场景。如果员工

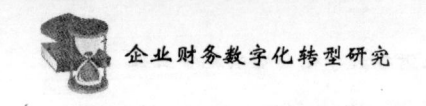

反馈数字化工具和系统存在使用难度,企业可以通过分析具体问题点,优化系统的界面设计或提供更详细的操作指南,以提升员工的使用体验和工作效率。

(2)调整培训内容和方式

通过对员工反馈信息的深入分析和总结,企业可以明确了解培训内容和方式中存在的问题和改进空间。在这种情况下,对培训内容和方式进行调整和优化就显得尤为重要。首先,企业可以根据分析结果修改培训大纲,以确保培训内容更贴近员工的实际工作需求和业务场景。这可能包括增加与实际工作相关的案例分析、实战演练或模拟场景等内容,以提升培训的实用性和针对性。其次,针对培训方式的调整也是必要的。企业可以根据员工的反馈意见,调整培训材料的编排和呈现方式,使其变得更加清晰易懂、生动有趣。例如,可以采用多媒体教学、互动式学习等方式,提升培训的吸引力和参与度。同时,优化培训的时间安排和形式也是关键,可以考虑采用分阶段、分主题的培训形式,以及结合线上线下教学的混合模式,满足员工不同学习习惯和时间安排的需求。

综合来看,有针对性地调整培训内容和方式,企业可以更好地满足员工的学习需求和学习风格,提高培训的效果和吸收度。这种调整和优化是企业持续改进培训的重要举措,有助于提升员工的技能水平和工作表现,推动企业的数字化转型进程。

(3)提升培训师资质水平

培训师的角色在企业培训中至关重要,他们的素质和能力直接关系培训的质量和效果。因此,企业有责任确保培训师具备足够的专业水平和教学能力,以满足员工的学习需求和期望。为了提升培训师的资质水平,企业可以采取一系列措施。首先,企业可以提供专业的培训师培训课程,帮助他们不断提升专业知识和教学技能。这些培训课程可以涵盖教学方法、课程设计、学习评估等方面的内容,以帮助培训师更好地理解员工的学习需求,并提供更有效的教学方法。其次,加强培训师的教学技能和沟通能力也是提升其资质水平的关键。培训师需要具备良好的表达能力和沟通技巧,能够清晰地传递知识和信息,激发员工的学习兴趣和积极性。因此,企业可以通过专业培训或外部资源,帮助培训师提升其教学技能和沟通能力。另外,为培训师提供更多的资源和支持也是必要的。这包括提供更新、丰富的培训材料和工具,以及为培训师提供专业的指导和支持。通过给予培训师足够的资源和支持,可以增强他们的自信心和教学效果,提升培训的专业性和针对性。

参考文献

[1] 陈茜，田治威.中国互联网企业风险及内控管理研究[J].财经界，2017（3）：102-103.

[2] 戚家勇，蔡永斌.互联网企业多元化经营的财务风险及控制[J].财会研究，2018（10）：61-63.

[3] 孙凡，郑济孝.基于"互联网+"的上市公司会计信息质量智能评估研究[J].会计研究，2018（3）：86-90.

[4] 王天然.互联网企业财务风险分析与防范研究[J].经营管理者，2014（6）：210-210.

[5] 向德伟.论财务风险[J].会计研究，1994（4）：21-25.

[6] 肖晓蔚.互联网时代的财务风险防范[J].信息通信，2015（8）：145-146.

[7] 张效宁，郑可心.腾讯集团的财务分析及绩效评价[J].现代商贸工业，2019，40（6）：96-98.

[8] 甄艺凯，孙海鸣."腾讯QQ"免费之谜：基于消费者搜寻的厂商定价理论视角[J].中国工业经济，2013（2）：130-142.

[9] 赵洪梅.基于熵权TOPSIS方法的高新技术企业财务风险评价：以生物制药行业为例[J].会计之友，2020（4）：70-74.

[10] 齐文涛.互联网企业的财务风险问题及其预防对策探析[J].财务与会计，2017（1）：90-91.

[11] 董颖.基于我国中小企业融资活动的财务风险分析[J].财会研究，2023（22）：89-90.

[12] 王刚.金融危机下加强中小企业财务与风险管理的对策建议[J].经管空间，2016（3）：121-122.

[13] 欧阳华.基于财务风险的内部控制框架探究[J].会计与经济研究，2020（3）：110-111.

[14] 黄琳.对如何完善互联网企业财务风险防范的探讨[J].财会学习，2023（10）：67-69.

[15] 刘兴云，刘红霞.试论互联网企业财务风险与对策[J].财务与会计，2011（3）：

92-93.

[16] 黄婉婷. 互联网企业财务风险分析与防范[J]. 金融经济, 2023（4）: 200-202.

[17] 林妍, 陈晨. 企业财务风险管理研究[J]. 知识经济, 2015（22）: 105-106.

[18] 候彦晓. 基于现金流量管理的企业财务状况分析[J]. 企业技术开发, 2016（2）: 45-48.

[19] 王冬梅. 基于熵值法与功效系数法的太龙药业财务风险评价研究[J]. 会计之友, 2016（11）: 21-25.

[20] 刘旭辉, 张磊. 三一重工财务数字化转型中存在的问题及对策[J]. 现代财经信息, 2019（23）: 138-139+142.

[21] 李明, 王飞. 三一重工数字化转型中的财务风险及应对策略[J]. 工业经济与管理, 2020, 35（1）: 56-68.

附　录

附录一　员工满意度调查问卷

尊敬的员工：

为了更好地了解您对公司数字化转型的看法和感受，我们诚挚地邀请您参与员工满意度调查。您的宝贵意见对于我们的改进至关重要。请您认真回答以下问题，在相应的括号内打"√"，并保证您的回答真实可靠。

1. 您对公司数字化转型的整体满意度如何？

a. 非常满意（　　）

b. 满意（　　）

c. 一般（　　）

d. 不满意（　　）

e. 非常不满意（　　）

2. 您认为数字化工具和流程是否使您的工作更加高效和便捷？

a. 是的，明显提高了效率（　　）

b. 有一些改善，但还需进一步优化（　　）

c. 没有太大变化（　　）

d. 使工作变得更为复杂（　　）

e. 对工作效率没有任何帮助（　　）

3. 您在数字化转型过程中是否得到足够的培训和支持？

a. 得到了充分地培训和支持

b. 培训和支持一般

c. 培训和支持不足

d. 没有接受过任何培训

4. 您认为数字化转型对您的职业发展和技能提升有何影响？

a. 对职业发展和技能提升有积极影响（　　）

b. 有一些影响，但还需进一步发展（　　）

c. 影响较小（　　）

d. 对职业发展和技能提升没有帮助（　　）

e. 不清楚（　　）

5. 您是否愿意推荐公司的数字化转型方案给其他同事？

a. 是的，我会积极推荐（　　）

b. 或许会，要看具体情况（　　）

c. 不确定（　　）

d. 不太愿意（　　）

e. 完全不愿意（　　）

6. 请在下面提供任何关于数字化转型的其他意见或建议：

_____

_____

_____

非常感谢您抽出宝贵的时间参与调查！您的反馈对于我们不断提升数字化转型效果具有重要价值。

附录二　客户满意度调查问卷

尊敬的客户：

感谢您选择我们的产品/服务。为了不断提升我们的服务质量，我们诚邀您参与本次客户满意度调查。请您在空白处打"√"选择您的满意度，同时留下宝贵的意见和建议。

1. 关于产品/服务的满意度：

a. 非常满意 □

b. 满意 □

c. 一般 □

d. 不满意 □

e. 非常不满意 □

2. 关于产品质量的满意度：

a. 非常满意 □

b. 满意 □

c. 一般 □

d. 不满意 □

e. 非常不满意 □

3. 关于服务响应速度的满意度：

a. 非常满意 □

b. 满意 □

c. 一般 □

d. 不满意 □

e. 非常不满意 □

4. 关于解决问题的效率满意度：

a. 非常满意 □

b. 满意 □

c. 一般 □

d. 不满意 □

e. 非常不满意 □

5. 请在下面写下您对我们的建议或意见：

_____

_____

6. 您是否愿意参与未来的产品／服务改进的调查或讨论？

a. 是 □

b. 否 □

感谢您的参与！您的反馈对我们非常重要，将帮助我们不断提升服务质量。